民國文化與文學 研究文叢

四編　南京大學特輯

李怡　沈衛威　主編

第9冊

日本留學與創造社作家的國家想像

劉婉明 著

國家圖書館出版品預行編目資料

日本留學與創造社作家的國家想像／劉婉明 著 -- 初版 -- 新北市：花木蘭文化出版社，2014〔民 103〕

目 2+220 面；19×26 公分

（民國文化與文學研究文叢 四編；第 9 冊）

ISBN 978-986-322-803-5（精裝）

1.中國文學　2.國家認同　3.文學評論

541.26208　　　　　　　　　　　　　103012904

特邀編委（以姓氏筆畫為序）：

丁　帆	王德威	宋如珊
岩佐昌暲	奚　密	張中良
張堂錡	張福貴	須文蔚
馮　鐵	劉秀美	

ISBN-978-986-322-803-5

9 789863 228035

民國文化與文學研究文叢

四　編　第九冊　　　　　　ISBN：978-986-322-803-5

日本留學與創造社作家的國家想像

作　　者　劉婉明

主　　編　李怡　沈衛威

企　　劃　四川大學現代中國文化與文學研究中心
　　　　　北京師範大學民國歷史文化與文學研究中心

總 編 輯　杜潔祥

印　　刷　普羅文化出版廣告事業

出　　版　花木蘭文化出版社

發 行 人　高小娟

聯絡地址　235 新北市中和區中安街七二號十三樓
　　　　　電話：02-2923-1455／傳眞：02-2923-1452

網　　址　http://www.huamulan.tw 信箱 hml 810518@gmail.com

初　　版　2014 年 9 月

定　　價　四編 12 冊（精裝）新台幣 20,000 元

日本留學與創造社作家的國家想像

劉婉明　著

作者簡介

劉婉明 2005 年獲得中山大學文學學士學位，2008 年獲得南京大學文學碩士學位，2012 年取得
南京大學文學博士學位。2010 年～ 2011 年赴日本早稻田大學大學院文學研究科日本語日本文
學專業進修。研究方向爲中日現代比較文學。曾發表《革命的現代「性」——1930 年前後左翼
文學理論中的愛欲主題》、《辛亥革命中海外華僑民族國家認同的困境——以馮乃超爲例的研究》
等論文。現爲南京師範大學國際文化教育學院講師。

提　要

　　作爲「五四」文壇上「異軍突起」的，由留日學生發起的文學團體，創造社作家國家想像
的形成和嬗變不僅反映了創造社一個團體的文學創作走向和思想變遷，也折射出晚清直至 1920
年代末，經歷了社會進化論、國家主義、無政府主義、個人主義、啓蒙思想、浪漫主義、民族
主義等諸種西方思潮衝擊的中國知識分子的思想與心靈圖志。釐清這一問題還將有助於從一個
新的視角審視「創造社的左翼轉向」這一中國現代文學史的難題。創造社的留日經歷可視爲
三十年代中國左翼文學史前史的重要部分，他們從「小資產階級藝術家」到「革命文學家」的
「方向轉換」過程中，起關鍵作用的正是「民族」、「國家」、「國民」、「國民國家」這些通過留學
生活而明確起來的意識。

　　創造社作家的國家意識和民族意識的生成，對國家和民族概念的理解，對民族國家共同體
的想像，對自我與國家關係的認識中存在著許多複雜的思想脈絡、許多曲折的變化未曾理清，
不是「愛國主義」或「民族主義」可以簡單概括之。本書所討論的「國家想像」，包括對於現代
國家概念、民族概念的接受，國家意識和民族意識的生成，對自我與國家、民族、國民等關係
的認識，以及在此基礎上形成的有關國家形象的想像。創造社作家的國家想像中既包含了他們
對中國現狀的觀看，也包含了對國家應然形象的想像。國家想像的變化則反映著個體國家意識
的變化、個體對於共同體的認同與疏離。作爲留學地的日本向創造社作家灌輸了現代的國家意
識：包括「富國強兵」的口號、崇尚國家間競爭的社會進化論思想、國家主義、以及「國民
國家」的樣板；也爲他們提供了反思國家的思想工具：浪漫主義和教養主義。此外，留學本身
帶來的特殊生存狀態也影響了他們觀看和想像故國的方式。本書將主要通過以下三個層面考察
日本留學對創造社作家國家想像的影響：「我」與國家的關係，國家與民族的關係，以及「我」
與國民的關係。

緒　論

一、研究綜述

　　創造社是中國現代文學史上的經典話題，縱觀目前學界對創造社的研究狀況，可以概括出以下幾大領域：作爲浪漫主義（前、中期）和左翼文學（後期）的創造社研究（文學思潮角度），作爲留日學生文學團體的創造社研究（比較文學角度），以及作爲「五四」運動的產物——新文學社團的創造社研究（文學場角度）等。

　　創造社元老之一的鄭伯奇 1935 年在爲專門收錄創造社作品的《中國新文學大系・小說三集》所撰導言中，將長年的留學生活視爲影響創造社作家文學性格形成的最重要的因素，歸結出浪漫主義和「移民文學」兩大特徵。

　　　創造社的作家傾向到浪漫主義和這一系統的的思想並不是沒有原故的。第一，他們都是在外國住得很久，對於外國的（資本主義的）缺點，和中國的（次殖民地）病痛都看得比較清楚；他們感受到兩重失望，兩重痛苦。對於現社會發生厭倦憎惡。而國內國外所加給他們的重重壓迫只堅強了他們反抗的心情。第二，因爲他們在外國住得很久，對於祖國便常生起一種懷鄉病；而回國以後的種種失望，更使他們感到空虛。未回國以前，他們是悲哀懷念；既回國以後，他們又變成悲憤激越；便是這個道理。第三，因爲他們在外國住得長久，當時外國流行的思想自然會影響到他們。哲學上，理知主義的破產；文學上，自然主義的失敗，這也使他們走上了反理知主義的浪漫主義的道路上去。〔註1〕

〔註 1〕 鄭伯奇《導言》，《中國新文學大系・小說三集》（影印本），上海：上海文藝出版社，2003 年，第 12 頁。

咸立強曾指出，鄭伯奇的這篇導言及其後的一系列回憶文章，構成了所謂「鄭伯奇模式」，「從文學思潮、創作主張及成員與社團關係，對前期創造社首次進行了全面梳理，將創造社的文學傾向定位在浪漫主義，並將其發生源歸之於海外留學的影響」。這一模式以郭沫若的敘述為基點展開，「將郭沫若敘述的個人性替換成社團性」。創造社研究正是由此開始了「經典化」，「核心即是將創造社定性為一個不斷向著革命陣營轉變的鬥爭群體」。〔註 2〕雖然鄭伯奇的創造社論說中的確有咸立強所指出的過於依賴郭沫若個人敘述的痕迹，但鄭伯奇提出的浪漫主義的文學和留日學生的文學這兩點，的確捕捉到了創造社最重要的特質，通觀此後數十年的創造社研究，也正是從這兩點出發進行的。

1979 年日本出版的由伊藤虎丸主編的十卷本《創造社資料》，按出版時間順序收錄了包括《創造季刊》、《創造周報》、《創造日》、《洪水》周刊、《洪水》半月刊、《A11》、《新消息》、《創造月刊》等從創造社成立到「革命文學」運動之前的前、中期刊物影印本。作為別卷出版的《創造社研究》則收錄了何畏、郁達夫、穆木天、馮乃超等部分創造社同人的東京帝國大學在學證明書照片，伊藤虎丸撰《創造社小史》、《作為問題的創造社》，小谷一郎編《創造社年表》(附注及所據資料一覽目錄)、《創造社期刊總目》、《創造社期刊總目著者別索引》。這些資料、研究論文至今仍具有重要參考價值。其中，伊藤虎丸《作為問題的創造社》一文匯集了作者從六十年代初到七十年代末對於創造社研究中一些關鍵問題的思考，拓展了「鄭伯奇模式」，提出討論創造社問題的三個關鍵詞：大正、日本、留學生，將創造社定位於在日本的大正時代度過青春期的中國留學生所組成的團體，由此展開研究，考察了三個問題：1、創造社從大正日本文學中吸收了什麼？2、從受日本文學影響的角度看，創造社在中國現代文學史上所處的位置和作用是怎樣的？3、創造社的文學與同時代的日本文學間又有怎樣的分歧和斷裂？〔註 3〕

圍繞上述三個問題，伊藤虎丸首先歸納出「對現代的憧憬和民族的屈辱

〔註 2〕咸立強《尋找歸宿的流浪者：創造社研究》，上海：東方出版中心，2006 年，第 3 頁。

〔註 3〕伊藤虎丸《問題としての創造社》，伊藤虎丸編《創造社研究》，東京：アジア出版，1979 年，第 51 頁。

感」兩點，作爲創造社所受的最重要的日本影響。他引入大正時代日本的社會、政治、文化背景，指出作爲「大正時期留日學生」的創造社作家，受到了當時正迅速現代化、都市化的大正日本社會風氣，包括浪漫主義、新浪漫主義、表現主義、世紀末文學，乃至福本主義、無產階級文學等諸多流派在內的日本文學思潮，以及高等學校－帝國大學（簡稱「帝高系統」）出身者的精英意識影響。與此同時，還有因目睹日本的「現代」而生的對中國的「落後」的焦慮，以及因日本侵華、日本人對華歧視而生的民族屈辱感。伊藤虎丸還引入了內田義彥的「明治青年」／「政治青年」、「大正青年」／「文學青年」、「大正‧昭和青年」／「社會青年」的分類模型。根據內田的理論，「明治青年」經歷了從明治初年（19 世紀 60 年代）自由民權運動，到明治二十年代（19 世紀 80 年代）的民族主義時代，形成了所謂「道德反骨」，在看待「我」與國家的關係時，他們視自己爲國家的一員，以「我」之獨立爲國家之獨立的絕對條件，是積極參與國家意志的「政治能動者」。而「文學青年」成長於日俄戰爭後濃郁的軍國主義氛圍中，這時的國家已經成爲一種「不動的體制」，他們的「自我」是通過逃避於國家體制之外而確立的。借助於內田義彥的學說，伊藤認爲，明治期留學日本的魯迅與「政治青年」頗爲相似，大正、昭和期留學日本的創造社作家則散發著「文學青年」、「社會青年」氣質，這也成爲雙方日後在對於「個人」、「民族主義」、「文學」與「實學」關係、對「天才」、「現實主義」的看法等問題上出現分歧的重要原因。

　　伊藤虎丸從不諱言竹內好對自己的影響，他的創造社研究亦以竹內好的「日中現代之比較」問題爲起點，即通過比較同樣以西方衝擊（western impact）爲契機開始的，中日兩國現代化的不同，從而反思日本的現代化過程。〔註4〕因此，他的創造社研究中關注的「個人」與「國家」、「民族主義」、「文學」與「實學」關係、創造社與魯迅之比較、創造社與同時代大正日本作家的比較等問題，亦是立足於上述框架提出的。此外，當時的伊藤虎丸還深受馬克思主義思想影響，文中使用了許多馬克思主義的思考方式和術語。如他在考察創造社與同時代日本文學的不同乃至對立時，論說二者一方面共同以世界規模的「資本主義矛盾深化」爲文學基礎，另一方面，由於當時日本帝國主義對華侵略日益加劇，導致兩國文學分別成了「世界資本主義『矛盾』的『兩

〔註 4〕伊藤虎丸《魯迅と內村鑑三》，《近代の精神と中國現代文學》，東京：汲古書院，2007 年，第 203～204 頁。

個側面』」。〔註5〕後者被伊藤視爲造成創造社與同時代日本文學之間根本矛盾的原因。伊藤虎丸有關創造社的這些論文後被譯成中文，收入《魯迅、創造社與日本文學》一書（北京大學出版社，1995年）。目前在對「創造社與日本」這一問題的研究中，無論中日兩國，「伊藤虎丸模式」一直起著支配性的影響力。

　　中國大陸學界在八十年代以後，隨著學術界對文學思潮、社團研究興趣增強，開始了對作爲社團的創造社原始資料整理和社史的寫作。饒鴻競等編《創造社資料》（1985）、陳青生、陳永志《創造社記程》（1989）等是這方面的先驅之作。

　　朱壽桐《情緒：創造社的詩學宇宙》試圖突破1949年以後中國大陸學界創造社研究中的浪漫主義框架，以及「現實主義」、「浪漫主義」的創作方法分析模式，從審美心理學角度介入，使用「情緒」一詞，試圖總括創造社作品中所表現出的各種「主義」，建構由「情緒」表現所構成的創造社的「詩學宇宙」。〔註6〕

　　黃淳浩《創造社：別求新聲於異邦》是採用馬克思主義文學史觀立場所作的創造社史。全書主要由對創造社歷史和文學觀念轉化過程的線性描述，以及對主要成員代表作品的分析評述構成。由於該書主要是對作爲「五四」新文學運動中浪漫主義文學思潮代表的創造社史的敘述，同時受材料所限，並未對創造社成員中的留日群體進行單獨考察，對他們的在日活動主要依憑成員的回憶敘述，對作品所表現出的國家意識，簡泛地概括稱爲愛國主義和反帝反封建意識等，此外並未做更深入的考察。〔註7〕

　　劉納《創造社與泰東圖書局》以創造社與泰東書局從合作到分裂的關係爲主線，從編輯出版角度考察了新文學運動後的出版界是如何對包括創造社在內的文學界發生影響，而創造社又是如何通過依託出版界，以雜誌爲媒介，進行同人文學社團運作，在「五四」後的新文學界形成了自己的「勢」。〔註8〕

　　靳明全《中國現代文學興起發展中的日本影響因素》中描述了日本大正

〔註5〕伊藤虎丸《問題としての創造社》，伊藤虎丸編《創造社研究》，東京：アジア出版，1979年，第48頁。
〔註6〕朱壽桐《情緒：創造社的詩學宇宙》，上海：上海文藝出版社，1991年。
〔註7〕黃淳浩《創造社：別求新聲於異邦》，北京：社會科學文獻出版社，1995年。
〔註8〕劉納《創造社與泰東圖書局》，南寧：廣西教育出版社，1999年。

時期的自然主義文學和「私小說」，以及當時文壇上流行的崇尙個性、天才的
浪漫主義風氣對前期創造社成員郭沫若、郁達夫、張資平早期創作的影響。
舉田山花袋、島崎藤村、武者小路實篤、芥川龍之介、志賀直哉、菊池寬、
佐藤春夫等人的作品與郭、郁、張三人作品進行平行比較，指出前者對後者
在描寫方法、敘述手段等方面的影響。認爲來自日本文學的這種影響對郭、
郁、張三人將浪漫主義移植到中國文壇至關重要，「創造社的這種浪漫主義是
觀照日本自然主義文學、私小說而形成的」。〔註 9〕

　　李怡《日本體驗與中國現代文學的發生》以「體驗」爲關鍵詞，著意於
考察在日本留學或生活的「體驗」是如何通過影響清末民初中國知識分子「認
知世界」的方式，從而影響中國新文學的發生。作者採用「體驗」一詞，著
力論說中國新文學的發生並非被動接受日本「影響」的產物，而是主動「體
驗」的結果。論及創造社成員的留日體驗對其文學創作的影響，則基本仍在
伊藤虎丸模式內：如書中所敘大正日本的摩登社會和蔓延其中的世紀末頹廢
情緒對創造社作家現代個體意識形成之影響，創造社的「國家民族焦慮」與
「自我焦慮」的混合，從《沉淪》中讀出「個人生存欲望與國家民族大義的
直接對接」，創造社的「個人／國家『對接』」與魯迅的先「立人」（國民性改
造）再「立國」的優劣比較等等。〔註 10〕

　　咸立強《尋找歸宿的流浪者：創造社研究》力圖擺脫「鄭伯奇模式」的
影響，運用文學場考察的方法，以創造社出版部成立前後爲敘述主軸，嘗試
將研究對象定位於包括所有社員在內的作爲「社團」的創造社，而非以往的
以郭、郁、成等主要成員爲代表的創造社，整理出了一份詳細的創造社全體
同人名單。在對創造社成員精神氣質的定位上，作者選擇「流浪」爲關鍵詞，
使用薩義德（Edward W. Said）提出的知識分子「流亡處境」理論，將創造社
成員定位爲「流浪型知識分子」。由於咸立強研究的重點在創造社歸國之後，
對留日時代著墨不多，基本是根據同人回憶進行的概述，未做深入討論。

　　童曉薇《日本影響下的創造社文學之路》觸及了清末學堂教育改革和清
末民初留學潮對創造社日本留學的推動作用，對創造社留日時代日本社會和
文壇的狀況也作了較詳細的描述，其中對大正日本社會文化和文壇對創造社

〔註 9〕靳明全《中國現代文學興起發展中的日本影響因素》，北京：中國社會科學出
　　　　版社，2004 年。
〔註 10〕李怡《日本體驗與中國現代文學的發生》，北京：北京大學出版社，2009 年。

現代自我意識產生之影響的分析，可以看出是在伊藤虎丸《作為問題的創造社》和小谷一郎《田漢與日本》等研究的延長線上進行的。作者在序言中表示該書是「以郭沫若和他的朋友們的文學發展之路為中心，從少年時期的文學啓蒙到留學日本、回國創業，從他們相識、結合、攜手直到分離的歷史還原」。全書重點在敘述郭沫若、郁達夫、成仿吾、田漢、張資平等前期成員的留日前後和回國之初的活動，特別是後半部分涉及創造社回國後創作、活動時，止於基本史實的重複敘述和刊物目錄的羅列，未能超出目前學界對於創造社史的基本認識。〔註11〕

除了上述以整個創造社為對象的研究外，幾部以前期創造社單個成員為對象的專著也為創造社研究貢獻了豐富的史料和一些獨到的觀點。

稻葉昭二著《郁達夫：青春與詩》以郁達夫旅日之初到名古屋第八高等學校時期的學習、交友、生活狀況為中心。書中對郁達夫長兄郁華旅日時代與日本文人之交往，郁達夫與服部擔風、富長覺夢等日本漢詩人的詩文交往有較為詳細的考證。此外並收錄了富長覺夢所著《服部擔風先生雜記》中述及郁達夫的部分，以及郁達夫在八高、東京帝大時代的同學、朋友福田武雄有關郁達夫事致稻葉昭二的書信兩封，為研究郁達夫留日早期的生活提供了珍貴的材料。〔註12〕

小谷一郎和劉平共同編輯的《田漢在日本》是一部有關田漢與日本關係的詳實豐富的資料集。全書由三大部分組成：田漢本人寫作的有關日本的作品；村松梢風、谷崎潤一郎、金子光晴、佐藤春夫、小牧近江、山口愼一等日本文人寫作的與田漢有關的作品；劉平、小谷一郎共同編寫的《田漢留學日本大事記》、小谷一郎編寫的《田漢與同時代日本作家交流大事記》、以及小谷一郎撰《田漢與日本》的研究文章。小谷所撰《田漢與日本》以田漢與日本關係為中心考察了幾個問題，這些問題可分為三大類，一類是對有關田漢生平的幾個問題的考證，包括訂正了田漢傳記中因田漢本人的誤記、誤釋而導致的一些錯誤認識，如田漢1927年再度赴日的確切時間，田漢初次觀看的「近代劇」——由「松居松葉編劇並導演」的《神主之女》的原作問題，田漢東京高等師範學校入學時間問題，田漢舅父易梅園與神州學會、李大釗

〔註11〕童曉薇《日本影響下的創造社文學之路》，北京：社會科學文獻出版社，2011年。

〔註12〕稻葉昭二《郁達夫：その青春と詩》，東京：東方書店，1982年。

的關係及對田漢的影響，關於田漢與易漱瑜留日時代居住過的「月印精舍」
的考證等。第二類是大正日本社會對田漢文學思想、創作和人格形成的影響。
包括田漢加入的少年中國學會與東京帝大新人會在宗旨、思想上之共通關
係；田漢留學時期如何通過電影這一當時最現代的媒介，接觸了大正日本的
都會文化；留日時代對「近代劇」和新浪漫主義的接受；《咖啡店之一夜》的
背景等。第三類是有關田漢與日本作家交往之考證。包括田漢與佐藤春夫、
村松梢風、谷崎潤一郎等日本文人的交往，1927 年田漢以南京政府總政治部
宣傳處藝術科顧問、電影股長的身份再度赴日時，與日本文化界的交流等問
題。〔註13〕

　　武繼平《郭沫若留日十年（1914～1924）》以郭沫若 1914～1924 年十年
留日生活爲考察對象，分爲「留日生活考證篇」和「作品、思想論考篇」。該
書對郭沫若研究最大貢獻之處在於作者以史證方法，詳細考證了從郭沫若赴
日之初備考官費，到進入東京第一高等學校預科、岡山第六高等學校和九州
帝國大學期間的學習、生活情況、師友關係等。作者使用大量第一手資料，
清理了郭沫若留日時代許多一直以來爲人所忽視而又十分重要的細節，如對
郭第一次抵達岡山日期的考證、在岡山的住處考證、九州帝大的課程設置與
學制變更對郭沫若棄醫從文之影響、福岡時代數次遷居所反映出的郭沫若貧
困處境對其性格、創作之影響等。「作品、思想論考篇」考察了 1914～1924
年間郭沫若的詩歌、小說創作和傳統文化觀。作者分析郭沫若「前《女神》
時期」（赴日留學至創作《女神》之前）的詩作時指出，其中既存在著以傳統
士大夫入世思想爲根基的「愛國主義思想」，也存在著覺醒了的現代自我與國
家意識的衝突。《女神》通過使用太陽、大海、光明這些郭沫若在博多岸邊提
煉出的新意象，勾畫出一個有別於傳統詩歌以及初期白話詩的雄渾魄大的世
界，爲「五四」時代的青年帶來了個人與國家，小我與大我融合的明亮圖景，
在這幅圖景中，個體的新生將帶來國家的新生。從這一意義上說，《女神》是
郭沫若「愛國主義精神」的產物。〔註14〕

　　嚴安生著《陶晶孫：多舛的生涯》是以「大正教養主義與舊制高等學校
教育」爲背景寫作的陶晶孫傳。由於作者多年專攻近現代中國人的日本留學
史，因此能在較爲詳實周備的史料基礎上，詳細考察作爲中國留學生的陶晶

〔註13〕劉平、小谷一郎編《田漢在日本》，北京：人民文學出版社，1997 年。
〔註14〕武繼平《郭沫若留日十年（1914～1924）》，重慶：重慶出版社，2001 年。

孫在日本所受的從小學到大學的教育對其人格、創作的影響，這一部分的研究可以視爲對伊藤虎丸當年提出的「帝高系統」教育對創造社影響問題的深入展開。該書雖然是陶晶孫的個人傳記，但其中涉及的大正教養主義、舊制高校教育等對研究其他旅日創造社成員，以及整個旅日創造社團體都具有重要參考價值。〔註15〕

二、問題的提出、研究方法及意義

作爲一個「五四」時代在文壇上「異軍突起」的，由留日學生發起的文學團體，對創造社的研究，無論從何種角度切入，一個不能迴避的問題是他們的日本留學。如陶晶孫所言：「使得產生這一批文學同人，不可疑的是他們的日本留學，和日本文學界的影響（可是並不是日本文學或日本文學作家的影響）。」〔註16〕鄭伯奇提出的浪漫主義和「移民文學」兩大特徵，也是從創造社的「留日學生」團體屬性中總結出的。從上述學界研究狀況來看，對創造社與日本關係的研究主要集中於以下幾個方面：由伊藤虎丸提出的日本現代都市文化、大正日本文學中流行的「藝術家意識」、以及「帝高系統」的精英意識對創造社成員的影響；從日本輸入的馬克思主義理論對創造社轉向的影響，艾曉明和小谷一郎在這一問題上取得了有代表性的研究成果，前者注目於考察理論的輸入和思想的影響，〔註17〕後者則著力於成員旅日時代活動的史料之整理。〔註18〕

本文將嘗試綜合上述研究成果，討論日本留學經歷是如何影響了創造社作家的國家想像。作爲當事人的陶晶孫事後回眸，曾指出創造社的作家們因長年留學而生懷鄉病，由懷鄉病帶來的幻覺與幻視中生出了浪漫主義，而這浪漫主義又是國家意識、國民熱情和自我意識三者作用的結果：「羅曼主義是國家意識昂揚時代的國民的熱情之反映，所以羅曼主義者慣以飛躍的精神，走著向上之路，也不忘自我之意識。」〔註19〕陶晶孫這段鮮爲人所注意的文

〔註15〕嚴安生《陶晶孫　その數奇な生涯》，東京：岩波書店，2009年。
〔註16〕陶晶孫《創造三年》，《牛骨集》，上海：太平書局，1944年，第171頁。
〔註17〕艾曉明《中國左翼文學思潮探源》，北京：北京大學出版社，2007年。
〔註18〕小谷一郎《四‧一二クーデター前後における第三期創造者同人の動向——留日學生運動とのかかわりから》，《中國文化：研究と教育：漢文學會會報》，1982年第40號。
〔註19〕陶晶孫《記創造社》，《牛骨集》，上海：太平書局，1944年，第154頁。

章揭示出創造社的浪漫主義裏個體與國家、國民間令人深思的關聯之處，更提示了「國家」是理解創造社的一個重要切入口。然而，由於被視為崇尚「自我」的文學團體，在涉及與國家、民族共同體的關係問題時，大部分研究止於將之歸結為「愛國主義」或「民族主義」，有關留日創造社作家國家意識的產生、國家想像的形成和嬗變是目前研究中一個經常被提到卻較少得到深入的問題。例如，經常被提到的一點是，創造社作家喜歡將他們個人的不幸與國家、民族的不幸聯繫在一起（《沉淪》常常被舉為例證），將個人的屈辱與國家民族的大義相連接，將性的壓抑歸結為民族的被壓迫等等。那麼，是什麼原因導致創造社作家總是將個人與國家、民族相聯繫？如果他們是「愛國主義者」，那麼如何解釋他們的那些反國家言論？如果認為創造社表現出了「民族主義」，那麼這種起源於歐洲的、作為反思啓蒙運動普世思想而出現的現代思想，是以怎樣的方式為創造社所接受的？在這種接受中是否存在誤讀？如果他們是崇尚「自我表現」的文學團體，那麼如何理解他們對「國民文學」的提倡？如果他們曾經表現得像一個「民族主義者」，又是什麼因素使他們從民族主義轉向了馬克思主義？

　　創造社作家國家想像的形成和嬗變不僅反映了創造社一個團體的文學創作走向和思想變遷，也折射出晚清以來直至 1920 年代末，經歷了社會進化論、國家主義、無政府主義、個人主義、啓蒙思想、浪漫主義、民族主義等諸種西方思潮衝擊的中國知識分子的思想與心靈圖志。釐清這一問題還將有助於從一個新的視角審視「創造社的左翼轉向」這一中國現代文學史難題。創造社的「左轉」正式開啓了中國的左翼文學，他們的這段留日經歷可以視為三十年代中國左翼文學史前史的重要部分，從這一意義上說，創造社史也可視為中國左翼文學史前史。創造社這些留日作家與後來「左聯」時代那些明確信仰馬克思主義，抱著對自己的「左翼」身份的充分自覺而赴日的左翼知識分子的一個很大不同之處在於，他們在旅日之前並無「左翼」身份意識和馬克思主義信仰，儘管其中一些人在國內也曾參加過激進的學生運動，但他們從「小資產階級藝術家」到「革命文學家」的「方向轉換」過程中，起關鍵作用的正是「民族」、「國家」、「國民」這些通過留學生活而明確起來的意識。

　　伊藤虎丸的創造社研究基點始於「竹內魯迅」，這也成為他考察創造社的關鍵參照。他在討論創造社的民族主義時，曾經設立了兩個對比系：受排滿

興漢思想影響，堅持區分代表著滿清異族統治的「國家」與己身所屬的漢「民族」的魯迅，和以「藝術家意識」對抗「國家」和「民族」一體的日本國家體制的大正日本文學家。認為魯迅的「個人」代表著「與封建社會人的奴隸性相對立的『獨立』意志（道德反骨），代表著具有主體性的理性的現代『精神』；而創造社的「個人」則代表著「感性的現代『自我』，與落後的農村對立的都市的現代感覺。」〔註20〕因此，同樣是在日本感受到民族歧視，魯迅得出了國民性改造的需要，接受了日本的「先進國──落後國」思維模式的創造社作家則將之歸因於中國的落後，並因此而焦慮不堪。另一方面，創造社作家和大正日本的文學家們一樣，崇尚超越國家的「自我」意識，卻出於不盡相同的理由：前者因為新成立的中華民國的狀況太過令人絕望，後者則是因為需要逃避明治以來已成「不動之體制」的國家強權。而且，在日本受到的民族歧視以及不斷加深的民族危機，最終使創造社作家返回到那個「在自己的內心」中將「國家的價值（或者對他們而言，應該說是民族的、乃至政治的價值）擺在第一位」的精神構造，而沒能創造出超越國家的東西。這也正是創造社作家與大正日本作家的關鍵不同之處。〔註21〕

武繼平和蔡震在他們有關郭沫若的個案研究中對這一問題也提出了值得注意的觀點。武繼平注目於個體與國家的關係，他在討論《女神》時指出，「當時的留學生郭沫若不僅僅是一位詩人，而且還是身在異國相當活躍的愛國主義者」，因此「郭沫若的『自我』的背後總是映著民族和祖國巨大身影」。〔註22〕與此同時，郭對祖國的感情中也包含著從「二十一條歸國事件」中開始意識到的「國家」與「自我」的矛盾，傳統的士大夫憂國意識與在日本吸收的現代的「個」的苦悶之間的矛盾。蔡震則強調作為現代民族國家的日本這個參照系對郭沫若的國家、民族意識的變化所產生的影響。日本留學經歷使郭沫若獲得了一個從外國審視本國的機會，特別是「二十一條」事件使他的關於國家、民族的概念發生了變化。國家「不再僅僅是某一個自己直接面對的政府、一個政權」，也是「位於世界版圖上的一個民族的實體」。通過與

〔註20〕伊藤虎丸《問題としての創造社》，伊藤虎丸編《創造社研究》，東京：アジア出版，1979年，第64頁。

〔註21〕伊藤虎丸《問題としての創造社》，伊藤虎丸編《創造社研究》，東京：アジア出版，1979年，第81～82頁。

〔註22〕武繼平《郭沫若留日十年（1914～1924）》，重慶：重慶出版社，2001年，第244頁。

日本進行比較，「郭沫若頭腦裏關於國家、民族的觀念和意識更加清晰，更爲理性，也大大增強了」，日本留學經歷可謂「構成他愛國主義精神的一道煉獄」。〔註23〕

　　以上研究成果顯示，創造社作家的國家意識和民族意識的生成，對國家和民族概念的理解，對民族國家共同體形象的想像，對自我與國家關係的認識中存在著許多複雜的思想脈絡、許多曲折的變化未曾理清，不是「愛國主義」或「民族主義」可以簡單概括之。本文所討論的「國家想像」，包括對於現代國家概念的接受，國家意識和民族意識的生成，對自我與國家、民族、國民等關係的認識，以及在此基礎上形成的有關國家形象的想像。本尼迪克特‧安德森（Benedict Anderson）將民族界定爲「想像的共同體」，認爲區別不同共同體的基礎，正在於它們「被想像的方式」。〔註24〕想像不是虛構，亦不完全是眞實。創造社作家的國家想像中既包含了他們對中國現狀的觀看，也包含了對國家應然形象的想像。國家想像的變化則反映著個體國家意識的變化、對於國家共同體的認同與疏離。作爲留學地的日本向創造社的作家灌輸了現代的國家意識：包括「富國強兵」的口號、崇尚國家間競爭的社會進化論思想、國家主義、以及「國民國家」的樣板；也爲他們提供了反思國家的思想工具：浪漫主義和教養主義。此外，留學本身帶來的特殊生存狀態也影響了他們觀看和想像故國的方式。因此，本文將主要圍繞以下三個層面考察日本留學對創造社作家國家想像的影響：「我」與國家的關係，國家與民族的關係，以及「我」與國民的關係。

　　本文將首先討論創造社作家的自我與國家的同盟是怎樣在「富國強兵」的思想和「亡國滅種」的危機中建立起來的。創造社作家對「富國強兵」的思想經過了一個從信仰到反對乃至厭惡的過程。這一清末民初留學潮的核心思想是促使創造社作家走上留學路的關鍵因素，而在日本留學期間和歸國後，他們又不約而同地發出過批判「富國強兵」的言論，對自己當年信仰的思想產生如此強烈的反撥正可見當日所受影響之深。周海林在其博士論文中觸及了「富國強兵」對近代以來中國人思想的影響，以及因爲接受了該思想而選擇留日的創造

〔註23〕蔡震《文化越境的行旅——郭沫若在日本二十年》，北京：文化藝術出版社，2005年，第20～24頁。

〔註24〕本尼迪克特‧安德森（Benedict Anderson）著，吳叡人譯《想像的共同體》，上海：上海世紀出版社，2005年，第6頁。

社成員的兄長們對他們的影響。周海林將個體選擇是否服從於國家需要視為留日第二代的郭、郁、成等前期創造社成員，與留日第一代的他們的兄長間的重要不同，認為後者以建設現代國家為己任，對自我和個人無暇顧及，而前者由於接受了「由新文化運動而滲透的科學精神和民主主義思想」，開始關注個體的存在意義和作為獨立知識分子的人格價值，這成為他們從實學轉向文學的最關鍵的原因。〔註25〕周海林提到的現代自我的覺醒——郁達夫所謂「個人」的發現——的確是促使創造社成員從實業轉向文學的一個重要因素，而本文將嘗試論證的是，創造社作家因接受「富國強兵」思想而開始形成的、個體與國家命運相聯的意識，並未隨著他們接受「五四」精神和伊藤虎丸所謂大正日本的「藝術家意識」而產生的現代個體自覺而消失，選擇從實學轉向文學，正如《沉淪》所展示的那樣，並不意味著「國家」的退場。因此，本文第一章將在梳理以「富國強兵」為指導思想的清末民初留學潮背景基礎上，從考察創造社成員的留學動因、留學制度、由官費所反映出的留學生活狀態等問題入手，由此透視中國現代史上第一次大規模的留學潮是如何塑造了創造社作家有關個體與國家關係的認識，當時的留學制度、民初教育經費恐慌所導致的留學生官費滯納狀況又如何影響了他們對國家的看法。

形成國家想像的一個關鍵因素是對於「國家是什麼」這一概念的認識。第二章將討論在「亡國滅種」的危機感中，創造社作家是如何通過日本接受了「國家」、「民族」、「種族」、「國民」、「國民國家」這些現代概念。對這些概念的日本式闡釋，留學期間對日本現代「國民國家」體制和日本「國民性」的觀察，對「國民性」理論的接受，又是如何影響了他們對自我與國家、國民關係的思考。

陶晶孫說創造社因遠離故國而生懷鄉病，而這懷鄉病中有幻覺與幻視。鄭伯奇也提出正是因為目睹故國與異國的差距，以及從異國到故國所生的兩重失望、雙重痛苦，才將創造社推向了浪漫主義。可以看到，久居異國後的還鄉體驗，以及觀看故國的方式對創造社作家的國家想像影響重大。因此，第三章將考察創造社作家還鄉敘事中對「還鄉體驗」的講述，主要採用比較文學研究中的平行研究和影響研究方法，考察創造社還鄉敘事中所反映出的觀看和想像中國的方式，以及西方浪漫主義的經典情結「鄉愁」是如何被運

〔註25〕周海林《創造社と日本文學：初期メンバーを中心として》，早稻田大學博士（學術）論文，2002 年，第 23 頁。

用到創造社的還鄉故事和故國想像中的，上述還鄉體驗又是如何造成了他們國家想像中「中國形象」的分裂。

第四章將主要通過文本細讀的方式，重點討論由還鄉體驗而產生的國家想像的變化，是如何影響了創造社作家的創作和思想走向，分析 1920 年前後，也就是他們歸國還鄉前後這一段時期作品中所出現的去國者、混血兒、吟遊詩人這些游離出國家共同體之外的形象，以及伴隨這些形象出現的對國家主義所作出的反思和批判。

最後將考察創造社對「國民文學」的提出、理論倡導和創作實踐。董炳月曾將「國民作家」作為近代以來中日兩國作家的一種共通特質，因為民族國家是雙方都避不開的歷史大背景：「20 世紀上半葉的中國作家和日本作家都是在國家意識形態強化、民族主義精神高漲的大背景下展開自己的話語行動。在民眾被高度『國民化』的時代，作家不可避免地被『國民化』，於是成其為『國民作家』。」〔註26〕杜贊奇（Prasenjit Duara）則論說 20 世紀初，剛剛從傳統士大夫轉型而來的中國知識分子必須通過塑造「國民」來確定己身形象。〔註27〕無論是否自覺為「國民作家」，現代中國的知識分子都必須處理自身與「國民」的關係，創造社作家同樣需要面對這一問題。「國民」在創造社作家的國家想像圖景中一開始並非主角，而是當他們感覺到有必要重新調整「我」與國家的關係，構建一種新的國家形象時，才開始將目光投向「國民」。「國民文學」的實踐通過將「民族」從「國家」中分離出來，通過描寫「國民」，重新構建了一個「我」與民族國家的新同盟。「國民文學」的提出標誌著創造社開始重新審視「國民」的存在，由此也為他們不久之後的左翼轉向奠定了基礎。

本文是以擁有日本留學經歷的創造社成員為對象的研究，因此，文中所使用的「創造社」，除非特別說明，均指旅日創造社成員。所引外文文獻，除注明譯者之外，皆為本文作者所譯，篇幅所限，原文從略。日文文獻中出現的「支那」、「對支」等用語，因其為歷史名詞，翻譯時一律不作變更。所引文獻中著重號皆為原文所有，明顯錯字、漏字將在〔 〕中注出或補出正字，無法辨認的文字、符號等皆以□代之。

〔註26〕董炳月《「國民作家」的立場》，北京：生活・讀書・新知三聯書店，2006 年，第 238 頁。

〔註27〕杜贊奇（Prasenjit Duara）著，王憲明等譯《從民族國家拯救歷史：民族主義話語與中國現代史研究》，北京：社會科學文獻出版社，2003 年，第 83 頁。

第一章 清末民初留學潮對創造社作家國家想像之影響

　　在留日創造社成員中，除了幼年被父兄帶到日本的陶晶孫、成仿吾，以及旅日華僑家庭出身的馮乃超外，餘者都是自願選擇前往的。影響他們做出決定的一個重要因素是以「富國強兵」為目標的清末民初留學潮。留學的影響並不是從創造社作家的留學生活開始時才開始的，而是從他們捲入上世紀初那場舉國留學潮時就開始了。〔註1〕本章將從考察促使創造社成員做出留學選擇的動因、留學制度、由官費反映出的留學生活狀態等問題入手，嘗試由此透視清末民初留學潮是如何塑造了他們有關個體與國家關係的最初認識，當時的留學政策、民初教育經費恐慌所導致的留學生官費滯納狀況又如何影響了他們對國家的看法。

〔註1〕 有關中國近代以來留學潮已經積累了大量歷史學研究成果。舒新城《近代中國留學史》（上海：中華書局，1927 年）是這方面研究的開山之作，此外就筆者閱讀範圍而言，可參閱實藤惠秀《中國人日本留學史稿》（東京：日華學會，1939 年）和《中國人日本留學史》（東京：くろしお出版，1960 年），阿部洋編《日中關係と文化摩擦》（東京：巖南堂書店，1982 年），阿部洋編《日中教育文化交流と摩擦：戰前日本の在華教育事業》（東京：第一書房，1983 年），沈殿成《中國人留學日本百年史 1896～1996》，（瀋陽：遼寧教育出版社，1997 年），嚴安生《日本留學精神史——近代中國知識人の軌迹》（東京：岩波書店，1991 年），大里浩秋、孫安石編《中國人日本留學史研究の現段階》（東京：御茶の水書房，2002 年），阿部洋《「對支文化事業」の研究》（東京：汲古書院，2004 年）等著述。

第一節 立身入世的熱望與富國強兵的追求：留學之動因

一、立身入世的熱望

近代中國政府正式派遣留日學生始於甲午戰敗後的 1896 年，首批派遣 13 人，由時任駐日公使的裕庚委託日本外務大臣兼文部大臣西園寺公望，請東京高等師範學校校長嘉納治五郎負責教育。〔註 2〕義和團事件後，舉國變法心切，「疆吏之奏新政者無不以游學為言，斯年八月初五上諭各省派遣學生，加以獎勵與限制的督促」。〔註 3〕此後留日人數雖逐年增加，但真正達到高潮是在 1905 年以後，這一年科舉正式廢除，清廷舉行歸國留學生考試，按成績賜予功名。〔註 4〕科舉的廢除和政府以功名獎勵留學的政策，把大批原準備從科舉入世的讀書人推向了留學路。舒新城評論清末民初國人看待留學的心態時寫道：「辛丑而後，國人圖強之心切，但科舉在中國已有長久的歷史，科名觀念一時無從打破，政府遂不得不以科舉的方法獎勵游學生，於是游學成為一種工具，學生出國之動機並不在求學，而在藉此登龍門以擡高身價。民國而後，科名的獎勵雖經取消，而社會上對於留學生與留學生之自視，亦儼然以留學為一種變相的科舉。」〔註 5〕在派遣留學生的同時，清政府也開始了本國現代教育體系的建設，1901 年下令改書院為學堂，學堂畢業考試合格者，給與貢生、舉人、進士等功名。然而，人才和設施的不足、制度的缺陷等原因使初興的國內學堂教育水平無法令人滿意，進一步將學子們推向了留學路。實藤惠秀曾指出，「千餘年的科舉制一旦廢除，立身之途除轉向新教育，也就是入新學堂之外別無他法。然而當時學堂不足，教師不足，如此便自然不得不轉向留學」。〔註 6〕

在這種全國蔓延的留學潮中，張之洞的留學號召書《勸學篇》裏大力推薦的路近費省、文同俗近的日本很快成為留學首選。〔註 7〕科舉廢除的翌年

〔註 2〕 實藤惠秀《中國人日本留學史》，東京：くろしお出版，1960 年，第 15 頁。
〔註 3〕 舒新城《近代中國留學史》，上海：中華書局，1927 年，第 46 頁。
〔註 4〕 周子同《中國現代教育年表》，《中國現代教育史》，上海：良友圖書印刷公司，1934 年，第 37～38 頁。
〔註 5〕 舒新城《近代中國留學史》，上海：中華書局，1927 年，第 210～211 頁。
〔註 6〕 實藤惠秀《中國人日本留學史稿》，東京：日華學會，1939 年，第 92 頁。
〔註 7〕 張之洞《勸學篇》，舒新城編《中國近代教育史資料》（下冊），北京：人民教育出版社，1981 年，第 965 頁。

（1906 年）即出現了近代中國第一次大規模的留日潮，時任教於早稻田大學清國留學生部的青柳篤恒描繪當時中國留學生蜂擁至東京的情形寫道：「都下清國留學生目下將達二萬，科舉全廢，學堂不足，欲使之游學歐美諸邦，則派遣數萬學生所必須之經費一時無所出，其餘立身出世之途全然斷絕之今日此際，其渡來我邦者乃倍增，如滔滔水之就低。」〔註 8〕據日本文部省 1922年出版的《學制五十年史》統計，在日中國留學生最多的時期為 1902 年至 1908年間，其中 1906 年達七千人以上，其後每年人數雖有減少，但到 1909 年時亦不下五千人。〔註 9〕開始於清末的這場留日潮是中國歷史上第一次大規模的日本留學潮，郭沫若長兄郭開文、〔註 10〕郁達夫長兄郁華，陶晶孫之父陶坊資、成仿吾長兄成劭吾都是在 1905 年開始的這股清末留日潮中赴日的。

　　創造社的大多數成員並未能趕上清末的這股留日潮，1906 年清政府制定《選送游學限製辦法》，將日本留學資格限定為中學畢業程度，這就使尚未中學畢業的他們不得不留在各自家鄉的學堂裏為將來的出路繼續煩惱。郭沫若回憶自己「在本府中學時，時時感受著智識的饑荒」，〔註 11〕「對於學校的課程十二分不滿意，能夠填補這種不滿意的課外研究又完全沒有」，以至於「焦躁到不能忍耐的地步」。〔註 12〕當他終於在 1910 年如願進入省城成都分設中學時，又發現這裡和嘉定府中一樣令人絕望：「成都和嘉定依然是魯衛之政！——這是我進學校不上兩個禮拜便得了的一個幻滅的結論。一樣是一些做官的教職員，一樣是一些騙文憑的學生。」〔註 13〕不滿杭州府中而轉學到教會學校的郁達夫述說當時學生作文常是滿紙「嗚呼」，而「這一種『嗚呼』的傾向，這一種不平，怨憤，與被壓迫的悲啼，以及人心躍躍山雨欲來的空氣，實在還不只是一個教會學校裏的輿情；學校以外的各層社會，也像是在大浪

〔註 8〕　青柳篤恒《支那の子弟は何故に我邦に游學せざる可からざる乎》，《早稻田學報》，1906 年，第 141 號，第 6 頁。

〔註 9〕　《附錄》，日本文部省編《學制五十年史》，東京：帝國教育會，1922 年，第2 頁。

〔註 10〕有關郭開文的留日情況，可參看劉建雲《關於郭開文日本留學的初步考證》，《郭沫若學刊》，2010 年第 4 期，第 9～20 頁。

〔註 11〕郭沫若《未央》，《創造季刊》，1922 年 1 卷 3 期，第 15 頁。

〔註 12〕郭沫若《我的童年》，《郭沫若全集・文學編》（第十一卷），北京：人民文學出版社，1992 年，第 105 頁。

〔註 13〕郭沫若《反正前後》，《郭沫若全集・文學編》（第十一卷），北京：人民文學出版社，1992 年，第 180 頁。

裏的樓船，從腳到頂，都在顛搖波動著的樣子」。〔註14〕在一片嗚呼悲啼中，
「對當時的學校教育，實在是眞的感到了絕望」的郁達夫終於在 1910 年決定
從教會學校退學，「回家去做從心所欲的自修工夫」。〔註15〕同樣是 1910 年，
曾以到省城廣州的學堂讀書爲人生夢想，「幾乎要想到發狂了」的張資平終於
考入廣東省高等巡警學堂，卻很快發現這裡同樣是令人「絕望」的、「徒有形
式、內容腐敗的學校」，〔註16〕而自己「學識欲非常高熾，精神體力也極強健。
可惜沒有許多書給我讀。我覺得那些法政講義只是貧弱的食物，不足以厭我
的饞腸」。〔註17〕

　　郭、郁、張三人不約而同述說的一件事是：國內的教育令人絕望，無法
滿足他們旺盛的求知欲。學堂能提供的不是舊式科舉教育的翻版，就是「速
成」歸國的留學生們帶來的對國外教科書的拙劣抄襲，彌漫四周的是老大帝
國的末日景象，社會鼎革之際的焦躁與混亂。桑兵研究晚清學堂教育狀況時
也曾指出，當時「教育界故態與時代要求極不適應，除少數留學生和開明人
士外，多數教職員思想保守，知識陳舊，言行迂腐，極大地限制了學生的覺
悟層和知識結構。」〔註18〕學堂教育雖然開啓了一個新的知識世界，卻也保
留了太多舊世界的影子，無法滿足已經被新世界刺激起來的新學堂學生們旺
盛的求知欲。

　　學堂不僅無法滿足年輕學子們的求知欲，更無法許諾一個可靠的未來。郭
沫若曾在自傳體小說《未央》（1922 年）中借主人公之口回溯自己當年的不安
和渴望：「他對於他的未來早隱隱生出一種不安的懸念。久久陷在故鄉，碌碌
無爲，他不知道他將來究竟會成爲一個什麼對象。他當時早想奮飛，早想朝外
方去涉獵。」〔註19〕未能趕上的清末留學潮更刺激了他們對外面世界的好奇，

〔註14〕郁達夫《大風圈外》,《郁達夫全集》（第四卷），杭州：浙江大學出版社，2007
　　　　年，第 292 頁。

〔註15〕郁達夫《大風圈外》,《郁達夫全集》（第四卷），杭州：浙江大學出版社，2007
　　　　年，第 292 頁。

〔註16〕張資平《從黃龍到五色》，朱壽桐編《張資平自傳》，南京：江蘇文藝出版社，
　　　　1998 年，第 152 頁。

〔註17〕張資平《從黃龍到五色》，朱壽桐編《張資平自傳》，南京：江蘇文藝出版社，
　　　　1998 年，第 167 頁。

〔註18〕桑兵《1905～1912 年的國內學生群體與中國近代化》,《近代史研究》，1989
　　　　年第 5 期，第 58 頁。

〔註19〕郭沫若《未央》,《創造季刊》，1922 年 1 卷 3 期，第 15 頁。

一種強烈的向外尋找新出路的熱望由此產生。郭沫若在不同時間寫下的自傳中都述及自己接受了兄長們帶回來的「像洪水一樣」的新書籍和新思想，在當年舉國蔓延的留學潮中是如何渴望著家鄉以外的世界：「那時留學外國熱在蔓延，我對於歐、美不消說起了很大的憧憬。但是，這是斷難實現的。我的大哥是早出了東洋的，五哥在我入中學的時候也由武備學堂畢業派到東洋去實習去了。這兒也是很景慕的地方。東洋去不成便想往北京、上海。再辦不到，至少也要到省城了。」〔註20〕「嘉定那樣的井底我是不想一刻覊留的。能夠的時候是跑歐美，其次是日本，其次是京滬，更其次——這是最低的限度——便是跑成都了。這些地方發散著強有力的磁性，把我全身血液裏面的鐵質都吸引了去。」〔註21〕郁達夫的回憶錄中同樣可以看到一個執著追求遠大前程的少年：第一次離開家鄉，準備投考杭州府中時曾滿懷「一腔勇進的熱意，『杭州在望了，以後就是不可限量的遠大的前程！』」〔註22〕很快又不滿足於府中課程的他繼而只恨不能「一口氣就讀完了當時學部所定的大學及中學的學程」，〔註23〕決定回家自修而從教會學校退學後則充滿了「希望的喜悅」：「被解放了！以後便是憑我自己去努力，自己去奮鬥的遠大的前程！」〔註24〕

　　辛亥革命的動蕩沒能帶來令人振奮的改變，這更加劇了人們出國的渴望。在廣州經歷了辛亥的張資平發現革命「只把名目換了」，新來的教員「比前一班學問上既要打一個大大的折扣，念前教員編的講義又念不斷句」。〔註25〕不甘心在巡警學堂「作白頭宮女之歡」的張資平「求出路的心非常之急，巴不得把三年並作一年，快點畢業」。〔註26〕他形容自己 1912 年考取廣東省資助留日官費時興奮地「只望能早日飛渡到三島上去」，彷彿「久困樊籠的鳥

〔註20〕　郭沫若《我的童年》，《郭沫若全集・文學編》（第十一卷），北京：人民文學出版社，1992 年，第 105 頁。
〔註21〕　郭沫若《反正前後》，《郭沫若全集・文學編》（第十一卷），北京：人民文學出版社，1992 年，第 168 頁。
〔註22〕　郁達夫《孤獨者》，《郁達夫全集》（第四卷），杭州：浙江大學出版社，2007 年，第 289 頁。
〔註23〕　郁達夫《遠一程，再遠一程！》，《郁達夫全集》（第四卷），杭州：浙江大學出版社，2007 年，第 283 頁。
〔註24〕　郁達夫《大風圈外》，《郁達夫全集》（第四卷），杭州：浙江大學出版社，2007 年，第 293 頁。
〔註25〕　張資平《沖積期化石》，上海：創造社出版部，1928 年，第 175 頁。
〔註26〕　張資平《從黃龍到五色》，朱壽桐編《張資平自傳》，南京：江蘇文藝出版社，1998 年，第 152 頁。

兒，想急急地高飛上天空去」，〔註27〕在赴日的船上更是「像一個茶房，陡然升任爲廳長般的那樣愉快了」。〔註28〕自稱在「大風圈外」經歷辛亥的郁達夫也發現革命不過是一場換裝秀：「百姓剪去了辮髮，皇帝改作了總統。天下騷然，政府惶惑，官制組織，盡行換上了招牌，新興權貴，也都改穿了洋服」。沉悶的現狀無法滿足年輕的郁達夫對遠大前程的期待，「在家裏的小樓上悶過了兩個夏天，到了這一年的秋季，實在再也忍耐不住了，即使沒有我那位哥哥的帶我出去，恐怕也得自己上道，到外邊來尋找出路」。〔註29〕同樣是 1913年，郭沫若從天津陸軍軍醫學校退學到北京，希望在大哥的幫助下尋找新的出路，卻得知賦閒的大哥也處境困難時，失望之餘不得不做出重回四川的打算：「我沒有再說什麼了，只是深自怨艾，把什麼夢想，什麼野心，什麼自負的念頭，都消掉了。有生以來像那時的那樣的失望是沒有經驗過的。」而當得知能在張次瑜的幫助下，由大哥資助去日本留學時的心情又「好像突然由一十八層的地獄升上了土星天，雄心又頓時勃勃了起來」。〔註30〕田漢回憶1916 年隨被委任爲湖南留日學生經理員的舅父赴日時的心情，則引用南朝宋名將宗慤乘風破浪的典故，形容自己當時「充滿了小孩子的歡喜，充滿了宗慤式的雄心，充滿了詩人的想像」。〔註31〕

在清末開始的這場中國有史以來最大規模的留學潮中，留學取代科舉成爲當時讀書人立身入世、顯親揚名的新出路，留學生作爲新世界和新知識的象徵，也成爲國人新的敬仰對象。穆木天回憶自己幼年時代留日之風頗爲流行，「那家有一個留日的洋學生，那可是轟動一方了」。〔註32〕1914 年剛剛考取官費不久的郭沫若作家書，勸弟弟同來，信中寫道：「今歲畢業後，可急行東渡，考上官費，便是好算盤；國內無此便宜，而學科不良，校風確劣無論

〔註27〕張資平《從黃龍到五色》，朱壽桐編《張資平自傳》，南京：江蘇文藝出版社，1998 年，第 183 頁。
〔註28〕張資平《從黃龍到五色》，朱壽桐編《張資平自傳》，南京：江蘇文藝出版社，1998 年，第 187 頁。
〔註29〕郁達夫《海上》，《郁達夫全集》（第四卷），杭州：浙江大學出版社，2007 年，第 298 頁。
〔註30〕郭沫若《初出夔門》，《郭沫若全集‧文學編》（第十一卷），北京：人民文學出版社，1992 年，第 349、352 頁。
〔註31〕田漢《從悲哀的國裏來》，《田漢全集》（第十三卷），石家莊：花山文藝出版社，2000 年，第 358 頁。
〔註32〕穆木天《學校生活的回憶》，《新學生》，1942 年第 1 卷第 6 期，第 105 頁。

矣。」〔註33〕在剛考取官費、躊躇滿志的郭沫若眼中，官費留學乃是一種光宗耀祖的「好算盤」，包含著毫不掩飾的實利打算。〔註34〕鄭伯奇曾直言：「留日學生既不像留美學生那樣多屬於達官富商的子弟，也不像留法的勤工儉學學生那樣經過勞動鍛鍊，絕大多數是沒落地主和城市小資產階級出身。他們到日本留學無非利用少化錢少跑路等便利條件來得些新知識為祖國效勞。」〔註35〕在創造社的日本留學夢裏可以看到科舉時代讀書入世的功名意識，同時也包含著現代個體追求遠大前程的夢想、野心和自負。

桑兵研究晚清學堂學生群體時曾指出，隨著晚清學堂新式教育的發展，逐漸形成了「一個分佈全國，擁有一定數量質量的近代中國學生群」。這個學生群在新式學堂裏接觸到西方近代社會科學和自然科學知識，通過閱讀各種學科的西學書籍，開始瞭解外面的世界，「時代以及他們自己，都處於除舊布新的轉變過程之中」。〔註36〕創造社作家正是這一新形成的學堂學生群體的成員，他們被新世界和新知識所誘引，體驗著社會鼎革、新舊交替之際的喧嘩與躁動，科舉的廢除使原本理所當然的入世之路一朝閉塞，同時也打開了無限的可能，原本可計劃的前程變成了不可知的未來。一旦學堂教育無法再滿足他們旺盛的求知欲時，出國留學、走向外面世界的渴望自然會變得更加強烈。一面是令人絕望的國內教育，一面是充滿希望的留學之路，對未來的不安和好奇，對學堂教育的不滿，求知識和求出路的渴望，舉國留學潮影響下產生的唯恐被時代拋下的焦慮，由留學潮誘發的對外面世界的強烈憧憬，凡此種種因素促使創造社的作家們相繼選擇了留學。經歷了辛亥革命的動蕩，民國政府逐步制定了一系列旨在為新國家培養現代人材的留學政策，加之二次革命後，大批政治亡命客也湧入日本，很快出現了新一輪的留日潮。除了幼年隨父兄赴日的陶晶孫、成仿吾和華僑出身的馮乃超外，其他創造社成員都在這一時期開始了他們的日本留學生活。〔註37〕

〔註33〕唐明中、黃高斌編注《櫻花書簡》，成都：四川人民出版社，1981年，第26頁。
〔註34〕穆木天《學校生活的回憶》，《新學生》，1942年第1卷第6期，第105頁。
〔註35〕鄭伯奇《憶創造社》，饒鴻競等編《創造社資料》（下），北京：知識產權出版社，2010年，第709頁。
〔註36〕桑兵《晚清學堂學生與社會變遷》，桂林：廣西師範大學出版社，2007年，第64～65頁。
〔註37〕創造社主要成員赴日時間如下：陶晶孫1906年，成仿吾1910年，郁達夫1913年，郭沫若1914年，李初梨1915年，田漢1916年，鄭伯奇1917年，穆木天1918年，朱鏡我1918年，彭康1919年，沈起予1920年。

二、「富國強兵」的追求

「富國強兵」是貫穿清末民初留學潮的核心思想。甲午之後中國國家地位的一落千丈，終於使國人將目光轉向了明治以來依靠「富國強兵」一躍而興的「蕞爾小國」日本。舒新城述及國人留日之始時寫道：「甲午戰後，中國始知國力遠遜於日本，但日本在數十年前固無赫赫之名於世界，而竟一戰勝我，則明治維新有以治之。」〔註38〕義和團事件後，「割地賠款的事情日多一日，本國底弱點完全顯出，外人底勢力更多一番認識，而鑒於日本以數十年的維新工夫，竟能稱霸東亞，與世界列強並駕齊驅，於是更知西政之能強國而努力模仿」。〔註39〕日本戰勝俄國的消息更起了推波助瀾的作用。據實藤惠秀記載，「明治三十四年以來，留學生雖然日益增加，但直至明治三十八年初，也只有三四千人的程度，然而到這一年終，據說有八千乃至一萬、二萬之稱。（中略）這便是合著所謂日俄戰爭中日本大勝的號外鈴音的拍子而增加的」。〔註40〕在創造社作家的留學回憶中，「富國強兵」，以及與之相聯的「軍國民」等口號是頻頻登場的關鍵詞。穆木天回憶「在我在家塾的時候，正是軍國主義的思想流行的時代。『軍國民教育！』等等的口號，在到處，喧嚷著」。〔註41〕鄭伯奇歸結整個創造社的日本留學亦有言：「他們去日本留學的時候，正當中國辛亥革命以後，富國強兵的思潮風靡一時，他們自然不能不受這時代潮流的影響。」〔註42〕郭沫若回憶說「二三十年前的青少年差不多每一個人都可以說是國家主義者。那時的口號是『富國強兵』。稍有志趣的人，誰都想學些實際的學問來把國家強盛起來」。〔註43〕他在自傳中記述了自己當年與即將東渡的長兄間的一段對話：

　　　　——「八弟，」他問我，「你是喜歡留在家裏，還是喜歡出東洋？」

　　　　我說：「我當然想跟著你去。」

　　　　——「你去想學甚麼呢？」

〔註38〕舒新城《近代中國留學史》，上海：中華書局，1927年，第21頁。

〔註39〕舒新城《近代中國留學史》，上海：中華書局，1927年，第194～195頁。

〔註40〕實藤惠秀《中國人日本留學史稿》，東京：日華學會，1939年，第94頁。

〔註41〕穆木天《學校生活的回憶》，《新學生》，1942年第1卷第6期，第104頁。

〔註42〕鄭伯奇《憶創造社》，饒鴻競等編《創造社資料》（下），北京：知識產權出版社，2010年，第714頁。

〔註43〕郭沫若《創造十年》，《郭沫若全集·文學編》（第十二卷），北京：人民文學出版社，1992年，第65頁。

　　我卻答應不出來：因爲我當時實在不知道應該學甚麼，我也不知道究竟有甚麼好學。他代我答應道：

　　——「還是學實業的好，學實業罷。實業學好了可以富國強兵。」

　　其實實業的概念是怎樣，我當時是很模糊；就是我們大哥恐怕也是人云亦云罷。不過富國強兵這幾個字是很響亮的，那時候講富國強兵，就等於現在說打倒帝國主義一樣。我當時記起了我們沙灣蒙學堂門口的門聯也是「儲材興學、富國強兵」八個字。〔註44〕

「學實業」、「富國強兵」既是人云亦云的時代流行語，也是積弱已久的國家切實的需要，通過留學學習「實業」而實現「富國強兵」是彼時的主導留學思想。舒新城述及清末以來的留學思想時有論：「辛丑和議，受創過深，舉國均急急於變法自強，而變法要首從政治做起，所以政治人材之需要更切，工藝問題也便淡然忘之，西藝思想，也爲西政所遏。光緒二十九年而後，留學生日多，漸有供過於求之勢，而工藝之不發達如故，於是工藝思想又復發現。光緒三十三年與日本特約五校即趨重實業。」〔註45〕以學實業求強國的思想直至「五四」後仍是左右時人留學思想的重要因素。1917 年在南開中學聽過胡適演講「新國家與新文學」的穆木天當時卻並不相信新文學能夠帶來新國家，他在翌年考入東京第一高等學校，預備學習數學或化學：「新的青年，大部分地，不是要作實業家，就是想作工程師。於是，自然地，我也要作這個資產階級的幻夢了。我就是抱著這種幻夢到了日本。」〔註46〕1920 年赴日，後考入京都帝大的沈起予述說自己也是在「五四」影響下，「抱著『迷信科學，醉心實業』八個大字出了三峽」，從此開始了留學之路。〔註47〕

　　追求「富國強兵」的留學動機，無論是在當事人的敘述還是在後來學者的研究中都已被多次提到，本文在此無需贅述。這裡希望探討的是，「富國強兵」的追求中所蘊含的將個體命運和國家命運結合在一起的意識對創造社作家國家想像的影響。周海林分析以郭、郁、成等前期創造社成員的兄長們爲代表的留日第一代時認爲，他們接受了「富國強兵」的思想，從而使自己的

〔註44〕郭沫若《我的童年》，《郭沫若全集·文學編》（第十一卷），北京：人民文學出版社，1992 年，第 50 頁。
〔註45〕舒新城《近代中國留學史》，上海：中華書局，1927 年，第 203 頁。
〔註46〕穆木天《我的詩歌創作之回顧》，《現代》，1934 年 4 卷 4 期，第 721 頁。
〔註47〕沈起予《我的文藝生活》，《大眾文藝》，1930 年 2 卷 5～6 期合刊，第 1581 頁。

個體選擇服從於國家需要，這些「經歷了辛亥革命的知識分子，例如郭沫若等人的兄長們，痛感必須重建新生國家的歷史使命，對他們而言，自我和個人主義是無暇顧及的。他們成爲經營現代國家不可或缺的政治家、法官和軍人，與其說是個人選擇，不如說是從封建社會到現代社會的過渡期中順應時代要求的自然結果」。﹝註48﹞周海林捕捉到了主導清末民初留學思想的一個關鍵因素：成爲符合經營現代國家需要的個體，但是他所提出的自我和個人主義因此而受到忽略的觀點或許有待商榷。成爲一個爲現代國家富強而服務的個體，這或許是當時社會中最具個人主義色彩的意識，創造社作家正是在這一意識影響下作出留學選擇的。

本傑明・史華茲（Benjamin Schwartz）提出過一個從嚴復那一代開始就糾纏著中國留學生的問題：「西方富強的秘密是什麼？」﹝註49﹞嚴復在對這個問題的執著探索中，從斯賓塞（Herbert Spencer）的社會進化論中發現了「關於國家－社會的最栩栩如生的形象」，這是一個民族主義色彩濃郁的形象。在這個形象中，個人作爲國家有機體的一個細胞而存在，並把「對自己所在的社會有機體的生存和發展負責放在首位」。﹝註50﹞蘊藏於個人的能力得到解放，結合了體力、智力和道德的個體通過理性地追求自己的幸福和利益，共同爲民族－國家共同體的富強而服務，以保證這個共同體在與其他社會有機體的生存競爭中勝出。嚴復從英國的富強中看到了一種「功能關係」，那就是「英國所以富強，顯然是因爲她培育了解放個人的能力並使之與國家的利益結合起來的觀念和制度；英國所以能在世界列強競爭中保持霸主地位，顯然是因爲她正處於『工業階段』；個人自由和國家力量是相輔相成的」。﹝註51﹞

嚴復從斯賓塞思想體系裏歸結出的這個由解放了的個人共同服務的民族－國家有機體或許並非斯賓塞本意，但卻適應了當時中國社會的需要。如阿里夫・德里克（Arif Dirlik）所論，20世紀初年，中國政治思想最大的主題是建立現代國家，建立一個統一的、能在當時各個國家都在進行權力擴張的弱

﹝註48﹞ 周海林《創造社と日本文學：初期メンバーを中心として》，早稻田大學博士（學術）論文，2002年，第23頁。

﹝註49﹞ 本傑明・史華茲（Benjamin Schwartz）著，葉鳳美譯《尋求富強：嚴復與西方》，南京：江蘇人民出版社，2010年，第19頁。

﹝註50﹞ 本傑明・史華茲（Benjamin Schwartz）著，葉鳳美譯《尋求富強：嚴復與西方》，南京：江蘇人民出版社，2010年，第38頁。

﹝註51﹞ 本傑明・史華茲（Benjamin Schwartz）著，葉鳳美譯《尋求富強：嚴復與西方》，南京：江蘇人民出版社，2010年，第50頁。

肉強食的世界中生存下來的現代國家。「追求國家『富強』似乎支配著這個世界，『靜態』的中國社會如果要想存在下去也必須依賴於這種追求來為自己注入活力——重新保持其輝煌的過去所賦予它的榮耀！為了實現這個目標，就必須建立一個國家。」〔註52〕「富國強兵」這一國家主義色彩濃郁的概念在中國能夠迅速被接受，正是拜上述經由嚴復闡釋的社會進化論所賜：「中國不斷敗於這些列強之手，這足以證明幾乎是同時進入中國思想界的社會達爾文主義理論體系的預言：中國革命的出現從根本上說是出於防禦動機，目的是保證中國在一個充滿競爭和衝突的世界裏能存在下去。中國的『國家主義』——願意走西方的道路——相應地也是這種生存戰略的一部分。」〔註53〕郭沫若回顧自己親歷的「富國強兵」沿革史時寫道，這一思想源於國人對建設富強的現代國家的追求：「中國的積弱，在往年的一般人認為是由於沒有近代的國家形體，沒有近代的產業，所以在我們的幼年時代，才有變法維新、富國強兵的口號。就在那種種口號之下鬧了幾十年，中國在形式上也算是成了新式的共和國，然而產業仍然不能夠振興，國度仍然不能夠富強，而且愈趨愈下。於是大家的解釋又趨向唯心主義方面，便是說中國民族墮落了，自私自利的心太重，法制觀念、國家觀念太薄弱。因而拯救的法門也就趨重在這一方面。」〔註54〕從政治改革、振興實業到民族精神的喚起，變化的不是「富國強兵」的目的，而是如何才能「富國強兵」的手段。如阿部洋所言，「清末以來的中國，是將向海外派遣留學生作為追求國家現代化的一個最有力的手段而給予相當的重視」。〔註55〕作為清末民初留學潮的主導思想，「富國強兵」描繪了國家現代化的未來圖景：一個現代的、強大的、能夠對抗外國侵略的中央集權國家。

　　如前所述，鼎革之際的中國社會充滿了現代個體立身入世的野心和欲望，然而與此同時，這些接受了新思想和新知識的個體也被亡國滅種的危機所深深困擾。穆木天曾寫道，自己這一代人「一方向著『新國家』憧憬著」，

〔註52〕阿里夫‧德里克（Arif Dirlik）著，孫宜學譯《中國革命中的無政府主義》，桂林：廣西師範大學出版社，2006年，第45頁。

〔註53〕阿里夫‧德里克（Arif Dirlik）著，孫宜學譯《中國革命中的無政府主義》，桂林：廣西師範大學出版社，2006年，第51頁。

〔註54〕郭沫若《創造十年》，《郭沫若全集‧文學編》（第十二卷），北京：人民文學出版社，1992年，第147頁。

〔註55〕阿部洋《「對支文化事業」の研究》，東京：汲古書院，2004年，第29頁。

另一方面,「亡國滅種之觀念,也在強烈地支配著我們」。〔註56〕如桑兵曾指出的,晚清以來新式教育中培養出的這些學堂學生們接受了西方的社會科學、自然科學知識,他們對於世界大勢、對於中國在世界上所處位置的敏感度要高於舊式書生許多,「他們對於亡國危機的感受,是一心只讀聖賢書的秀才舉子們所無法比擬的」,〔註57〕個人的出路和國家的未來是同時困擾他們的兩大問題。在這種背景下,嚴復式的國家圖景就顯得頗為誘人,它綁定了個人的出路和國家的未來,鼓勵人們放手追求個體的幸福,因為國家能否在這個弱肉強食的世界中勝出,將取決於個體的完善與否。這種意識在晚清學堂教育中已經出現,桑兵討論晚清學堂教育理念時認為,晚清學堂教育與科舉的一個重大區別在於:後者的目的在於選拔少數精英出仕進官,而前者則旨在培養能為民族－國家共同體的富強而服務的國民個體,所謂「養成各盡所能、人人自主的新國民」。當時江蘇教育總會上書學部請勿復科舉時有言:「科舉思想務富少數人之學識,以博少數人之榮譽,而仍在不可知之數。其思想也,但為個人,非為國家也。學校思想務普全國人之知識,以鞏全國人之能力,而不容有一夫之不獲。其思想也,視吾個人即國家之一分子也。」〔註58〕

　　郁達夫在自傳中敘及赴日前在上海目睹魔都夜景,曾不禁發出對國家現狀和將來不安的疑問:「國家呢?像這樣的昏天黑地般過生活,難道是人生的目的麼?(中略)不過無論如何,我想社會的歸宿,做人的正道,總還不在這裡。」〔註59〕郁達夫在對國家現狀的批判後緊接著發出有關「人生的目的」的詢問,「社會的歸宿」和「做人的正道」,易言之,也就是國家的出路和「我」的未來,這或許正是當年郁達夫希望於即將開始的留學能夠幫助他尋找到的東西。被拋出科舉軌道的學子們強烈渴望擁有新的未來,但這個未來具體應該是怎樣的?如何去實現?如郭沫若所言,卻並不太清楚。「學習實業、富國強兵」的召喚為像郭沫若、郁達夫這樣為自己和國家的將來煩惱著的青年學

〔註56〕穆木天《關於「五四」個人的回憶》,蔡清富、穆立立編《穆木天詩文集》,長春:時代文藝出版社,1985年,第238～239頁。

〔註57〕桑兵《晚清學堂學生與社會變遷》,桂林:廣西師範大學出版社,2007年,第65頁。

〔註58〕桑兵《晚清學堂學生與社會變遷》,桂林:廣西師範大學出版社,2007年,第134頁。

〔註59〕郁達夫《海上》,《郁達夫全集》(第四卷),杭州:浙江大學出版社,2007年,第299頁。

子同時提供了手段和目的，實業的振興既然被視爲「富國強兵」的不二法門，那麼個體通過留學完善自我，掌握實業知識和技術，便能夠成爲新國家建設的擔當者，「我」的未來——衣錦還鄉，與國家的未來——國富兵強，由此而重合。初到日本的張資平曾暗下誓願，貼切道出當年懷抱「富國強兵」願望的人們東渡之初的心態：「祖國！別了！學不成名死不還！」「等我留日十年學成回去時，中國早比日本進步，早比日本富強了吧。我當按照在教育司茶話會時所填寫的服務契約爲本省服務啊！」〔註60〕

可見，「富國強兵」思想在當時具有整合個體需要和國家需要的功能，由此產生了個體與國家命運相連的意識。創造社的作家們正是在這一思想所描繪的民族－國家建國理想的招邀下乘上了「國家」這趟列車，相信只要通過留學的訓練，有朝一日便能按照自己的意志駕駛它。個體與國家從此捆綁在一起，「我」的立身入世和國家的富強從此成爲互相注解的文本。

第二節　靠不住的官費：留學制度與民初留學經費恐慌對創造社作家國家觀念之影響

一、「五校特約」與「對支文化事業」

與創造社關係最爲密切的留學制度首先是「五校特約」，它幾乎是郭、郁等前期成員回憶自己留學生活時必提的內容。對經濟並不富裕的他們來說，「五校特約」提供的官費是使留學夢成眞的幾乎唯一選擇。他們無不是以將來的人生爲賭注，將競爭激烈的選拔考試看作一場輸不起的背水之戰。郁達夫因日夜備考用功過度而種下結核病根，〔註61〕剛到日本的郭沫若則發誓：「此去如於半年之內考不上官費學校，我要跳進東海裏去淹死，我沒有面目再和大哥見面。」〔註62〕

「五校特約」係清政府與日本1907年協定，凡考入特約中規定的日本文

〔註60〕張資平《從黃龍到五色》，朱壽桐編《張資平自傳》，南京：江蘇文藝出版社，1998年，第185、190頁。

〔註61〕郁達夫《海上》，《郁達夫全集》（第四卷），杭州：浙江大學出版社，2007年，第302頁。

〔註62〕郭沫若《初出夔門》，《郭沫若全集・文學編》（第十一卷），北京：人民文學出版社，1992年，第353頁。

部省直轄五所高等學校的中國留學生，即可獲中國政府資助。1908 年正式實施，爲期 15 年。民國以後，此項協定繼續有效，直至期滿。據舒新城《近代中國留學史》記載，主要內容如下：

> 1、由出使日本大臣與日本文部省約定以光緒三十四年爲始，十五年之內，每年東京第一高等學校收容中國學生六十五人，東京高等師範學校收容中國學生二十五人，東京高等工業學校收容中國學生四十人，山口高等商業學校收容中國學生二十五人，千葉醫學專門學校收容中國學生十人，均由中國給以補助費。

> 1、此項學生由公使擇取品行端正，漢文通順，普通學已畢業之人，送交各該學校行競爭試驗，拔其學力最深，程度與日本學生相等者，以充其選。入選者不拘省分，不待補額，即行給以官費，以資鼓勵。

> 1、此項學生之補助費及學費，每名平均每年日幣六百五十元；入第一高等者應並將來入大學之學費計算，約計以八年畢業，入專門學校者，約計以四年畢業，應於二十二年內，由各省分任此項經費，以其易於集事。（下略）〔註63〕

此外，爲配合「五校特約」，日本文部省還應清政府要求，於同年在東京第一高等學校開設針對中國留學生的特設預科，特設預科是專爲希望進入日本高等學校學習的中國留學生實施預備教育的機構。據《學制五十年史》記載：「明治四十一年，爲支那留學生將來入帝國大學之便，特於第一高等學校設預科，實施一年（最初爲一年半）之教育，畢業後分配至各高等學校，與本地人共學，爲其開入帝國大學之途。」〔註64〕又據《第一高等學校六十年史》記載：「明治四十一年本校設置特設預科，係前年文部省應清國政府之請，與駐日公使李家駒定約，本校每年收容清國留學生若干名，畢業後使之入帝國大學。本校乃於本科之外別設預科，每年經考試招收約五十名清國留學生。委託特別講師授課，使之履修日語及其他普通學科，修了後分配至本校及其他高等學校。」一高特設預科的課程內容包括修身、日語、英語、歷史、數學、物理、化學、博物、圖畫、體操等科目。特設預科的中國留學生教育費初由中

〔註63〕舒新城《近代中國留學史》，上海：中華書局，1927 年，第 65～66 頁。
〔註64〕《附錄》，日本文部省編《學制五十年史》，東京：帝國教育會，1922 年，第 2 頁。

國政府按每人每年二百元的標準支付，1920 年改由日本政府負擔。〔註65〕

「五校特約」是中國近代留學史上具有轉折意義的政策，它標誌著中國政府開始有計劃地以派遣留學生的方式爲國家建設培養高等人材，享受「特約」資助的留學生必須有能力進入日本的最高學府，與當地學生一起接受高等精英教育，而不是像以前那樣只是爲在國內未能完成的初等教育補課，或是進行投機成分很大的「游學」。1906 年隨父旅日的陶晶孫追述當年中國留學生蜂擁赴日、魚龍混雜的情形時寫道：「當時雖有獎勵外國留學生的政策，但清廷其實不知怎樣獎勵才好，所以才決定總之只要考進日本的學校就可得學費。一聽說這樣，海內便有如雲的秀才鈍才彙聚而來，東京遂至擁擠不堪。秀才進了高工高師便安分下來，浪人們到明大之類的入了學籍後便在神田閒蕩著。」〔註66〕「五校特約」便是旨在改變這種只要考進學校就可得學費的狀況，以及由此導致的留日學生「速成」、「游學」的形象。舒新城評論此協定「爲政府使留日學生研求高等學問之始」。〔註67〕二見剛史考察二戰前日本的中國留學生教育時也指出：「特約」標誌著清政府「留學政策『由量到質』的轉換。此前，以法政、師範、巡警、理科、音樂等速成留學生占大多數，擁有進士、舉人、貢生、附生等資格的在職者以進修身份被派遣的也很多。然而，當中國內地也已經設置了中小學、師範學校、專門學校等各種學校，接受了速成教育的留學生遍佈各地的時候，希望日本留學能夠提供更高水準的教育也就成爲當然的期待。」〔註68〕

「五校特約」到期後，民國政府不再續約。日本國會於 1923 年通過「對支文化事業特別會計法」議案，設「對支文化事務局」，仿傚美國退還庚子賠款以興辦中國留學事業的做法，由「對支文化事務局」局長出淵勝次與中國駐日公使汪榮寶、教育部特派員朱念祖協定，以庚款補助留學生及兩國間其他科學文化衛生事業。〔註69〕其中對留日學生的補助從 1924 年起，以十年爲限，主要內容如下：

〔註65〕《第一高等學校六十年史》，東京：第一高等學校，1939 年，第 472～473、475 頁。
〔註66〕陶晶孫《曼殊雜談》，《日本への遺書》，東京：創元社，1952 年，第 189 頁。
〔註67〕舒新城《近代中國留學史》，上海：中華書局，1927 年，第 65 頁。
〔註68〕二見剛史《戰前日本における中國人留學教育》，阿部洋編《日中關係と文化摩擦》，東京：嚴南堂書店，1982 年，第 165 頁。
〔註69〕有關此項事業的專門研究可參看阿部洋《「對支文化事業」の研究》，東京：汲古書院，2004 年。

（甲）學費定額每人每月八十元，一律平等給與。（乙）得受此項學費之留學生名數，每度年總計不得逾三百二十名。（丙）前項學生之名額，以各省選出眾議院議員定額及各省擔負庚子賠款之數目，分攤於各省，由大學及專門學校肄業生內遴選之。此種大學及專門學校，由駐日公使與日本文部省及對華文化事業局協商制定云。（丁）應照前次遴選之學生，不以官費生為限，自費生亦在其內。

〔註 70〕

正如在下文將要敘述到的，進入 1920 年代以後，民國政府財政日趨窘困，留學生官費滯納現象屢屢發生。阿部洋曾指出，留學經費滯納是民國初年教育經費恐慌的表現之一，民國政府在「五校特約」到期後不再續約的一個原因實是在於當時的財政狀況已無餘裕負擔留學生學費。〔註 71〕日本「對支文化事業」雖有與美國等爭奪在華文化勢力範圍之意，陶晶孫小說裏提及外務省「特選留學生」時便曾諷刺地寫道：「此刻日人要想親善中國而發起特選學生，他們大概要做許多和製博士，叫這幾位博士可以向中國學界多說幾句話。」〔註 72〕然而不可否認的是，在當時中國政府幾乎難以維繫留學生經費的狀況下，鄭伯奇、穆木天、陶晶孫、李初梨等 1924 年後仍在日本留學的創造社成員都是依靠這一項目才得以繼續學業。

上述兩項留學制度對創造社作家的重要影響首先是長年的日本留學生活。創造社成員中除田漢考入東京高師，李初梨考入東京高工外（李後也退學，重新考入一高），都是先進入東京第一高等學校為中國人特設的預科，再分配至各高等學校學習，最後進入帝國大學，也就是所謂「高等學校——帝國大學」（帝高系統）的進學軌道。按當時日本學制，這意味著此後至少八年的留學生活：一高特設預科一年，預科畢業後分配至各高等學校學習三年，帝國大學四年。1916 年 9 月 16 日，時在岡山六高的郭沫若致父母信中寫道：「日本學制，高等學校，實為大學預科，注重在外國言文，其他科學，實不過高等普通而已。故雖高等畢業，非再由大學畢業後，終無立身處世之長策。男想古時夏禹治水，九年在外，三過家門不入；蘇武使匈奴，牧羊十九年，

〔註 70〕《日本對華文化事業計劃之決定》，《教育雜誌》，1924 年 16 卷 3 期。

〔註 71〕阿部洋《「對支文化事業」の研究》，東京：汲古書院，2004 年，第 134 頁。

〔註 72〕陶晶孫《特選留學生》，《洪水》（半月刊合訂本），1926 年第 2 卷 4 期，第 184 頁。

饉亂冰雪。男幼受父母鞠養，長受國家培植，質雖魯鈍，終非幹國棟家之器，
要思習一技，長一藝，以期自糊口腹，並藉報效國家；留學期間不及十年，
無夏、蘇之苦，廣見聞之福，敢不深自刻勉，克收厥成。」〔註73〕

　　其次是得以進入日本精英教育系統學習。「帝高系統」鋪就的是通向當時
日本社會金字塔頂端的進學之路，日本近代教育史研究學者竹內洋曾指出，
「戰前，以第一高等學校為首的所謂舊制高等學校是近代日本學歷貴族的製
造工場」。〔註74〕按照日本近代教育體系設計師、首任文部大臣森有禮的計
劃，高等學校出身之人，為官當為「高等官」，從商當為「董事」，治學當為
「學術專攻者」，高等學校乃是「養成足以左右社會大多數人思想者」的學校。
「普通中學→高等學校→帝國大學」的所謂「正系學歷」是當時日本教育體
系中最正統的精英進學軌道。〔註75〕循這一軌道畢業的學生，特別是「一高
－帝大」畢業生佔據了當時日本政治、經濟、學術、教育等除軍事以外各領
域的權力中樞，明治、大正年代的日本社會中「起碼也是博士、大臣」的評
語主要就是針對一高生所發。〔註76〕嚴安生評論包括創造社成員在內的留日
第二代時指出，他們是清末新式教育培養出的「中國近代最初的知識青年」，
在國內已經接受了初等教育，到日本後又經過層層篩選，最終得以進入日本
本土的精英培養體系接受正規高等教育，他們中精英的比例要遠遠高出上一
代留學生。〔註77〕

　　此外，當時日本「帝高系統」中流行的「教養主義」學生文化也對創造
社成員影響甚大。簡單地說，教養主義可視為西方人文主義精神文化在「帝
高」校園這一溫床上形成的日本版本。教養主義萌芽於19世紀末20世紀初
的日本高等學校中，當時以土井晚翠、高山樗牛、西田幾多郎、廚川白村、
夏目漱石等為代表的新式教師取代了舊武士風的教師，這種傾向在1907年以
後更加顯著。隨著1906年新渡戶稻造就任第一高等學校校長，教養文化的基
本輪廓開始形成。這時的教養主義「是指以哲學、歷史、文學等人文學書籍
的閱讀為中心，以人格的完成為目標的態度。受東京帝國大學講師拉費爾·

〔註73〕唐明中、黃高斌編注《櫻花書簡》，成都：四川人民出版社，1981年，第65
　　　　頁。
〔註74〕竹內洋《學歷貴族の榮光と挫折》，東京：中央公論新社，1999年，第13～
　　　　14頁。
〔註75〕竹內洋《學歷貴族の榮光と挫折》，東京：中央公論新社，1999年，第66頁。
〔註76〕嚴安生《陶晶孫　その數奇な生涯》，東京：岩波書店，2009年，第53頁。
〔註77〕嚴安生《陶晶孫　その數奇な生涯》，東京：岩波書店，2009年，第ix頁。

柯貝爾（Raphael Koeber, 1848～1923）影響的漱石門生阿部次郎（1883～1959）、和辻哲郎（1889～1960）等人是教養主義文化的傳道者。隨著阿部次郎《三太郎日記》、西田幾多郎《善的研究》等書的刊行，以舊制高等學校爲舞臺，作爲大正教養主義的教養主義定形了。」〔註78〕此後，在俄國革命和日本米騷動的衝擊下，隨著1918年東京帝國大學新人會的成立，馬克思主義逐漸取代阿部次郎式的人格主義開始成爲教養主義的新內容，「馬克思男孩」和「恩格斯女孩」取代「神經衰弱」的「煩悶」青年成爲校園裏的新風景。竹內洋描述當年情形時寫道：「大正時代末，最聰明的學生研究『社會科學』，也就是馬克思主義。稍差一些的研究『哲學宗教』。再差一些的投向『文學』，最低層次的則是那些被稱爲『反動學生』的。昭和初期，出版市場爲馬克思主義者所獨佔，左翼化得越厲害雜誌賣得越好。」〔註79〕嚴安生則評論道：「大正教養主義曾是舊制高校文化的基石，也是其靈魂，是使舊制高校和高校生們成爲卓越的存在、精神的貴族的決定性因素。」〔註80〕

在創造社成員身上可以很容易地找出受教養主義薰陶的「帝高」學生的典型特徵。如他們經常提及的留學時代對各類人文經典的廣泛涉獵，多門外語的學習，陶晶孫、馮乃超等人在音樂美術上的造詣，郭沫若、郁達夫、張資平、鄭伯奇、穆木天、馮乃超等人都曾提到的留學時代的「煩悶」、「神經衰弱」症狀乃至自殺傾向，馮乃超先是西田幾多郎的信徒，不久又成爲「馬克思男孩」等等。郁達夫後來爲孫百剛譯倉田百三著《出家及其弟子》做序時，憶及自己的一高生活，覺得劇中所寫正是自己當年心態的寫照。

> 我雖和原作者沒有一面之緣，然而當十幾年前的東京第一高等學校的學生的思想煩悶，是曾經經過過的，所以倉田氏的撰作此劇的動機，和內心的苦悶，似乎也略略體會得出。

> 當時的日本，政治入於小康，思想縱橫錯亂之至。大家覺得舊的傳統應該破壞，然而可以使人安心立命的新的東西，卻還沒有找著。所以一般神經過敏的有思想的青年，流入於虛無者，就跑上華嚴大瀑去投身自殺，志趣不堅的，就作了頹廢派的惡徒，去貪他目前的官能的滿足。所以當時——我在日本修學的時候——的一高學

〔註78〕竹內洋《教養主義の沒落》，東京：中央公論新社，2003年，第39～40頁。
〔註79〕竹內洋《教養主義の沒落》，東京：中央公論新社，2003年，第44頁。
〔註80〕嚴安生《陶晶孫　その數奇な生涯》，東京：岩波書店，2009年，第xi頁。

生,自殺的,年必數起,而沉湎於酒色,屢次受了鐵拳制裁,還不
能改悔的,一學期中,也總有幾個。〔註81〕

郁達夫文中提到的倉田百三也是教養主義的大祭司之一,倉田所著《愛與認
識的出發》與阿部次郎《三太郎日記》、西田幾多郎《善的研究》一起被當年
的帝高學生們奉爲教養主義聖書。

　　伊藤虎丸曾稱創造社的文學爲「帝大出身者的文學」,並指出貫穿了前期
「浪漫派」和後期「革命文學」的創造社成員身上的啓蒙姿態和「指導者意
識」與他們出身帝高的精英意識不無關係。〔註82〕嚴安生也評論創造社成員
「在校期間的『自負和驕矜』,歸國後動不動就叫嚷著『籠城』、『掃蕩』的高
姿態,乃至喜好搬弄高蹈前衛的主義和口號等等,這樣的『從外面來的現代
主義』的症候全是在留學時代孕育、形成的」。〔註83〕「帝高系統」的教育旨
在培養國家精英,教養主義則致力於養成有良好人文藝術修養和獨立人格的
紳士,二者的目標都在於爲受教育者提供將來可使他們成爲社會金字塔上層
人物的必要精神養分。「五校特約」和「對支文化事業」的留學政策使創造社
的人們得以在這樣的「學歷貴族製造工場」裏接受與日本人同等水平的精英
教育,也充分吸收到了教養主義的人文薰陶。創造社作家正是在這種優越的、
精英的學習環境中養成了影響他們一生的精神品格,從教養主義所崇尚的獨
立人格,蔑視世俗利益追求的浪漫而高傲的氣質中可以看到他們後來高揚的
「自我」、「爲藝術而藝術」的主張、以及反抗國家的詩人的影子。

二、靠不住的官費

　　教養主義對創造社成員的影響,已爲不少學者所論及,不過,這些論述
大多數由教養主義的貴族氣質歸結出創造社成員由留日而培養出的貴族氣
質。的確,中國政府意在培養高學歷人材的留學政策使創造社作家得以和日
本同學一樣接受精英教育,然而,民國政府成立不久就發生的教育經費恐慌
和國內綿延不絕的戰亂使這些中國的「學歷貴族」們不得不同時經歷校園之
外的「貧窮物語」。

〔註81〕郁達夫《序孫譯〈出家及其弟子〉》,《郁達夫全集》(第十卷),杭州:浙江大
　　　　學出版社,2007年,第378頁。
〔註82〕伊藤虎丸《問題としての創造社》,伊藤虎丸編《創造社研究》,東京:アジ
　　　　ア出版,1979年,第59～60頁。
〔註83〕嚴安生《陶晶孫　その數奇な生涯》,東京:岩波書店,2009年,第xi頁。

　　小谷一郎編《創造社年表》注釋中，對於創造社的留學生活狀況，引用舒新城《近代中國留學史》記載的 1914 年和 1918 年兩年的官費生資助金額，對比《創造十年》記載的當時物價，認爲郭沫若等前期成員的生活基本可以說是優越的。與此同時，也舉出李初梨致信田漢請求經濟援助之事，對當時官費是否總能按時供給提出了疑問。〔註84〕童曉薇認爲創造社成員雖常常將貧窮二字掛在嘴邊，卻並非實情，理由是「他們作爲中華民國的官費留學生，又是帝國大學在學的精英，所領取的經費還是相當多的」。她舉出 1914 年和 1918 年兩年的留日官費生月給費用，郭沫若以每月 72 元官費養活一家三口之事，以及他們筆下常常出現的看電影、泡咖啡館、洗海水浴、「書店漁獵」（指在書店中搜集自己喜愛的書籍）等爲例，認爲創造社諸人在留日時的生活甚至可謂奢侈，他們的「貧窮」不過是因爲生活必需品之外的開銷太大：「正是因爲生活中額外和奢侈的開銷太多了，他們才會經常抱怨錢不夠用，甚至開會討論大事，都只能一人出一元錢買點橘子充數」。〔註85〕然而，洗海水浴、泡咖啡館、「書店漁獵」等都不能算是「奢侈」之事，也並不費錢，神保町的「書店漁獵」實是窮學生消磨時間的方法之一。看電影也只有得到舅父資助的田漢可以不時享受，而且即便是田漢也並不總是那樣寬裕。郭沫若便回憶過自己 1921 年至東京，受田漢之邀意欲體驗「咖啡店情調」，結果卻因兩人都囊中羞澀而作罷之事。創造社的作家確實，如伊藤虎丸和小谷一郎曾指出的，經歷了大正日本的摩登社會，也未始不心向往之，然而他們卻不能夠眞正參與到那個摩登世界裏，困窘的留學生活使他們至多只能算是繁華外的觀眾。

　　對當時的中國官費留學生而言，官費的能否按時發放和數額的多少可謂國內政局的晴雨錶。「五校特約」時代，官費留學生學費本由各派遣省負擔，然而軍閥混戰，動蕩不已的時局使學費根本無法按時交付，有甚者乃至拖延半年之久。孫安石在研究 1910～1930 年代留日中國學生經費狀況的文章中指出，清末留日學生的生活條件可謂相當優越，而民國以後留學生們的生活則日益窘迫，這種情況在進入 1920 年代以後變得更爲嚴峻，「隨著 1919 年日本物價的暴漲，留日學生也被迫告別『游學』的一九一○年代，轉而面臨

〔註84〕小谷一郎《創造社年表》，伊藤虎丸編《創造社研究》，東京：アジア出版，1979 年，第 141～142 頁。
〔註85〕童曉薇《日本影響下的創造社文學之路》，北京：社會科學文獻出版社，2011 年，第 41 頁。

『困學』的嚴峻生活狀況」。〔註 86〕當時日本報紙和外務省檔案中，有關困窘不堪的中國學生們赴公使館、留學監督處請願，乃至包圍、攻擊之事的記錄隨處可見。如 1918 年 4 月 10 日，60 名在東京的中國留學生連日至公使館要求增加學費，有甚者乃侵入公使館內靜坐示威。〔註 87〕1920 年 7 月 9 日，四川省派遣的留學生因國內動亂，學費斷絕，生計難以維持而齊至經理員處，要求給與官費生每人每年百元的書籍費，而代理經理員稱所保管的金額總數不足 60 元。爭執之下，代理經理員被迫逃走並向日本警察請求保護。〔註 88〕1921 年 6 月，官費生十數名連日至監督處要求盡快發放學費，留學監督及會計主任因無款可發，乃稱病不出，學生以監督無誠意而群起毆打之。〔註 89〕郁達夫結束留學生活後曾感歎，「我們國家的金庫，也受了幾個磁石心腸的將軍和大官的吮吸，把供養我們一班不會作亂的割勢者的能力傷失了」。〔註 90〕1921 年入明治專門學校的夏衍則回憶，「當時，國內正是軍閥混戰時期，留學生的官費，不是中央政府而是由省政府負擔的，所以一旦哪一個省發生戰爭，那麼這個省的留學生就可能得不到官費」。〔註 91〕張資平在 1922 年發表的描寫留日學生生活窘態的小說《一班冗員的生活》中寫道：「因為要求增加官費不知上了多少稟子，打了多少電報，教育部一個不理。官費生沒有不罵教育部無天良的。但是聽說教育部也是每月自己籌款，才能維持現狀，那裡管得留學生許多。」〔註 92〕郁達夫和李初梨分別在 1922 年和 1925 年被同鄉舉為代表，為官費事回國請願、交涉。〔註 93〕由於國內送款的遲滯

〔註 86〕孫安石《經費は游學の母なり》，大里浩秋、孫安石編《中國人日本留學史研究の現段階》，東京：御茶の水書房，2002 年，第 188 頁。

〔註 87〕《支那留學生の再襲——公使館前に大胡坐》，《東京朝日新聞》1918 年 4 月 10 日。

〔註 88〕《支那四川省出身留學生ノ學費問題ニ於スル件》，《在本邦支那留學生　學生費之部》，日本外務省外交史料館藏（請求番號 3－10－5－3－5）。

〔註 89〕《留日支那官費學費問題ノ件》，《在本邦支那留學生　學生費之部》，日本外務省外交史料館藏（請求番號 3－10－5－3－5）。

〔註 90〕郁達夫《蔦蘿行》，《創造季刊》，1923 年 2 卷 1 期，第 145 頁。

〔註 91〕夏衍《懶尋舊夢錄》，北京：生活・讀書・新知三聯書店，2005 年，第 49～50 頁。

〔註 92〕張資平《一班冗員的生活》，《創造季刊》，1922 年 1 卷 3 期，第 28 頁。

〔註 93〕郁達夫事見《〈茫茫夜〉發表以後》，《郁達夫全集》（第十卷），杭州：浙江大學出版社，2007 年，第 29 頁；李初梨事據其長兄之女李本星的訪談記錄，見宋彬玉、張傲卉等著《創造社 16 家評傳》，重慶：重慶出版社，1998 年，第 303 頁。

拖延，負責發放學費的駐日使館、留學生監督處除了向中央政府求助外，更多的時候不得不四處告貸，對象包括了各國銀行、日本政府、華僑商人等等。據日本報紙記載，1920 年，眼看年關將近，駐日公使胡惟德向北京政府請求撥款以敷在東京留學生過年費用未果，乃向橫濱正金銀行借款十萬元。〔註94〕1921 年 4 月，駐日留學生監督處因國內送金幾近斷絕，乃向橫濱華商等處借款 6 萬元以敷本月官費。後又委託日華學會斡旋向日本實業家商借。〔註95〕1922 年 6 月，國內送款完全斷絕，駐日公使不得不懇請日本外務大臣向日本金融界貸款，後經大藏省商議，得以向日本興業銀行借款 45 萬元以敷本年度留學資金。〔註96〕

　　民國時代的留日學生經費恐慌對創造社成員的生活影響甚大，特別是對郭沫若、張資平等家境並不富裕，大部分開銷需要依靠官費的人而言更是如此。初到日本時還可算寬裕的官費，在隨後的幾年內迅速變得捉襟見肘，經常把他們推向貧困、告貸的邊緣。

　　1914 年教育部頒佈的《管理留日學生事務規程》規定留學生資助額度如下：

> 官費學生其留學日本帝國大學本科者，每月支給日幣四十二元。其留學第一至第八高等學校及東京高等師範學校、東京高等工業學校，千葉醫學專門學校者，每月支給日幣三十三元。其餘官費生每月支給日幣三十六元。〔註97〕

在郭沫若的家信中可以看到，從 1914 年 8 月他第一次支領官費到 1915 年間，即使是在物價高出中國數倍的東京，這每月 33 元的官費也足可令他過上寬裕的生活，還可以時時接濟貧困的友人。1915 年 3 月 3 日，尚在東京一高的郭沫若致信父母云：「男在此間，自食官費後，家中所寄來銀數及大哥為男彙來者，多存銀行而無所用。去歲因李君茂根來東，銀錢每有不及濟之時，時時

〔註94〕《支那留學生漸く笑顏——橫正銀行から十萬圓の借金》，《東京朝日新聞》，1921 年 1 月 4 日。

〔註95〕《留日學生監督處二於ケル借款運動》（大正十年四月二十九日），《在本邦支那留學生　學生費之部》，日本外務省外交史料館藏（請求番號 3－10－5－3－5）。

〔註96〕《在本邦支那留學生資金調達問題二就テ》，《在本邦支那留學生　學生費之部》，日本外務省外交史料館藏（請求番號 3－10－5－3－5）。

〔註97〕《教育部：管理留日學生事務規程》（1914 年 12 月 24 日），《中國近代教育史資料彙編·留學教育》，上海：上海教育出版社，2007 年，第 419～420 頁。

貸與，已至八十餘元之多，合中國銀元約百元之譜。」〔註98〕同年 9 月郭沫若進入岡山六高，當地生活費較東京更低，「每月間不上十五六元也」。〔註99〕1915 年入東京一高的陶晶孫兄弟也憑著 33 元的官費過著無憂無慮的生活，他小說中那個不食人間煙火的唯美世界大概正是在那時醞釀而成的：「我們忘去將來我們要去學醫學做生意，忘去生活之苦，靠中國政府的福，得三十三元的學費。我們的經濟也得小康。」〔註100〕

　　然而到了 1916 年，郭沫若和郁達夫的家信中同時出現了因國內政局動盪而擔心官費不能按時發放，希望家中接濟以應緩急的內容。郭沫若 9 月 16 日致父母信中言：「國事似稍就緒，學費停止事，想不至實現矣。但男自歲五七，曾返滬一次，書物賣盡，旅費過濫，迄茲一年，補苴之餘，頗形慘淡；恐一旦不測，或染病疾，或生意外事變，手無餘裕，無處乞靈，故敢以匯款為請，為數百金已足，不識家中一時可能抽出否？」〔註101〕郁達夫致長兄嫂信中則云：「南方亂黨，猶欲操戈。鮑郭空爭（鮑郎當筵郭郎），何年能已。然弟能生存一日者，即讀一日書，天下大事，非白面書生之所當言。所耿耿於懷者，恐亂事叢生，資釜不繼耳。」〔註102〕郁達夫 1917 年 3 月 11 日日記中記載：「予輩月費只三十三元耳。以為購書籍，則膳金無出；以之買器具，則宿費難支。學工者不能休假期中往各處參觀工場；學醫者不能於放課時間入病院實習診察。」〔註103〕可見，三年前還可算寬裕的官費此時已開始變得緊張。1918 年 4 月 27 日郁達夫又致信長兄，言官費已加四元，卻又擔心「病後積債尚多，償清亦頗非易事」。〔註104〕1916 年以後的官費雖然已經開始緊張，但這還不是最壞的情況，1918 年郭沫若和張資平在福岡海岸邊商量籌辦同人雜誌之事時，還覺得可以從每月的官費裏抽出四五塊錢來作印費。

〔註98〕唐明中、黃高斌編注《櫻花書簡》，成都：四川人民出版社，1981 年，第 55 頁。

〔註99〕唐明中、黃高斌編注《櫻花書簡》，成都：四川人民出版社，1981 年，第 82 頁。

〔註100〕陶晶孫《亡友陶烈的略傳》，《陶晶孫選集》，北京：人民文學出版社，1995 年，第 306 頁。

〔註101〕唐明中、黃高斌編注《櫻花書簡》，成都：四川人民出版社，1981 年，第 97 頁。

〔註102〕郁達夫《致郁曼陀、陳碧岑》，《郁達夫全集》（第六卷），杭州：浙江大學出版社，2007 年，第 1～2 頁。

〔註103〕郁達夫《丁巳日記》，《郁達夫全集》（第五卷），杭州：浙江大學出版社，2007 年，第 3 頁。

〔註104〕郁達夫《致郁曼陀》，《郁達夫全集》（第六卷），杭州：浙江大學出版社，2007 年，第 32 頁。

　　眞正的窘境在一戰結束後到來，當時的官費額度已差不多增至民初的
兩倍以上，最大的原因便是一戰後日本物價騰貴和日元飛漲。據舒新城記
載：「民國七年因世界大戰物價昂貴，四月三日由教育部通咨各省留日每名
每月增給日幣四元，七月再增給二圓，共爲五十六元。（中略）嗣後各國生
活程度增高，日本留學生學費照教育部補助費之規定爲每月日金七十圓，
浙江省費規定爲每月七十七元，其他各省亦大致相似。」〔註105〕然而，學
費的增加完全趕不上物價和日元的同時飛漲。1919 年重遊日本的周作人吃
驚地發現當時物價已漲至自己留學時代的三倍以上：「日本近來的物價增
加，是很可注意的事。白米每石五六十元，雞蛋每個金七八錢，毛豆一束
七十餘錢，在中國南方只值三四分錢銀罷了。大約較七八年前百物要貴到
三倍，然而人民的收入不能同樣增加，所以很覺爲難」。〔註 106〕張資平小
說《木馬》中寫道，「歐洲大戰沒有發生之前，在日本的留學生大都比日本
學生多錢，很能滿足下宿旅館主人的欲望，所以中國學生想找地方住也比
較容易。現在的現象和從前相反了，住館子的留學生十個有九個欠館帳，
都比日本學生還要吝嗇了。日本人見錢眼開，對留學生既無所貪，自然不
願收容中國人了」。〔註107〕1919 年郁達夫致孫荃信中有「所恨者他鄉米貴，
每食不得食粱肉耳」之語。〔註 108〕到了第二年，他面臨的就不只是不能吃
肉，而是基本生活能否維持的問題。在致長嫂的信中，郁達夫急切懇求家
中迅速接濟：

　　　　來書備述苦楚，弟亦謹悉。但弟久病初愈，日用起居，不得不
　　稍優泰，是以用費較多，以致學費六十二圓，每月不能支持。弟目
　　下方在想一自給方法，思於學校之外，稍事工作，略補不足。然東
　　京各公司，皆因經濟恐慌，用人不多，是以稍覺困難，然無能如何，
　　弟當謀所以自立之方，不久爲兄嫂累也。今年一年內之補助費日幣
　　六十元，亦已寄出否？聞此幾日中，日幣價漲，中幣大跌，果否？
　　此後形勢，日幣有漲無跌，金價日高，銀價必日賤一日，弟之所勸

〔註105〕舒新城《近代中國留學史》，上海：中華書局，1927 年，第 143 頁。
〔註106〕周作人《遊日本雜感》，《藝術與生活》，石家莊：河北教育出版社，2002 年，
　　　　第 236 頁。
〔註107〕張資平《木馬》，《創造季刊》1922 年 1 卷 2 期，第 74～75 頁。
〔註108〕郁達夫《致孫荃》，《郁達夫全集》（第六卷），杭州：浙江大學出版社，2007
　　　　年，第 37 頁。

寄六十圓來者，爲此也。（中略）九、十、十一、十二月補助費千乞
於本月中寄來。否則日幣將漲價也。〔註109〕

郁達夫留學時代的詩友富長覺夢〔註110〕曾這樣寫道：「郁達夫的困窘，實在是
旁人看著也覺得可憐。」郁當時每月官費雖有 52 元，但卻因國內政變而斷絕。
某晚，郁達夫至富長住處，欲變賣自己視爲至寶的吳梅村的一幅畫梅。憶及
當時情形，富長寫道：「燈光照著他的臉，和平常一樣有些悲傷，又帶著些微
笑。長頭髮亂蓬蓬的，顴骨高高的臉上，小眼睛無精打採的，怯生生地發著
光。」

> 「這是我家傳之物，吳梅村的畫。這樣重要的東西本不想放手，
> 然而現在也沒辦法了。我想用它換些錢。你，能不能幫我找找門路。」

> 郁達夫一動不動地盯著畫梅，痛苦地說道。〔註111〕

同樣是在 1919 年底，郭沫若在家信中一面說自己找到兼職，可補給日用，以
安慰父母，一面仍難掩生活費不敷的憂慮：

> 目下留學生官費，每月有加四元的希望，總共一月是五十二元，
> 於每月的衣食，到不十分吃苦，男所苦的只是學堂裏的參考書和實
> 習器具等項，一學年之內，關於此項的用費，總得要兩百塊錢才彀，
> （中略）目下學費既可有四元的增加，一年也可許多領得四十八元，
> 又從本月起，逢每星期六日的午後，有幾個日本人請我教他們的中
> 國話，每月約謝男八元，如能長久，也可算得一筆蔥數，以後家裏
> 盡可以不必寄錢來補濟了。」〔註112〕（1919 年 11 月 9 日家信）

而在作於 1920 年 1 月的自敘體小說《鼠災》中，郭沫若已經毫不掩飾他的不
滿：「他後來進了大學要給夏服的錢了，同時又要繳學費，買書籍，置儀器，
三人三口還要吃飯，物價又昂貴；一個月四十八塊錢的官費簡直不彀做個甚

〔註109〕郁達夫《致陳碧岑》，《郁達夫全集》（第六卷），杭州：浙江大學出版社，2007
　　　　年，第 43、45 頁。
〔註110〕富長覺夢（1895～1988），號蝶如，日本漢詩人，服部擔風弟子，號稱擔風門
　　　　下四天王之一，1916 年經擔風介紹與郁達夫相識，郁留學時代兩人一直交往
　　　　密切。
〔註111〕富長蝶如《郁達夫の思い出》，稻葉昭二《郁達夫　その青春と詩》，東京：
　　　　東方書店，1982 年，第 172 頁。
〔註112〕唐明中、黃高斌編注《櫻花書簡》，成都：四川人民出版社，1981 年，第 170
　　　　頁。

麼！前年十兩月裏，他眞吃苦不少。」〔註 113〕郭沫若之子和生回憶，福岡時代全家的生活費都靠其父官費維持，同時還要購買十分昂貴的德文醫學參考書，五分錢的紅薯常常便是全家的中飯。〔註 114〕武繼平曾指出，福岡時代的郭沫若因與佐藤富子同居而失去家中資助，加之物價高騰，孩子的接連出生，使郭的生活迅速陷入窘境。據武繼平統計，郭沫若在福岡前後共搬家八次，「他在福岡生活的幾年，給人的總體印象可以用貧困這兩個字來囊括。我們總是覺得他在搬家。不是因爲房租貴而搬走，就是爲了拖欠租金而被房東趕走」。〔註 115〕使郭沫若陷入貧窮的原因，除了武繼平指出的外，還需要注意的是，他在九州帝大的時期也是中國留學生經費滯納情況日益嚴重的時期。

一戰結束後日本的物價已是民初的兩倍甚至更高，《鼠災》中述及主人公平甫 1914 年初到日本時花十七塊錢做的一件冬服，「現在要做的時候，便拿四十塊錢來也做不出了！」〔註 116〕按這樣的生活水平，留學生官費即使正常發放也是相當拮据的，「是租了屋沒有食，買了食沒有衣的狀態」。〔註 117〕「伙食至便宜的每個月也要二十四五塊。若住館子，這每月幾十圓的官費只夠開館帳，學校的學費和書籍文房用品便無從出了。」〔註 118〕而常常不能按時發放的官費更令這種生活雪上加霜。據日本外務省文件記載，1921 年 4 月留日學生官費除江西、湖北、吉林、直隸等省正常發放外，其餘各省幾無送款。四川、湖南、廣東、福建、陝西等省本年 6 月份額僅能支與半數或三十元左右。〔註 119〕到了這年 10 月，除湖南省外，其他各省僅能勉強發放 5 元。〔註 120〕田漢在這年 10 月 14 日日記中記載，李初梨因「本月官費不足二十元，無

〔註 113〕郭沫若《鼠災》，《郭沫若全集・文學編》（第九卷），北京：人民文學出版社，1992 年，第 17 頁。

〔註 114〕和生《回憶旅居日本時的父親》，王訓昭等編《郭沫若研究資料》（上），北京：知識產權出版社，2010 年，第 424～425 頁。

〔註 115〕武繼平《郭沫若留日十年（1914～1924）》，重慶：重慶出版社，2001 年，第 153～154 頁。

〔註 116〕郭沫若《鼠災》，《郭沫若全集・文學編》（第九卷），北京：人民文學出版社，1992 年，第 16～17 頁。

〔註 117〕郁達夫《蔦蘿行》，《創造季刊》，1923 年 2 卷 1 期，第 145 頁。

〔註 118〕張資平《一班冗員的生活》，《創造季刊》，1922 年 1 卷 3 期，第 23 頁。

〔註 119〕《留日支那官費學費問題》（大正十年六月二日），《在本邦支那留學生 學生費之部》日本外務省外交史料館藏（請求番號 3－10－5－3－5）。

〔註 120〕《支那留日官費學生ニ關スル件》（大正十年十一月三日），《在本邦支那留學生 學生費之部》日本外務省外交史料館藏（請求番號 3－10－5－3－5）。

以資其弟」，不得不向田漢求援。〔註121〕張資平更是窮形盡相地描寫過自己親歷的留日學生生活窘狀。散文《寫給誰的信》中敘述自己每日多花三十五分鐘繞遠路步行上學，只為節省每月五塊錢的電車費。經濟的壓迫使他根本無心向學：「我在這裡要算半工半讀——或者已到了七分工三分讀的程度了。我因為受經濟壓逼，再沒心思去研究艱深繁重的科學。」〔註122〕小說《一班冗員的生活》中，主人公 C 每日起床後便要思考如何省錢才能維持這一天的基本生活：

> 　　C 在教室裏，沒有留心先生教些什麼。他只呆呆的想，今天除了學校制服的銅扣子，和一枝鋼筆之外，他手中身上再沒有金屬品；不單今天課後，想洗澡沒得洗澡錢，連明天買麵包的三個銅子還沒有籌到手。因為經濟問題弄得他上課全是形式的，沒有半點心得；他只機械的像打字機一樣，把教授的講義一字一句都抄下來。他是來日本長期的參觀學校，他只旁觀同級的日本學生活活潑潑地求學。〔註123〕

幾年前靠每月 33 元的官費便可過上小康生活的陶晶孫很快也陷入困境，小說《特選留學生》中寫道，主人公無量沒能獲得日本「對支文化事業」補助的「特選留學生」名額，每月便只能靠在大學實驗室打工所得的 40 元維持，「付之三十五圓給下宿棧老婆子後，餘剩的五元，一個月內要剃一回頭，寫幾封信，買幾本抄講義的簿子，洗幾回澡，再有因下宿棧的夜飯太壞而吃不飽的夜，被餓迫穿不得已出去吃一椀五分錢日本面。他平均一天只可用一角五分。」〔註124〕

　　可以看到，創造社作家在他們的留學生活中不得不經常面臨的問題是：貧窮。貧窮傷害了他們本就敏感的自尊心，挫鈍了當年的雄心壯志，強迫這些高傲的「學歷貴族」們面對世俗貧賤生活殘酷而不堪的真相，也開始改變了他們對於國家的看法。

〔註121〕田漢《薔薇之路》，《田漢全集》（第二十卷），石家莊：花山文藝出版社，2000年，第 237 頁。

〔註122〕張資平《寫給誰的信》，《創造季刊》，1922 年 1 卷 1 期（1923 年重版），第20 頁。

〔註123〕張資平《一班冗員的生活》，《創造季刊》，1922 年 1 卷 3 期，第 25 頁。

〔註124〕陶晶孫《特選留學生》，《洪水》（半月刊合訂本），1926 年第 2 卷 4 期，第 183頁。

　　1914年初到東京，備考官費的郭沫若還在家信中發誓：「顧親恩國恩，天高地厚，大好男兒，當圖萬一之報。」〔註125〕而到了1920年的《鼠災》中，當年那個志在報效「親恩國恩」的「大好男兒」變成了爲貧窮折磨得怨氣衝天的主人公平甫，「他常常想做些小說回國去賣錢，可惜他的東西連半個銅板也不值，並且也沒人要。虧他志氣薄弱——從讚美他的人說出來，或者是『堅忍不拔』，也未可知——他還不曾自殺」。〔註126〕武繼平曾指出，福岡時代以前的郭沫若有官費和家裏的不時資助，他「所有的煩惱可以說都是精神上而不是物質上的」，卻未曾嘗過貧困的滋味。而到了福岡時代，「由於窮困，他不得不忍受別人難以忍受的屈辱。正因爲如此，所以一旦他心理失去平衡，他常常會爲了找回失去的自尊而付諸異常的行動。他身上兼有強烈的自負自尊和每每向現實妥協的兩種看上去非常矛盾的性格。這種大學時代形成的複雜性格長年在他的生活中沉澱並影響了他的後半生」。〔註127〕物質的貧困加重了精神上的痛苦，郭沫若從旅日之初立誓盡忠報國的熱血青年，變成了博多岸邊感歎「人賤不如銅」，自喻爲避國唯恐不及的孤竹君子。〔註128〕

　　在自傳體小說《沖積期化石》中，張資平借小說中人物之口，毫不掩飾地宣稱自己最好和國家一起自暴自棄，全不見了幾年前發誓衣錦還鄉、爲國效勞的雄心：「老實說，我不單對國家，對社會，再沒有盡力的勇氣；就算對自己一身的頹唐，都沒有能力去圖恢復。」〔註129〕《一班冗員的生活》中，主人公C以絕望而疲憊的語氣嘲笑自己不過是國家推出去的「冗員」之一。小說中寫道，在日留學生要求增加官費的大會被日本報紙報導，事爲日本教授Y博士所知。

　　　　Y博士在旅途中看了新聞，便問「你們留學生每天不讀書，在鬧什麼喲？」W君告訴他鬧的是什麼。博士又問「你們一個月到底領多少官費？」W君又告訴了他。博士後來歎了一口氣說「我們日

〔註125〕唐明中、黃高斌編注《櫻花書簡》，成都：四川人民出版社，1981年，第19頁。

〔註126〕郭沫若《鼠災》，《郭沫若全集·文學編》（第九卷），北京：人民文學出版社，1992年，第17頁。

〔註127〕武繼平《郭沫若留日十年（1914～1924）》，重慶：重慶出版社，2001年，第153～154頁。

〔註128〕郭沫若《創造十年》，《郭沫若全集·文學編》（第十二卷），北京：人民文學出版社，1992年，第150頁。

〔註129〕張資平《沖積期化石》，上海：創造社出版部，1928年，第2頁。

本的鄉下人送他的子弟來東京進中學，每月也不止給這幾十塊錢。
你們的政府當初是不是以求學爲目的派你們來日本的喲？我以前叫
你們買那幾部參考書是沒有買了，是嗎？那又難怪你們鬧了。」

　　「政府當我們是種冗員，早就想把我們裁汰。」W君想說出來，
又中止了。C也覺得中國政府太無勇氣，不敢叫官費生回去。叫了
回去，也可以多養幾營軍隊擁護自己的勢力。〔註130〕

如前所引，困窘的中國學生們爲了官費而日益頻繁地請願乃至暴力行動確
係當時日本報紙時時報導的話題，小說中的C對此甚至已不再覺得難堪，
因爲在他看來，反正「國家的臉子早失掉了，索性痛痛快快的鬧一鬧也好。」
〔註131〕

　　同樣，在李初梨的話劇《愛的掠奪》（1923）中，描寫了因家中資助和官
費同時斷絕而陷入絕境的主人公白玉成。在這位落魄學子眼中，官費已然成
爲國家形象的象徵，他無可奈何地從官費的絕望中看到了國家的絕望，索性
擺出一幅徹底地犬儒姿態：「官費終究絕望了。省裏打仗，北京也沒有錢來。
將來的事情，簡直完全沒有把握。要想官費有望，除非中國統一了後才行；
但是這等於望黃河水清一樣。那麼我現在就回中國，也不濟事了。」〔註132〕
國富兵強、衣錦還鄉的圖景在現實中國家的貧窮混亂和「我」的落魄窘態中
撞得粉碎。

　　創造社作家作爲建設未來國家的精英人材被派往日本深造，在同樣是爲
培養國家精英的教育機構中學習，教養主義的薰陶使他們成了——如陶晶孫
所謂「過分的貴族」，〔註133〕與此同時卻不得不經常在貧困線上徘徊。他們同
時是帝國大學裏的精神貴族和下宿屋裏的物質貧民，這裡面沒有君子固窮的
佳話，有的只是「帝高」精英的強烈自尊心與經濟和民族上的雙重劣等感之
間的激烈衝突，他們從當年矢志報國的熱血青年，變而爲以「冗員」、「不會
作亂的割勢者」、「人賤不如銅」自喻的憤世文人，而使他們陷於如此窘境的
恰是他們曾經立志效忠的國家。創造社的作家們從自己的窘態中看到了國家
的窘態，透過捉襟見肘的官費，看見了言而無信的國家、腐敗的政府、混亂

〔註130〕張資平《一班冗員的生活》，《創造季刊》，1922年1卷3期，第28～29頁。
〔註131〕張資平《一班冗員的生活》，《創造季刊》，1922年1卷3期，第28頁。
〔註132〕李初梨《愛的掠奪》，《創造月刊》，1926年1卷6期，第80頁。
〔註133〕陶晶孫《黑衣人》，《創造季刊》，1922年1卷2期，第120頁。

的政局、自私的政客、暴戾貪婪的軍閥，發現正是自己曾經發誓效忠的國家
讓他們如此難堪和絕望。

結　語

　　創造社作家留學日本的背景是始於清末，延續至民初的近代中國第一次
大規模留學潮，由「富國強兵」所象徵的建設新的現代國家的願望是這次留
學潮最重要的追求。在這一時代潮流中赴日的創造社成員選擇留學的原因有
二：尋找個人的出路和尋找建設現代國家的出路。從「富國強兵」的留學願
望中生出的國家想像裏，「國家」和「我」是休戚相關的命運共同體，意味著
「我」可以通過留學獲得建設新國家的知識和技術，成為未來建設新國家的
擔當者。然而，留學生經費恐慌導致的窘困的留學生活啃噬了他們東渡之初
的雄心，乃至自尊和自信，造成了精神和現實世界間的巨大落差，「帝高系統」
的精英教育和教養主義培養出的優越感更加劇了這種落差帶來的衝擊。靠不
住的官費逐漸成了靠不住的國家的象徵，在由「富國強兵」整合起來的「我」
與國家的共同體上撕開了第一道口子。

　　不過需要補充的是，通過留學追求「富國強兵」的思想並未像當事人宣
稱的那樣，隨著他們放棄學習實業而被完全放棄，這一思想中包含的將個體
命運與國家命運聯繫在一起的意識一直影響著他們，在他們此後的留學生活
中以及歸國後的種種矛盾、轉向和再轉向過程中，個體與國家的糾葛還將繼
續上演。

第二章 亡國滅種之觀念：國家意識的成型

　　本章將討論創造社作家國家意識的成型。創造社作家通過日本接受了「國家」、「民族」、「種族」、「國民國家」、「國民」這些現代概念，形成了最初的國家意識。在這種接受過程中，起決定影響的兩個因素是：清末民初留日的學生和政治亡命客，以及創造社成員自身的留日體驗。對上述概念的日本式的闡釋，留學期間對日本現代「國民國家」體制和日本「國民性」的觀察，對「國民性」理論的接受，影響了創造社作家對自我與國家，以及國民關係的思考，他們最初的國家意識正是在這種思考中成型的。

第一節　國家・種族・民族

　　首先將國家、種族、民族這些現代概念帶給創造社作家的，是由留學生和政治亡命客混合而成的留日第一代。在日本政客和浪人支持下的革命、保皇兩黨，以日本爲活動基地和政治避難所，並與留日學生互相影響，成爲影響清末民初中國社會走向的重要力量。實藤惠秀曾就此寫道：「留學生與亡命客共謀祖國革命之事，更有日本志士的援助，此三種人物縱橫交錯，往來於日中兩國之間從事革命。」〔註1〕任達在他考察清末新政中日本影響的研究中則指出：「在日本的中國學生和在中國的日本教習及顧問，他們是對中國影響的『新載體』；翻譯包括學校教科書在內的日文書籍，是流向中國『新概念』

〔註 1〕 實藤惠秀《中國人日本留學史稿》，東京：日華學會，1939 年，第 202 頁。

的源泉。」〔註2〕創造社成員，無論他們當時尚在國內，還是已經赴日，都是直接或間接通過這些留日學生、黨人們，接觸了有關國家、種族、民族的最初的概念。

辛亥以前隨同盟會員的父親赴日的陶晶孫憶及當日情形時寫道：「革命黨的『同盟會』在東京成立。打倒滿清是中國人朝夕念想之事，革命是『必到』之事。在東京的學生和革命家們都身感著某種興奮。」東京中國留學生常常光顧的神保町書市上可以很容易地買到「《民約論》、《無政府主義》之類的書」，「同盟會的機關報《民報》一份接一份地賣出」。〔註3〕陶晶孫還在東京神田錦華小學上學時，與亡命日本的一位「同盟會的長老陳君的兒子」同學，陶晶孫和其弟陶烈常與陳氏父子往來，兄弟二人便是在這種接觸中生成了對於種族革命的最初的理解。〔註4〕陶晶孫小說《暑假》裏曾敘及主人公留日學生晶孫「還是他戴小學帽時候聽留日中國同盟會的成立，跳過他的心筋」，〔註5〕想必正是對當年這一段經歷的寫照。述及自己接受的反滿思想，陶晶孫寫道：

> 滿洲皇帝的統治無論怎麼說都是使人不快的。自己須穿滿洲衣服、被迫蓄辮子，官員們的滿洲式制服要配上斗笠一般的、帶著一根豬尾巴似的帽子。老派的人會告訴我們今年是明亡後第二百四十幾年，錢幣上則刻著看不懂的滿洲文字。

> 嘴上雖然不說，行動上也不表現出來，某種程度上好像已經習慣了異民族的統治，然而內心的民族抵抗其實很強。某學者因為曬書時詠出「清風不識字，何故吹我書」之句而被殺了頭，這樣的故事被口口相傳。〔註6〕

陶晶孫親眼目睹過辛亥前後為革命而興奮奔走的中國留學生，參加過旅日留學生歡迎孫中山、黃興的集會，大鬧過清公使館：「有一次去鬧大清公使館，

〔註2〕任達（Douglas Robertson Reynolds）著，李仲賢譯《新政革命與日本：中國，1898～1912》，南京：江蘇人民出版社，1998年，第46頁。

〔註3〕陶晶孫《革命と文學》，《日本への遺書》，東京：創元社，1952年，第49～50頁。

〔註4〕陶晶孫《亡友陶烈的略傳》，《陶晶孫選集》，北京：人民文學出版社，1995年，第305頁。

〔註5〕陶晶孫《暑假》，《音樂會小曲》，上海：創造社出版部，1927年，第154頁。

〔註6〕陶晶孫《革命と文學》，《日本への遺書》，東京：創元社，1952年，第48頁。

見館員已不在，黃龍旗被弄下來，大家在一個大客室內演說，一大盞電燈已打下來，意大利人建築的這個公館在跳舞地板上有人穿五毫錢的日本舊軍靴，滑跌倒地。正像歷史課上讀到的法國革命。」〔註7〕革命黨人的反滿宣傳使人們開始意識到習以爲常的髮型、服裝、語言、貨幣、紀年等等無不刻著異族統治的印記，在日本的「清朝臣下之人都意識到自己是在異民族的統治之下。」〔註8〕

　　旅日華僑出身的馮乃超接受的則更多的是保皇派的「保種保國」思想。馮乃超祖父馮紫珊、伯祖父馮鏡如、伯父馮自由都是革、保兩派活動的親身參與者。〔註9〕馮紫珊述說自己當初支持孫中山的原因乃是在日本所受的「國恥」。〔註10〕馮鏡如孫女馮瑞玉的回憶文章也記載，甲午戰爭中，中日國交斷絕，橫濱發生日本人向華僑投擲石塊等攻擊事件，一時華僑中歸國者急增。〔註11〕馮自由則回憶過幼年曾因不堪在法國天主教會學校所受的種族歧視，而退學歸橫濱之事。〔註12〕身爲橫濱僑領的馮家在橫濱經營數十年，卻依舊無法擺脫飽受民族歧視的邊緣處境，由此而生的尋求民族歸屬的希望與革、保兩派民族中興的計劃正相契合。位於橫濱山下町的馮宅曾是孫中山、康有爲、

〔註7〕　陶晶孫《晶孫自傳》，《牛骨集》，上海：太平書局，1944 年，第 138～139 頁。
〔註8〕　陶晶孫《曼殊雜談》，《日本への遺書》，東京：創元社，1952 年，第 189 頁。
〔註9〕　馮鏡如名俊明，號鏡如。其弟名德明，號紫珊。原籍廣東南海。據鏡如之子馮自由所述，馮氏「祖先在粵世業儒醫，至其父展揚，始之香港，改業懋邊，旋以結識太平天國駐港將士，回粵策動軍事，被清吏以『紅頭賊』罪案逮捕下南海縣獄年餘，卒瘐死獄中。」（馮自由《華僑革命開國史》，上海：商務印書館，1947 年，第 42 頁）紫珊兄弟赴日後在橫濱經營出版印刷業，爲當時橫濱僑領，「以篤信新學見稱」（馮自由《革命逸史》（第四集），臺北：商務印書館，1965 年，第 15 頁）。1895 年接待因廣州起義失敗避難橫濱的孫中山等人。未幾橫濱興中會賴馮氏兄弟招集當地華僑成立，二人後又資助孫中山赴檀香山。戊戌後康，梁避難日本，馮氏兄弟漸與保皇派接近。1898 年梁啓超在橫濱創辦《清議報》，鏡如爲發行人，紫珊爲經理。馮紫珊後出任橫濱保皇會會長。1902 年《新民叢報》創刊，紫珊爲發行人，總理。馮氏兄弟雄厚的經濟實力，經營出版印刷業的經驗和能力，在橫濱僑界的威望，加之與康有爲的同鄉關係，使他們成爲保皇派必須倚靠的重要力量，馮紫珊更是「康梁倚爲長城」之人。（馮自由《革命逸史》（第四集），第 44 頁）
〔註10〕馮自由《中華民國開國前革命史》（影印本），《民國叢書》（第二編・76），上海：上海書店，1990 年，第 30～31 頁。
〔註11〕馮瑞玉《横浜大同學校と馮鏡如》，《横濱山手中華學校百年校誌（1898～2004）》，横濱：横濱山手中華學園，2005 年，第 36 頁。
〔註12〕馮自由《革命逸史》（初集），臺北：商務印書館，1965 年，第 76 頁。

梁啓超、章炳麟等人居留日本時的寓所或中轉站,他們存放在馮宅的大量書刊、日記後來都成了馮乃超幼年的啓蒙讀物,馮乃超接受啓蒙教育的橫濱大同學校也是橫濱華僑與革、保兩派共圖民族中興計劃中的一環。〔註13〕馮自由雖對後來保皇派佔據學校不滿,但述及徐勤長校時的「國恥教育」仍持肯定態度:

> 徐勤(號君勉)任校長,專以救國勉勵學生,每演講時事時,恒慷慨激昂,聞者莫不感動。教室上黑板及課本書面皆大書標語曰:「國恥未雪,民生多艱,每飯不忘,勖哉小子」十六字,師徒每日罷課時必大呼此十六字口號始散。又編短歌曰:「亡國際,如何計;願難成,功莫濟。靜言思之,能無忝愧!勖哉小子,萬千奮勵!」使學生逐日誦之。事爲日本報紙所知,乃將大同學校標語揭載報端,謂支那人覺悟國恥,即於日本不利,喚起彼國人注意。時學生受此興奮教育之薰陶,咸具救國思想。〔註14〕

作爲橫濱大同學校創立者之一,梁啓超還設想過要將學校建成能夠納入日本現代教育系統,培養「中土撥亂之才」的現代學校:「採泰西日本教育之法。立學橫濱。號以大同。庶幾孔子選賢與能。講信修睦之治。萌芽於茲。以孔子之學爲本原。以西文日文爲通學。(中略)中土撥亂之才。安知不出於東土之學校。以保我種族。保我國家。」〔註15〕馮乃超晚年仍能記誦梁啓超作詞的大同學校校歌《愛國歌》:「這所學校很注意培養華僑子弟不忘祖國的愛國精神。每逢開大會,一定要唱梁啓超作詞的《愛國歌》——『泱泱哉,我中華,最大洲中最大國。』」〔註16〕梁啓超的這首《愛國歌》以「國家」、「種族」、「文明」、「英雄」爲題分四章,傳遞著強烈的「中華」的國家意識和「黃帝之胄」的漢民族意識。

〔註13〕 該校初在陳少白提議下,於 1897 年由華僑集資建立,馮乃超祖父,伯祖父爲校董。首屆學生之一的馮自由記述大同學校成立始末時寫道:「丁酉(民國前十五年)秋間,僑商鄺汝盤馮鏡如等大集會於中華會館,建議設立學校,以教育華僑子弟,公請興中會推薦校長。陳少白特薦《上海時務報》主筆梁啓超任之。其後康有爲以梁啓超有事不能兼顧,改薦徐勤承之。並代改校名曰大同學校。」(馮自由《華僑革命開國史》,上海:商務印書館,1947 年,第40 頁)

〔註14〕 馮自由《革命逸史》(初集),臺北:商務印書館,1965 年,第 76 頁。

〔註15〕 梁啓超《日本橫濱中國大同學校緣起》,《時務報》,光緒二十三年十一月十一日,北京:中華書局,1991 年影印本,第 3188 頁。

〔註16〕 馮乃超口述,蔣錫金筆錄《革命文學論爭·魯迅·左翼作家聯盟》,《新文學史料》,1986 年第 3 期,第 20 頁。

詞中前兩章寫道：「泱泱哉。我中華。最大洲中最大國。廿二行省爲一家。（中略）芸芸哉。我種族。黃帝之胄盡神明。寖昌寖熾遍大陸。縱橫萬里皆兄弟。一脈同胞古相屬。」〔註17〕可以看到，徐勤的「國恥教育」、梁啓超的《愛國歌》、培養「中土撥亂之才」的建校計劃，無一不指向「保我種族，保我國家」的目標，馮乃超便是在這樣的環境中接受了種族與國家一體同存的思想。

革命黨的「反滿興漢」、保皇派的「保種保國」，混合著種族主義、民族主義和國家主義的思想，伴隨著「亡國滅種」的恐懼和危機感，很快傳播到國內。當時還在國內的創造社成員正是通過他們留日的父兄，或是接受了這些思想的老師，以及傳播這些思想的書籍、刊物獲得了有關國家、民族、種族的最初概念。

桑兵曾指出，1903 年以降，宣傳排滿革命的書刊在全國各地開始流傳，這些書刊不是直接來自留日學生的寄稿，就是受留日學生所辦刊物影響而產生。〔註18〕在成仿吾的家鄉，陳天華的《猛回頭》、《警世鐘》傳閱一時，陳天華在日本蹈海自殺後，扶其靈柩回湖南老家的便是成仿吾長兄、同盟會員成劭吾。〔註19〕郭沫若列舉出的由兄長們帶回家的，對自己影響甚大的「洪水一樣」的新學書刊：《啓蒙畫報》、《經國美談》、《新小說》、《浙江潮》也大半來自日本。〔註20〕郭沫若在中學時讀到章太炎的《國粹學報》和梁啓超的《清議報》，坦言自己當時實在讀不懂前者古奧的學術文章，梁啓超以其富含感情的筆調描繪的建國英雄群像才更令他神往：「《啓蒙畫報》一種對於我尤有莫大的影響。（中略）書中的記事最使我感著趣味的是拿破侖、畢士麥的簡單的傳記。」〔註21〕「他（梁啓超）著的《意大利建國三傑》，他譯的《經國美談》，以輕靈的筆調描寫那亡命的志士，建國的英雄，眞是令人心醉。我在

〔註17〕 梁啓超《愛國歌四章》，《飲冰室文集之四十五》（第四冊），北京：中華書局，1989 年，第 21～22 頁。

〔註18〕 桑兵《晚清學堂學生與社會變遷》，桂林：廣西師範大學出版社，2007 年，第 96 頁。

〔註19〕 成仿吾《人生的開始》，《成仿吾文集》，濟南：山東大學出版社，1985 年，第 297～298 頁。

〔註20〕 《經國美談》，日本駐清大臣矢野文雄著。《新小說》，1902 年 11 月創刊於橫濱，梁啓超主編。《浙江潮》，1903 年 2 月由留日學生創刊於東京。（郭沫若《我的童年》，《郭沫若全集·文學編》（第十一卷），北京：人民文學出版社，1992 年，第 43 頁）

〔註21〕 郭沫若《我的童年》，《郭沫若全集·文學編》（第十一卷），北京：人民文學出版社，1992 年，第 42～43 頁。

崇拜拿破侖、畢士麥之餘便是崇拜的加富爾、加里波蒂、瑪志尼了。」〔註22〕
在梁啓超的影響下，郭沫若開始崇拜拿破侖、卑斯麥、加富爾式的鐵腕治國
者和加里波蒂、瑪志尼等民族英雄，甚至想像自己就是「東方畢士麥」。

被陶晶孫稱爲創造社頭上的一朵花的白薇，〔註23〕在她留日學生出身的
父親影響下閱讀來自日本的革、保兩派的各種書刊，革命者的殉國事迹令她
產生了強烈的代入感，她最初的國文教育也是在閱讀一連串「中國外交失敗」
事件記錄中完成的。

> 偷偷跟著父親看亡命在日本的中國國民黨同盟會底各種書籍，
> 更愛看《新民叢報》，每看到革命者的悲壯事，就鼓舞歡笑，看到他
> 們的厄運，慘死，又不禁暗淚長流。

> 秋瑾，吳樾，陳天華，宋教仁之死，不知贏去了我多少眼淚。又
> 讀《飲冰室》看到羅蘭夫人之死，使我悲痛暗歎了好一晌，曾用我底
> 意想畫了張白衣就刑的羅蘭夫人底像，貼在壁上虔敬流淚地憑弔她。

> （中略）父親因爲當時沒有很好的國文教科書，他就把《近世
> 中國外交失敗史》一書，當國文教我，關於「鴉片戰爭」，「甲午戰
> 爭」，「朝鮮獨立」，「臺灣琉球割讓」等史迹，我都以一個小學生澎
> 湃的熱血，接受了那些刺激。〔註24〕

郁達夫有關「種族」和「國家」的最初的概念則來自他的學堂老師們：

> 熊成基的安徽起義，無知幼弱的溥儀的入嗣，帝室的荒淫，種
> 族的歧異等等，都從幾位看報的教員的口裏，傳入了我們的耳朵。
> 而對於我印象最深的，是一位國文教員拿給我們看的報紙上的一位
> 青年軍官的半身肖像。他說，這一位革命義士，在哈爾濱被捕，在
> 吉林被滿清的大員及漢族的賣國奴等生生地殺掉了；我們要復仇，
> 我們要努力用功。所謂種族，所謂革命，所謂國家等等的概念，到
> 這時候，才隱約地在我腦裏生了一點兒根。〔註25〕

〔註22〕郭沫若《我的童年》，《郭沫若全集·文學編》（第十一卷），北京：人民文學
　　　　出版社，1992年，第120～121頁。
〔註23〕陶晶孫《記創造社》，《牛骨集》，上海：太平書局，1944年，第153頁。
〔註24〕白薇《我投到文學圈裏面的初衷》，鄭振鐸、傅東華編《我與文學》，上海：
　　　　生活書店，1934年，第10～11頁。
〔註25〕郁達夫《書塾與學堂》，《郁達夫全集》（第四卷），杭州：浙江大學出版社，
　　　　2007年，第273頁。

嘉興府中時代閱讀的《吳詩集覽》、《庚子拳匪始末記》和《普天忠憤集》等書進一步加深了郁達夫對清廷的不滿。《庚子拳匪始末記》「從戊戌政變說起，說到六君子的被害，李蓮英的受寵，聯軍的入京，圓明園的縱火等地方」。《普天忠憤集》收集了大量「甲午前後的章奏議論，詩詞賦頌等慷慨激昂的文章」。〔註26〕在一片鳴呼不平的社會空氣中離開杭州府中的郁達夫進而大量閱讀各類宣傳種族革命的書刊，「此絕彼起地在上海發行的幾家報紙，像《民吁》、《民立》之類，更是直接灌輸種族思想，提倡革命行動的有力的號吹」。〔註27〕自從少年時代接受了革命派的種族革命思想，郁達夫在此後很長一段時間中都一直保持著辛亥革命是種族革命的看法。

　　即使是在民族問題上不那麼激進的張資平，幼年時代也從保皇派編輯的《新三字經》中接受了最初的「國恥教育」。

　　　　我所知道的國恥的史實，只是從一本新三字經裏面獲得的：

　　　　「……光緒皇，好皇帝，戊戌年，下諭旨，除八股，除詩賦。……甲午年，有日本，來打仗，我國敗，失臺灣，臺灣失，又賠錢，賠幾多，二萬萬。當此時，失地多。有德國，占膠州。俄羅斯，占旅順，及大連。法國占，廣州灣。……我國人，要相愛，你愛我，我愛你，我國人，愛皇帝，願我皇，無災害，願我皇，萬萬歲！」

　　　　這是在滿清末年的愛國意識民族意識的表示。〔註28〕

創造社作家出生的清末，內有滿漢之爭，外有列強環視，在這種深刻的國家危機下，他們通過共同閱讀主要由第一代留日學生和黨人編輯、撰寫的書刊形成了最初的、儘管還是十分粗糙的國家共同體想像。桑兵指出，辛亥時期，由梁啟超等人從日本帶來的源自西方現代政治理論中的國民、國家、民族等概念影響及於國內，使國人開始使用西方理念重新思考個體與國家、政府、君主、社會等等之關係，一種不同於傳統士大夫忠君愛國的新型愛國主義開始形成：「在觀念上，把國家與君主、政府相區別，打破了忠君愛國的不解之結，改變了士大夫的傳統愛國觀；在實踐上，將國家與國民相聯繫，使民眾

〔註26〕郁達夫《遠一程，再遠一程！》，《郁達夫全集・第四卷》，杭州：浙江大學出版社，2007年，第285頁。

〔註27〕郁達夫《大風圈外》，《郁達夫全集》（第四卷），杭州：浙江大學出版社，2007年，第292頁。

〔註28〕張資平《脫了軌道的星球》，朱壽桐編《張資平自傳》，南京：江蘇文藝出版社，1998年，第27～28頁。

以愛鄉衛里的地域觀為體現形式的間接客觀愛國，昇華為主觀上明確將個人、地方與國家相統一的直接愛國，從而使四民分離的愛國變成國民整體的愛國，由忠君、鄉土觀曲折展現的愛國變成國民主體的直接愛國。」〔註29〕創造社的作家們正是接受了這種新的以國民為主體的「愛國主義」，超越了傳統的鄉梓地域意識，開始想像現代意義上的「國家」。只是，這一有關國家的最初想像充滿了令人沮喪的灰暗色調，勾勒出的是一個深處「亡國滅種」危機中的中國形象。這個令國人無比恐懼的「亡國滅種」圖景背後是當時正在流行的社會進化論。

如前章所敘，抱著尋求「富強」的願望朝向西方尋找答案的嚴復很快被社會進化論的學說吸引。史華茲考察嚴復對達爾文學說的理解時認為，甚至是在對達爾文主義的初步解說中，嚴復的用語就已經是社會達爾文主義的了。因為「嚴復強調的是競爭（一種確定無疑的活力）的價值觀，強調的是在競爭形勢下，潛在能力的充分發揮。因此，『爪牙用而殺伐行』的形象描繪非但並未使他沮喪，反而使他興奮」。這也是嚴復迅速轉向斯賓塞的原因，因為在嚴復看來，斯賓塞將研究生物進化的作為自然科學的達爾文主義應用到了人類事務中。「通過斯賓塞，達爾文主義中那些引人注目的話語立即與嚴復先前的基本思想聯繫起來了。我們的目的不是為了自己國家的富強嗎？那我們就必須懂得闡明為什麼某一些國家強而另一些國家弱的社會法則。」〔註30〕嚴復以他的方式理解斯賓塞，得出了各個國家有機體像自然界的生物一樣殺伐競爭，無論「富強」還是「衰弱」都是「競爭」之結果。

嚴復為中國人帶來了基於斯賓塞體系的社會進化論，卻因其古奧的桐城文體未能得到廣泛地閱讀和接受，梁啟超才是這一思想最有成效、影響最大的傳播者。梁啟超在《天演論》還是草稿的階段就讀到了它，接觸到了嚴復式的社會進化論，流亡日本後又吸收了大量經日本人闡釋的帶有濃重國家主義色彩的社會進化論。佐藤慎一指出，社會進化論在明治維新初期就已被翻譯到日本，並迅速引起熱潮。在日本知識界的社會進化論熱中有兩大團體，一是以板垣退助為代表的自由民權運動家團體，一是東京帝國大學的學者們。後者以時任教

〔註29〕桑兵《晚清學堂學生與社會變遷》，桂林：廣西師範大學出版社，2007年，第11～12頁。

〔註30〕本傑明·史華茲（Benjamin Schwartz）著，葉鳳美譯《尋求富強：嚴復與西方》，南京：江蘇人民出版社，2010年，第30～31頁。

於東大的費諾洛薩（Ernest Francisco Fenollosa）和外山正一爲代表，他們將在美國學到的斯賓塞理論通過課堂向自己的學生——將來的國家官僚們——灌輸。這些帝大學者們對「生存競爭」的理解存在著將之解釋爲「社會有機體間，特別是國家間的競爭」的傾向。在受影響的學生中，以後來也成爲東大教授的有賀長雄最爲重要。有賀長雄所著三卷本《社會學》是由日本人寫作的最早的系統社會學理論著作，其中第一卷本即是在斯賓塞的強烈影響下寫出的。梁啓超流亡日本之時，正是自由民權運動逐漸衰落，斯賓塞的社會進化論以東京帝大爲中心日益佔據社會主流思想之時，即所謂「民權論者轉化爲國權論者」的時期。因此，梁對日本進化論思想的接受中，帝大教授們的思想佔了絕對的主導。1900 年 5 月到 6 月刊載於《清議報》上的，以「社會進化論」爲題的文章，正是對有賀長雄《社會學》第一卷《社會進化論》的翻譯。〔註 31〕正是在這種思想背景下，梁啓超流亡日本後通過創辦《清議報》、《新民叢報》等刊物，以通俗易懂而又富含感情的文字迅速在包括創造社成員在內的無數中國人腦中種下了「物競天擇，適者生存」的觀念，「弱肉強食」、「生存競爭」、「優勝劣汰」等詞語開始頻頻出現在國人筆下。

在這種經嚴復、梁啓超闡釋，又滲入了大量日本式國家主義色彩的社會進化論理論描繪出的世界圖景中，各個民族國家有機體都在爲自己的生存進行著「爪牙用而殺伐行」的競爭，「天下無天授之權利。惟有強者之權利而已。故眾生有天然之不平等。自主之權當以血汗而獲得之。」〔註 32〕勝者獲得世界的主導權，敗者則注定亡種亡國。這既爲人們指出了通向「富強」的出路，也深刻道出了當下中國危機的眞切情境。如穆木天所言，生於清末的自己這一代人一面憧憬著「新國家」，一面也爲「亡國滅種之觀念」強烈地支配著。〔註 33〕這種支配著包括創造社成員在內的無數中國人的「亡國滅種之觀念」裏，「亡國」和「滅種」相聯繫，傳遞著進化論的可怕預言：在這個弱肉強食的世界中，現在的中國毫無疑問是食物鏈上的弱者，因此注定了被淘汰、被吞噬的命運，並且已經在遭到吞噬。「亡國滅種」裏生出的這個郁達夫形容爲

〔註31〕佐藤慎一《梁啓超と社會進化論》，《法學》，1996 年 59 卷 6 號，第 190～192 頁。

〔註32〕梁啓超《國家思想變遷異同論》，《飲冰室文集之六》（第一冊），北京：中華書局，1989 年，第 19 頁。

〔註33〕穆木天《關於「五四」個人的回憶》，蔡清富、穆立立編《穆木天詩文集》，長春：時代文藝出版社，1985 年，第 238～239 頁。

「將亡未亡的中國」形象（《茫茫夜》）既是使人們響應「富國強兵」召喚的動因，也構成了「國富兵強」圖景的對立面，而且因其於當下情境正相呼應而顯得更加真切，也更加恐怖。

第二節　國民國家的登場

　　在創造社作家最初接受的國家意識中，與國家、民族、種族一起登場的，還有「國民國家」的概念，這同樣也是一個與日本淵源甚深的概念。明治維新後的日本通過甲午和日俄兩次戰爭，積累了濃郁的國家主義氣氛，催生了與國家共命運的「國民意識」，完成了向現代「國民國家」的轉型。1922 年出版的官修教育史《學制五十年史》中便將甲午戰爭視為日本國家主義思想興盛的契機：「明治二十七八年戰役乃我國文明史上之一大現象。促進思想界革新，普及國民之自覺，堅定國家信念之大契機也。雖由作為明治二十年代歐化思想之反動的國家思想而來，今則可見與前之國粹主義相異之國家主義。高山森次郎、木村鷹太郎、湯本武比古、井上哲次郎等主張之日本主義，柴田峽次創立之大日本教會，其目的所在，乃為使我國古道冠絕於世界，發揮我國體之精華，實現自國尊重之理想。」〔註 34〕佐谷眞木人在分析甲午戰爭體驗對近代日本「國民國家」形成的重大影響時指出，甲午戰爭中日本社會表現出的幾近瘋狂的民族主義情緒催生了日本現代意義上的「國民」，也催生了「與國民共命運的國家」。佐谷眞木人評論道：

　　　　戰爭不再是與己無關之事，而是由社會全體支持著，在這一意味上，無論誰都是「當事者」。由國民支持的戰爭這種意識在這時成立了。與國民共命運的國家誕生了。

　　　　甲午戰爭確實是一場巨大的瘋狂，是日本社會現代化過程中躲不過去的瘋狂。通過共同體驗這種瘋狂，日本成為了現代的國民國家。〔註 35〕

甲午戰爭使日本人第一次強烈地意識到自己是「國民」，從甲午戰爭體驗中形成的日本的現代國民國家意味著「所有日本人都擁有『日本國民』的意識，

〔註 34〕日本文部省編《學制五十年史》，東京：帝國教育會，1922 年，第 128～129頁。

〔註 35〕佐谷眞木人《日清戰爭——「國民」の誕生》，東京：講談社，2009 年，第173 頁。

以爲國服務爲榮，與國家共命運的政治體制」。〔註36〕培養國民的「國家觀念」成爲日本國民教育的方針。1918 年 12 月 6 日頒佈的《大學令》中，將大學的使命定義爲：「教授必須之學術理論及其應用，並以鑽研其奧義爲目的，兼以陶冶人格，涵養國家思想。」〔註37〕與《大學令》同時頒佈的新《高等學校令》規定「高等學校應以完成男子高等普通教育爲目的，特別應當致力於國民道德之充實」。〔註38〕就在這兩部教育法令頒佈的同年，郭沫若進入九州帝國大學，在新生入學宣誓儀式上，九州帝大總長致辭中有言：「國家期待諸學子各自在自己所屬專業立殊勳建功名，希冀諸君在學問之道發奮圖強，日夜兼程，不以一名醫生、一名技師或者某一家庭爲足，而時刻以國家觀念爲懷約束自己。」〔註39〕1921 年出版的第一高等學校校友會雜誌中曾刊登過《一高的日本學生與支那留學生》一文，作者宮脇參三對當時學校中歧視中國留學生的現象頗感不平，認爲國家主義教育應爲這種現象負責，文中有「我禁不住要詛咒那美化人類鬥爭，將輕蔑他國視爲愛國之舉的教育」之語，〔註40〕由此也可見彼時日本學校中國家主義教育之盛。

　　佐谷眞木人還考察了這種日本式的國民國家模型在亞洲的傳播，他指出，日本國民在這兩場戰爭中舉國一致、爲國犧牲的表現很快成爲東亞其他國家傚仿的理想模型，從這一意義上說，「日本對周邊國家而言既是加害者，同時也是理想。國民國家的政治體制，在日本被周邊國家理想化的過程中，傳播到了整個東亞」。〔註41〕甲午之戰成爲亞洲其他國家特別是東亞留學生大規模赴日學習的契機。甲午、日俄兩次戰爭中日本的勝利對中國人刺激之深自不必言，這兩次戰爭因此成爲近代中國人日本留學史上的兩個關鍵時間點：前者促使中國首次向日本派遣留學生，後者則帶來了中國人留學日本的

〔註36〕 佐谷眞木人《日清戰爭——「國民」の誕生》，東京：講談社，2009 年，第231 頁。

〔註37〕 日本文部省編《學制五十年史》，東京：帝國教育會，1922 年，第364 頁。

〔註38〕 日本文部省編《學制五十年史》，東京：帝國教育會，1922 年，第 374～375 頁。

〔註39〕 九州大學《大學史料叢書》第 2 輯，第 50 頁。轉引自武繼平《郭沫若留日十年（1914～1924）》，重慶：重慶出版社，2001 年，第 264 頁。

〔註40〕 宮脇參三《一高の日本學生と支那留學生》，舊制高等學校資料保存會編著《舊制高等學校全書》（第八卷），東京：舊制高等學校資料保存會刊行部，1985年，第 580 頁。

〔註41〕 佐谷眞木人《日清戰爭——「國民」の誕生》，東京：講談社，2009 年，第232 頁。

第一次高潮，日本式的國民國家模型，以及構成這一模型的「國家觀念」、「國民意識」正是通過留日學生和亡命日本的黨人們影響了中國。

與日本國內舉國共命運的狂熱民族主義氣氛形成對照的，是日本社會關於中國人無國家觀念、無民族意識，缺乏愛國心的普遍看法，中國人的國家觀念淡薄乃至無國家觀念被視爲導致中國失敗的最重要的原因。日本政治家尾崎行雄〔註42〕便是這種觀念的大力鼓吹者之一，他在1895年出版的《支那處分案》中寫道：

> 民之國家思想，保國之一大要素也。故民無國家思想，則兵力雖強，其國必亡。而支那人尚未知國家者爲何也，焉有國家思想。
>
> 在支那，朝廷即國家，首都即朝廷。故首都陷落，朝廷隨之而亡，朝廷亡，即國家亡。（中略）此支那之大異與世界列國之處也。支那古來以朝名爲國名，朝廷變則國名改。（中略）故支那人於朝廷之外不知國家，「普天之下，莫非王土，率土之濱，莫非王臣。」朝廷即土地人民之所有者，朝廷即國家也。〔註43〕

上田萬年〔註44〕1898年發表的《關於清國留學生》一文中也將國民思想健全與否與一國之文化興衰聯繫在一起，而當時的中國便被視爲因忽視國民思想教育而導致文化衰敗的國家：「蓋忽視教育之國，必無健全國民思想之理，無健全國民思想之國，必無文物制度燦然發達之理。」〔註45〕

由尾崎行雄等人傳播的這種中國人無國家觀念的觀點幾乎成爲當時日本社會的共識。這種將國家的衰弱歸咎於國民國家思想的薄弱的觀點對當時中國人刺激頗深，加之日本政學界對於向中國輸出此種觀念也頗爲熱心。嚴安生曾有論道，當時日本人「所謂『國家的觀念云云』，在我看來假使稱爲東亞同文會思潮也不爲過」。1900年5月，東亞同文會開辦了第一項事業：南京同文書院。會長近衛篤麿在致日本國內各府縣知事的信中就該書院的中國學生教育明確寫道：「對於支那學生以日語爲主灌注科學思想，喚起國家觀念。」

〔註42〕尾崎行雄（1858～1954），日本政治家，有「憲政之神」、「議會政治之父」之稱，曾任文部大臣、司法大臣、東京市長等職。

〔註43〕尾崎行雄《支那處分案》，《尾崎行雄全集》（第三卷），東京：平凡社，1926年，第582頁。

〔註44〕上田萬年（1867～1937），日本語言學家、教育家。曾任東京帝國大學教授、東京帝國大學文科大學學長、國學院大學學長等職。

〔註45〕上田萬年《清國の留學生に就きて》，《太陽》，1898年，4卷17號，第12頁。

〔註46〕於是，培養中國人的國家觀念很快作為強國要義傳播給了亟亟向日本取經的中國人。

尾崎的論著很快就被翻譯成中文發表。上文所引《支那處分案》中專論中國人之國家思想一段，就被冠以「論支那之運命」之題，譯載於《清議報》1899 年第 24 期上。所附《譯者識》中稱讚此書「於中國之內情。洞若觀火。籲、咄咄哉。可畏也。其言吾國民內腐之情狀。吾觀之汗流浹背焉。」對尾崎所言中國「以朝廷爲國家一語。實中國弱亡最大病源」，中國人無國家思想、無愛國心等觀點亦頗爲認同，因此譯出，「以備我同胞覽之。反躬自省惕焉。」〔註47〕1901 年第 72 期的《清議報》又譯載了尾崎行雄的《清國處分如何》，文中也有同樣的觀點：「支那人原來本無國家之思想。秦之先姑置勿論。如秦漢六朝唐宋元明。雖有諸王朝之名。非對外國之國家觀而成也。其國家云者。亦唯王室是指。與宗廟社稷同一意義。至若如今日宇內通義之國家觀念。未嘗理會也。」〔註48〕譯者附識中也再次強調，翻譯尾崎此文意在「爲我邦人之警省」，以免淪爲印度與埃及一樣的亡國下場。〔註49〕

1902 年，剛剛接受京師大學堂總教習一職的吳汝綸赴日考察教育，其考察報告書《東遊叢錄》中收錄了東京《二六新報》的一篇文章，在這份給吳汝綸的建議書中，中國人「國家之觀念殆若甚薄」被視爲國力不振的原因，培養國民的國家觀念被作爲明治維新成功的要訣大力推薦：

> 我邦維新之時。一方當開發之氣運。一方極意興起國家之觀念。民心統一。王權擴張。一方致力開發進步。又於他方專務統一國民。以故得儼然現出進步之日本國家與國民也。意貴邦雖守堯舜孔孟之道義。國家之觀念。殆若甚薄。貴邦之人民雖智巧。皆出於個人之爲。而以國家爲務之智識。則若甚少者。此貴邦之所最短也。我邦維新事業之成功。實在人民強於國家之觀念。以深敬王權之念爲基礎。由中央主權。得導日本之開明。先生若望貴國之大開明。學問藝術。雖非不至要。而此區區者。寧可置爲後圖。致先力養成國家之觀念而可也。古來支那人。自注余不曰清人。不曰元人。亦不曰

〔註46〕嚴安生《日本留學精神史》，東京：岩波書店，1991 年，第 18～19 頁。
〔註47〕尾崎行雄《論支那之運命》，《清議報》，1899 年第 24 期，第 12 頁。
〔註48〕尾崎行雄《清國處分如何》，《清議報》，1901 年第 72 期，第 6 頁。
〔註49〕尾崎行雄《清國處分如何》，《清議報》，1901 年第 72 期，第 8 頁。

明人。於世界之舞臺。所成事業。如何偉大。試回顧之。以振興貴
邦人飛躍之志。信非難事也。要之以民心之興起。與其統一。與中
央主權之強固。在此數者爲目的。以教育其人民耳。編輯學校及學
校以外可讀種種之書籍。盛養國家觀念。及國民統一之思想。以爲
貴邦之急務。〔註50〕

《東遊叢錄》中收入的吳汝綸與日本各界人士的筆談記錄中,「國家觀念」、「愛
國心」、「國民教育」都是被頻頻提到的關鍵詞,日本人幾乎異口同聲地建議
中國實施以養成國家主義爲目標的國民教育。帝國教育會會長辻新次舉歐美
與日本爲例,向吳汝綸力說國家之興亡繫於國民之賢愚,「察貴國今日之情
勢。非急興國民教育。尤不足以抗列國」。〔註51〕

今日歐美各國。皆注重於國家主義。故各增殖國民。務使邑無
廢樣。人盡知書。此於軍事之影響。尤深切著明也。

國家之興亡強弱。繫乎國民之智愚賢不肖。國民之智愚賢不肖。
繫乎國民教育之盛衰。各國注重於此。誠知其要者矣。今日敝國朝
野上下。亦莫不以此爲急務焉。〔註52〕

時任東京帝國大學總長的山川健次郎也建議「欲謀國家之統一。當先謀教育
之統一」,而「教育之必須統一者有三大端。(一)精神。(二)制度。(三)
國語。所謂精神教育者何。愛國心是也。凡欲統一一國之人心。必先懸定一
目的。使人人咸趨於是。則教育易施。以愛國爲目的。而統一國民之精神。
此爲最要」。〔註53〕日本文部大臣菊池大麓同樣主張,中國當施行能使國民團
結一體的教育:「菊池爲言。見各國歷史。無不以造成爲國辦事之人爲急務。
中國興學方針。當注意其國民教育。結成一國團體。亦不可緩。」〔註54〕

同樣在 1902 年,由湖南省派往日本,進入弘文學院學習速成師範的譜慶

〔註50〕《西七月分東京二六新報》,《函箚筆談》,吳汝綸《東遊叢錄》,東京:三省
堂書店,1902 年,第 16~18 頁。
〔註51〕吳振麟錄《帝國教育會會長辻新次氏談片》,《函箚筆談》,吳汝綸《東遊叢錄》,
東京:三省堂書店,1902 年,第 86 頁。
〔註52〕吳振麟錄《帝國教育會會長辻新次氏談片》,《函箚筆談》,吳汝綸《東遊叢錄》,
東京:三省堂書店,1902 年,第 85 頁。
〔註53〕章宗祥錄《大學總長山川談片》,《函箚筆談》,吳汝綸《東遊叢錄》,東京:
三省堂書店,1902 年,第 78 頁。
〔註54〕《摘抄日記》,吳汝綸《東遊叢錄》,東京:三省堂書店,1902 年,第 59 頁。

等人的上書中，也重點敘述了旨在向國民灌輸「國存俱存國亡俱亡之理」的「國民教育」，視爲留學中最重要的收穫。

> 所謂國民教育者，亦以積民成國之理，以爲一人不愛國則國不能存立，一人不學則又不足以言愛國。何也？既積億萬兆民而成國，必積存億萬兆之民之學以成一國之學，而後可以存國學者。既知國存俱存國亡俱亡之理，則知吾身於吾國皆有密接之關係，吾國於吾身皆有極重之責負，以此而發其向學無已之心。國家既鼓動億萬眾向學之心，遂能收億萬眾愛國之效，其所以教育之法雖博采兼收，亦必有特別他國之處，使此國之民不能爲彼國之民，特然成一國之性情，特然成一國之學術，以立於地球之上，儼然一國如一人焉。於是於本國則有深根固蒂不可搖動之基，於他國則有競長爭高不可相入之勢。〔註55〕

可見，當時日本政學各界都積極致力於向中國輸出他們的「國家觀念」，也的確成功地影響了當時的中國人。尾崎行雄的《支那處分案》在《清議報》上譯載的同時，流亡日本的梁啓超號召國人愛國心的《愛國論》中也開始描述「中國人不知愛國論」：

> 日議瓜分。逐逐思擇肉。以我人民爲其圈下之奴隸。以我財產爲其囊中之物。以我土地爲其版內之圖。揚言之於議院。騰說之於報館。視爲固然。無所忌諱。詢其何故。則曰支那人不知愛國故。〔註56〕

有學者曾指出，「亡命日本後接觸到各種西方思想的梁啓超，其思想結構中最大的變化，是明確了形成國民國家的政治課題，由此而追求養成現代國民的意識形態」。〔註57〕在當時的梁啓超眼中，包括日本在內的世界強國皆是「積民而成」的國民國家：「彼其國民。以國爲己之國。以國事爲己事。以國權爲己權。以國恥爲己恥。以國榮爲己榮。」〔註58〕梁啓超曾數次介紹尾崎等人

〔註55〕《湖南留學日本師範生上俞中丞書》，《中國近代教育史資料彙編‧留學教育》，上海：上海教育出版社，2007 年，第 362 頁。

〔註56〕梁啓超《愛國論》，《飲冰室文集之三》（第一冊），北京：中華書局，1989 年，第 66 頁。

〔註57〕王青《梁啓超と明治啓蒙思想》，《東北アジア研究》，2009 年第 17 號，第 77 頁。

〔註58〕梁啓超《愛國論》，《飲冰室文集之三》（第一冊），北京：中華書局，1989 年，第 69 頁。

的理論，他在吳汝綸訪日同年創辦的《新民叢報》中便將「務在養吾人國家思想」舉為三大主旨之一。《新民叢報》還以《支那教育問題》為題刊出了時在東京高等師範學校留學的楊度與校長嘉納治五郎的爭論。嘉納治五郎以為「凡事必合群力而後能成。貴國之實業不興。由於團力之不結。其根源在於愛國心之淺薄。」〔註 59〕「若國民之思想。人人如一。群集於一中心點。是方可為輿論。程度至此則政府以外無非其敵。欲不進步。何以自固。即外人之干與者。我既自有國民。人亦無奈我何。此時即有騷動。內憂外患皆可不懼。今則非尚非其時也。欲求此國民思想所集之中心點。則莫如教育。」〔註60〕和吳汝綸同年抵日開始留學的魯迅，開始在同文書院中思考中國國民性中到底缺少了什麼？它的病根何在的問題。〔註 61〕吳汝綸訪日翌年，由留日浙江學生發刊的《浙江潮》上便出現了「嗚呼吾中國人以無愛國心聞天下」的感歎。〔註 62〕郭沫若後來也曾回憶道，當時國人對中國積弱原因的看法經歷了由「產業不興」到「國家觀念薄弱」的轉變。辛亥以後，「中國在形式上也算是成了新式的共和國，然而產業仍然不能夠振興，國度仍然不能夠富強，而且愈趨愈下。於是大家的解釋又趨向唯心主義方面，便是說中國民族墮落了，自私自利的心太重，法制觀念、國家觀念太薄弱。因而拯救的法門也就趨重在這一方面。」〔註 63〕嚴安生曾指出，從甲午戰爭到中國留學生大批赴日的這段時期，尾崎行雄這種「中國人無國家觀念論」對無論革命黨還是保皇派都刺激頗深，「對那些被日本舉國一心、富國強兵的熱情所刺激，日夜苦思尋找、喚醒己國民族精神的志士們來說，這種論調越發令他們按捺不住」。從章炳麟等反滿革命家所謂的漢民族正統觀念和對「光復」的念念不忘中可以看到「現代國家思想」的影子，而這種意識「正是從被尾崎等宣告了無望的國家的溶滬中鍛鍊而成的」。〔註64〕來自日本的國家觀念、「國民意識」，以

〔註 59〕《支那教育問題》，《新民叢報》(影印版)，1902 年第 23 號，北京：中華書局，2008 年，第 3235 頁。
〔註 60〕《支那教育問題》，《新民叢報》(影印版)，1902 年第 24 號，北京：中華書局，2008 年，第 3362 頁。
〔註 61〕許壽裳《六、辦雜誌、譯小說》，《亡友魯迅印象記‧許壽裳回憶魯迅全編》，上海：上海文化出版社，2006 年，第 24 頁。
〔註 62〕《國魂篇》，《浙江潮》，1903 年第 1 期，第 5 頁。
〔註 63〕郭沫若《創造十年》，《郭沫若全集‧文學編》(第十二卷)，北京：人民文學出版社，1992 年，第 65、147 頁。
〔註 64〕嚴安生《日本留學精神史》，東京：岩波書店，1991 年，第 59～60 頁。

及有關中國人無國家觀念的看法對清末民初留日中國人的影響，嚴安生在其
《日本留學精神史》中有較詳盡的討論，此處不再贅述，下文將著重討論對
創造社作家的影響。

首先，是使創造社作家形成了國民性的優劣、國民「國家觀念」的強弱
與國家興衰息息相關的意識，這成為他們國民性批判的思想背景。如前所述，
創造社作家無不是自幼就受留日學生和革命黨人的宣傳薰陶，接受了日本式
民族主義和「國家觀念」影響，他們有關國家的最初概念正是由此形成的，
留學生活中的見聞更進一步加強了這種意識。

曾經深受同盟會影響，辛亥前後熱心參與留日學生革命活動的陶晶孫在
革命中觀察中國國民性，由對國民性的悲觀而產生對革命的悲觀。

> 我國人畏上面有權之人，而同時心中又反抗思想，那麼隨著大
> 勢，就能出來雷同或反抗。如遇力弱而他反攻過來，那麼逃走得快。

> 原來我國，富有現實，所以可產生理想，譬如因為滿清統治，
> 就要民族革命，等到理想達到之後，忘去再來討檢，藉以豐富其理
> 想。現實找理想，理想要再建於現實之上，可是我國人不做第二步
> 的工作，腐敗打倒了，可是自己又來腐敗。我不久就悲觀革命的前
> 途。〔註65〕

成仿吾1915年抗議「二十一條」而回國，卻因此而第一次發現了「自己是怎
樣的國家的國民」：「自那年初次回國，便深深感到了幻影消滅的悲哀，我去
國時年小，不曾知道中國的事情，自那年回來，我才猛然覺得自己是怎樣的
國家的國民了。素來瞧不起日本人的我，自從那次回國一遊以來，不禁羞愧
與憤恨齊生，終於暫時使我在悲哀的荒原徬徨了。」〔註66〕成仿吾相信這是
因為自己幼少離鄉，不諳國情的緣故才造成自己目睹本國國民習性，震驚之
下，「羞愧與憤恨齊生」，然而，使他開始注意到國民性，以日本國民為參照
糸觀察中國國民，並將之與國家命運相聯繫的，正是在日本接受的國民國家
意識。他的「羞愧與憤恨」是從「素來瞧不起日本人」，到回國後對比中日國
民之後的巨大心理落差中生出的。

1918年曾因抗議日本與段祺瑞政府締定的中日共同軍事協定，而憤然回
國的張資平目睹留日學生們一次次虎頭蛇尾的「革命」，開始重新審視中國的

〔註65〕陶晶孫《晶孫自傳》，《牛骨集》，上海：太平書局，1944年，第139頁。
〔註66〕成仿吾《東京》，《創造周報》，1923年第23號，第14頁。

國民性。他將自己的這種體驗寫入小說《沖積期化石》，述及留日學生抗議庫倫問題之事時憤然寫道：

> 不度德不量力，虛張聲勢，是我們中國國民性之一大缺點！沒有把握，不先準備，馬上就說和外國開仗，說了之後又不負責，只叫他人去幹，自己便跑去吃酒！這種事情誰也會說，誰也會幹，虛張聲勢的敵愾心，只能利用一次，第二次就不靈驗的。中國人的民氣，更不消說，外國人很有研究的，比我們自己還要詳細。對外國早黔驢技窮了！一次返國抵制，過了五分鐘多帶幾個留學生來，到第二次抵制時又同回去，再過五分鐘更多帶幾個來，準備第三次抵制時，更多人回去，面子上好看些。殊不料，到第三次任幾個平時愛出風頭的愛國志士力竭聲嘶在那邊叫人回去，他們卻不情願再花川資跟志士回去，過五分鐘後再跟了回來！聽說有位志士到日本郵船公司買船票，公司裏賣票的勸他買往復票省錢些。他說誓不回來日本，因為他向學校作了最後的告別，他向同志也唱了易水寒的歌。日本郵船公司賣票的說得不錯，這位志士果然帶了一班學生回去後，他老人家一個身輕腳快的跑回來畢業。〔註67〕

陶晶孫、成仿吾、張資平三人親歷留日學生種種革命、抗議、集會、遊行，透過聲嘶力竭、慷慨激昂的口號，看出國民性的附勢雷同、虛張其表，與舉國一心，同仇敵愾到底的日本國民性相較，無不得出悲觀的結論。

日本作家谷崎潤一郎曾在《上海交遊記》中記錄了自己1926年在上海與郭沫若、田漢二人有關中國人國家觀念問題的討論。即使是對政治向來敬而遠之的谷崎也接受了從尾崎行雄式的日本「支那通」們得來的看法：「日本的所謂中國通沒有談過這些事，中國人雖然在經濟上是偉大的人種，卻沒有政治上的能力。不僅沒有，他們還是極端的個人主義者，認為政治不算什麼。國家的主權被外國人奪去了，他們還心平氣和地勤奮地工作，連續不斷地儲錢。在這方面，中國人雖然有弱點，也有在變化中的堅強之處。中國自古以來雖然多次被外國人征服，但是中國民族不但沒有衰弱反而發展了。而征服者卻被中國的固有文化征服，結局是被溶於『中國』這口坩堝之中。」〔註68〕

〔註67〕 張資平《沖積期化石》，上海：創造社出版部，1928年，第189～190頁。

〔註68〕 谷崎潤一郎《上海交遊記》，劉平譯、小谷一郎、劉平編《田漢在日本》，北京：人民文學出版社，1997年，第149～150頁。

對此，當時已接受了馬克思主義的帝國主義論述的郭、田二人表示反對，認爲中國人的國家觀念已經在帝國主義的不斷殖民滲透中變得前所未有的強烈。然而，就在這場爭論的三年前，郭沫若自己發表的《國家的與超國家的》中，還認爲「我們中國本來是國家觀念很淡漠的國家，在十幾年前，軍國主義正在世界上猖獗的時候，有許多人士很以此爲可恥，而大提倡愛國」。〔註69〕可見，尾崎行雄式的有關中國人國家觀念的言論的確影響過郭沫若。

　　郁達夫1936年發表的有關「國防文學」的文章裏對中國人「民族意識」的論述，與尾崎行雄的言論以及谷崎潤一郎從日本「支那通」得來的「中國人無國家觀念論」並無二致，甚至舉例論述的方法都極爲相似：

> 中國人的民族意識，一向就不十分明瞭，百姓只教能夠安居樂業，不管來治理我們的是人是獸，大家都無二言。宋朝亡了國，元朝的漢人臣子，還在誠惶誠恐，死罪死罪地歌功頌德。清朝入了關，一百餘年間，我們漢人幾乎忘記了統治者是另一類族。洪楊起義的時候，殉國就義的漢族人民，數目比滿人還要來得多。這原因是在什麼地方呢？就因爲漢族的人數多，漢族的文化高，當時在軍事上雖則成了被征服者，在制度、文物、禮教，以及諸種文化的支流上，卻漸漸地倒成了征服者的樣子。因而大家就忘記了本源，混認了族類。所以民族意識的這一個觀念，根本就沒有保存的必要。現在卻不同了，我們漢族，無論在軍事上、文化上、學術上，一切的一切，比人家都要落後到幾百千倍；所以目下中國若不亡國則已，若一亡國，就是亡種滅族，同新大陸的紅種，阿非利加州的原始土人一樣，不上幾十年，一定會變得子孫一無噍類。在這一關頭的文學，自然要以喚醒民族意識爲主要的內容。〔註70〕

發表這篇文章的同年12月，郁達夫赴日本訪問，歸國途經臺灣，參加臺灣新民報社舉行的文藝座談會時又兩次提到「迄今中國人的民族意識並不旺盛」，「中國的民族意識，迄今似甚薄弱」。〔註71〕這種關於中國人民族意識的看法在郁達夫的留學時代就已成型。郁達夫在他那段常爲人引用的有關日本人國

〔註69〕 郭沫若《國家的與超國家的》，《創造周報》，1923年第24號，第2頁。

〔註70〕 郁達夫《國防統一陣線下的文學》，《郁達夫全集》（第十一卷），杭州：浙江大學出版社，2007年，第244～245頁。

〔註71〕 《對郁達夫咨詢會》，《郁達夫全集》（第十一卷），杭州：浙江大學出版社，2007年，第468頁。

家觀念和國民性的議論中寫道：「只在小安逸裏醉生夢死，小圈子裏奪利爭權的黃帝之子孫，若要教他領悟一下國家的觀念的，最好是叫他到中國領土以外的無論那一國去住上兩三年。」明治維新的成功在於日本國民「以她固有的那種輕生愛國，耐勞持久的國民性做了中心的支柱。（中略）新興的國家的氣象，原屬雄偉，新興國民的舉止，原也豁蕩，但對於奄奄一息的我們這東方古國的居留民，尤其是暴露己國文化落伍的中國留學生，卻終於是一種絕大的威脅。說侮辱當然也沒有什麼不對，不過各由自取，還是說得含蓄一點叫作威脅」。〔註72〕郁達夫以在日本體味到的「新興國家」和「新興國民」的氣象舉止，對比赴日前目睹的己國頹廢景象，加上之前就烙入腦中的「亡國滅種之觀念」，做出絕望的預言：「是在日本，我開始看清了我們中國在世界競爭場裏所處的地位；（中略）是在日本，我早就覺悟到了今後中國的運命，與夫四萬萬五千萬同胞不得不受的煉獄的歷程。」留學生活中時時身受的來自日本人的民族歧視「簡直是最有成績的對於中國人使瞭解國家觀念的高等教師」。〔註73〕郁達夫說十年留日經歷是自己「平生受刺激最多的一段生活」，但不管外界刺激多強，自己意志如何薄弱，「卻終於深深地，深深地固持保有著了兩件東西，沒有被周圍環境所征服，那就是：一個過去曾有四千年歷史傳統在背後的大漢民族的頭腦，和一顆鮮血淋漓地在脈動著的中國人的心」。〔註74〕然而，如果沒有十年留日生活中對日本國民性和國民國家的觀察思考，與中國國民性的對比，以及有時不得不以屈辱的方式接受到的「中國人無國家觀念」論等等，郁達夫或許未必能對「大漢民族」和「中國人」有如此深切的執著。

尾崎行雄等日本「支那通」有關中國人國家觀念的言論，甲午後形成的現代日本的國民國家體制，圍繞國民性的種種論說，與社會進化論結合在一起，不僅影響了日本人，也影響了創造社的這些中國留學生們。創造社作家對中國國民性的議論是建築在社會進化論的圖景上的，如果說「亡國滅種」的危機感描繪了中國在這個弱肉強食的世界中所處的地位，那麼，日本人的

〔註72〕郁達夫《雪夜》，《郁達夫全集》（第四卷），杭州：浙江大學出版社，2007 年，第 304～305 頁。

〔註73〕郁達夫《雪夜》，《郁達夫全集》（第四卷），杭州：浙江大學出版社，2007 年，第 305 頁。

〔註74〕郁達夫《關於使用國貨》，《郁達夫全集》（第八卷），杭州：浙江大學出版社，2007 年，第 244 頁。

「中國人無國家觀念論」和他們提供的國民國家範本則爲中國何以處於這種地位提供了解釋。「國民」伴隨著「國家」在創造社作家的國家想像中登場，如何喚起「中國人的國家觀念」成爲他們此後必須面對的問題。

其次，創造社成員在日本式的國民與國家休戚與共的國家觀念影響下，形成了這樣一種認識：即「我」命中注定屬於國家，「我」必須背負國家的所有榮譽和屈辱。這種意識在前章所述「富國強兵」的留學思想中已經初現端倪，在日本的經歷則進一步加深了它。

1915 年 5 月，經歷了「二十一條」歸國風波的郭沫若在家信中雖然痛惜政府外交失敗，卻並未將罪過歸之於國家，而是寄望於將來的「民自圖強」：「再此次交涉之得和平解決，國家之損失實屬不少，然處此均勢破裂之際，復無強力足供禦衛，至是數百年積弱之敝有致。近日過激者流，竟欲歸罪政府，思圖破壞，殊屬失當；將來尚望天保不替，民自圖強，則國其庶可救也。」〔註75〕同年 7 月 5 日，郭沫若在致弟弟郭開運的信中附了一篇《我之自愛說》。

> 今我華夏已成大一統之業，而五族共和矣。則我五族人士，自當各存一「我即國家」思想而後可。何者？吾華合五族而共和，則我於五族中，固是吾華之一體也。夫我既國家之一體，又我即國家矣，則我寧不自愛耶！我不自愛則不是，不愛我國家，我國家復何貴有我存者？故我自暴棄，則是亂逆我國家；我自戕賊，則是摧殘我國家；我遊惰而虛糜時光，是促我國家之運命也；我奢侈而濫擲金錢，是陷我國家於貧困也；我懦弱無能，抑卑賤多慚，則國家亦自懦弱無能或卑賤多慚矣，我之繫於我國家者如是。我寧不知自愛，以自勵自勖，自克自制耶！夫我五族人士，苟人人皆存自愛之念，則吾華其尚有不日自強盛者哉！譬之建築，合棟柱榱桷以成室，我雖不材，勉爲桷焉可也。一桷朽蛀，則室尚可云完美耶？能近取譬，其斯之謂矣，說自愛。

> 又近閱報載有中國國歌一首，甚好，附錄如下：「中國雄嶷宇宙間，廓八埏，華胄來從崑崙顛，江河浩蕩綿延，五族共和開堯天，億萬年。」〔註76〕

〔註75〕唐明中、黃高斌編注《櫻花書簡》，成都：四川人民出版社，1981 年，第 65 頁。

〔註76〕唐明中、黃高斌編注《櫻花書簡》，成都：四川人民出版社，1981 年，第 75 頁。

郭沫若勾畫了一幅「五族共和」的民族國家圖景，在這幅圖景中，國家之興亡榮辱繫於「我」之一身，「我五族人士，自當各存一『我即國家』的觀點正是日本式的凡國民須有「國家觀念」的翻版。武繼平曾指出，1915 年「二十一條」事件中，是否歸國以示抗議，對郭沫若這樣的官費留學生而言是一個有象徵意味的選擇，這意味著「到底是將自己的自我歸屬於國家這個集團還是將自我和國家割裂開來」。〔註 77〕選擇歸國的郭沫若重新返日後雖然反省自己的歸國是莽撞行為，但是從他返日後不久寫作的這篇《我之自愛說》中可見，彼時郭沫若的自我選擇了和國家站在一起。

相類似地，郁達夫 1917 年 6 月 3 日日記中亦敷衍了一篇「愛國論」：

> 予已不能愛人，予亦不能好色，貨與名更無論矣。然予有一大愛焉，曰：愛國。予因愛我國，故至今日而猶不得死；予因愛我國，故甘受人嘲而不之厭；予因愛我國，故甘為親戚兄弟怨而不之顧。國即予命也，國亡，則予命亦絕矣。欲保命不可不先保國，不見彼印度、朝鮮、猶太、埃及人乎，彼亦猶人也，而為人所殺戮、輕笑者何哉？無國故也。嗚呼！彼輩生後已不識祖國之土地，忍淚吞聲，甘心受人侮弄宜也！若予則生及季世，目見國事之淪亡，豈得瞑目學愚，甘心受人辱罵乎？吾不能也，吾不能也；寧死耳，吾不能學此也！〔註 78〕

同年 6 月 11 日日記中，郁達夫又寫道：「予上無依閭之父母，下無待哺之妻孥，一身盡瘁，為國而已。倘為國死，予之願也。」〔註 79〕正可與《沉淪》裏的落魄主人公那句「我就愛我的祖國，我就把我的祖國當作了情人罷」相呼應。〔註 80〕郁達夫高呼為國殉身的背景是對「國事日非」的恐懼，從他的日記可見，國事一直是他的心繫所在。1916 年 8 月 24 日致郁曼陀信中寫道：「國事日非，每夜靜燈青，風淒月白時，弟輒展中國地圖，作如此江山竟授人之歎。」

〔註 77〕 武繼平《郭沫若留日十年（1914～1924）》，重慶：重慶出版社，2001 年，第 27 頁。
〔註 78〕 《丁巳日記》，《郁達夫全集》（第五卷），杭州：浙江大學出版社，2007 年，第 4 頁。
〔註 79〕 《丁巳日記》，《郁達夫全集》（第五卷），杭州：浙江大學出版社，2007 年，第 5 頁。
〔註 80〕 郁達夫《沉淪》，《郁達夫全集》（第一卷），杭州：浙江大學出版社，2007 年，第 71 頁。

〔註81〕同年 10 月 10 日致郁曼陀言「國事弟意當由根本問題著想。欲整理頹政，非改革社會不可」。〔註82〕1919 年 5 月 5 日日記云：「山東半島又為日人竊去，故國日削，予復何顏再生於斯世！今與日人約：二十年後必須還我河山，否則予將哭訴秦庭求報復也！」〔註83〕5 月 6 日，「五四」運動消息傳來，令郁達夫十分激動：「北京大學生群起而攻擊曹汝霖、章宗祥、陸潤田三人。」〔註84〕5 月 7 日又記：「國恥紀念日也。章宗祥被毆死矣。午前攝影作紀念，以後當每年於此日留寫真一張。」〔註85〕郁達夫在自傳中自稱為老大帝國一敗塗地後出生的國民。

> 光緒二十二年（西曆一八九六年）丙申，是中國正和日本戰敗後的第三年；朝廷日日在那裏下罪己詔，辦官書局，修鐵路，講時務，和各國締訂條約。東方的睡獅，受了這當頭的一棒，似乎要醒轉來了；可是在酣夢的中間，消化不良的內臟，早經發生了腐潰，任你是如何的國手，也有點兒不容易下藥的微兆，卻久已流佈在上下各地的施設之中。敗戰後的國民——尤其是初出生的小國民，當然是畸形，是有恐怖狂，是神經質的。〔註86〕

郁達夫將國家比喻做病入膏肓、無藥可救的生病的肉體，呼應著作家自己孱弱多病的身體，在他的邏輯中，正是國家的病態導致了「我」的病態，「我」的墮落也正映像出國家的墮落，這不啻為郭沫若「我之自愛說」的頹廢版本。郁達夫後來在小說裏讓他的主人公們過上頹廢的生活，而他留日前在上海第一次目睹這種生活時曾視之為國家腐敗的象徵，這似乎傳遞著這樣一種信息：國家和「我」既然都已無可挽救，那麼最好的辦法是一起沉淪。正如自傳中所寫，對當年徘徊在東京街頭的郁達夫而言，「最惱亂我的心靈的，是男

〔註81〕郁達夫《致郁曼陀》，《郁達夫全集》（第六卷），杭州：浙江大學出版社，2007年，第 11 頁。
〔註82〕郁達夫《致郁曼陀》，《郁達夫全集》（第六卷），杭州：浙江大學出版社，2007年，第 11 頁。
〔註83〕《斷篇日記》，《郁達夫全集》（第五卷），杭州：浙江大學出版社，2007 年，第 12 頁。
〔註84〕《斷篇日記》，《郁達夫全集》（第五卷），杭州：浙江大學出版社，2007 年，第 12 頁。
〔註85〕《斷篇日記》，《郁達夫全集》（第五卷），杭州：浙江大學出版社，2007 年，第 13 頁。
〔註86〕郁達夫《悲劇的出生》，《郁達夫全集·第四卷》，杭州：浙江大學出版社，2007年，第 257 頁。

女兩性間的種種牽引，以及國際地位落後的大悲哀」。〔註87〕《沉淪》主人公每次身感個體的痛苦時，就會發出對國家富強的突然呼喚，這一行為一直伴隨到他的死亡。小說《胃病》裏，「我」的朋友 W 君戀上了醫院中偶遇的日本女子，W 君向「我」傾訴的大段戀愛幻想最後是一幅失敗的場景：「伊哭紅了兩眼對我說：『我雖然愛你，你卻是一個將亡的國民！你去罷，不必再來嬲我了。』」〔註88〕在郁達夫的小說中，在他那些獨語敘述的私人故事裏，這種「將亡的國家」的陰影常常會突兀地闖入，彷彿是施加在人物身上的無法解開的詛咒，並成為導致他們墮落乃至死亡的原因。這種寫法曾被論者指為矯揉造作，但這或許正是作者對當年「富國強兵」理想的悲涼致敬，這一理想許諾過個體與國家結盟的亮麗前景，如今卻只諷刺地映照出主人公和國家的共同沉淪。

　　伊藤虎丸曾指出性的壓抑和民族的屈辱的一體性是郁達夫早期作品中「民族主義」的特點之一，〔註 89〕而產生這種「民族主義」敘事的正是他們從日本學到的國民國家意識：國家的命運與國民個體的命運休戚相關。在創造社作家日後寫作的回憶錄中可以看到一個共同的故事：他們從一出生就籠罩在「亡國滅種」的宿命陰影中。郭沫若和郁達夫不約而同地用清末那一連串令人沮喪的國恥事件標注自己的出生時間，彷彿一出生就必須分擔國家的落魄。郭沫若自稱出生於「大中華老帝國的最背時的時候」：「甲午中東之戰的三年前，戊戌政變的七年前，庚子八國聯軍入京的九年前」。〔註90〕郁達夫的「悲劇的出生」則在「中國正和日本戰敗後的第三年」，他甫一出世就已是「敗戰後的國民」，「是畸形，是有恐怖狂，是神經質的」。〔註91〕郭、郁二人的這種自傳筆法或許得自梁啟超，梁在他的《三十自傳》中寫道：「余生同治癸酉正月二十六日。實太平天國亡於金陵後十年。清大學士國藩卒後一年。

〔註87〕郁達夫《雪夜》，《郁達夫全集》（第四卷），杭州：浙江大學出版社，2007年，第 306 頁。

〔註88〕郁達夫《胃病》，《郁達夫全集》（第一卷），杭州：浙江大學出版社，2007年，第 84 頁。

〔註89〕伊藤虎丸《問題としての創造社》，伊藤虎丸編《創造社研究》，東京：アジア出版，1979年，第 59 頁。

〔註90〕郭沫若《我的童年》，《郭沫若全集・文學編》（第十一卷），北京：人民文學出版社，1992年，第 17 頁。

〔註91〕郁達夫《悲劇的出生》，《郁達夫全集》（第四卷），杭州：浙江大學出版社，2007年，第 257 頁。

普法戰爭後三年。而意大利建國羅馬之歲也。」〔註 92〕只是，梁啓超的自傳通過羅列中外各個歷史事件將「我」置於國家、世界的大背景中，阿里夫・德里克便認爲這種寫法表現出了一種「新的時空意識」。〔註 93〕而郭、郁二人雖然也採用了類似筆法，卻著意於勾畫出一幅陰暗的圖景，隱喻著「我」不得不背負國家宿命的悲劇宿命。本尼迪克特・安德森論說民族共同體的想像中常常包含著對歷史宿命的強調，〔註 94〕郭沫若和郁達夫同樣描出了民族與國家的歷史宿命，並將個體命運置於其中，分擔其中的衰敗與墮落，以一種無可奈何的方式表達著認同。

第三節　「我是支那人」

　　創造社作家從對日本國民國家的體驗中生出個體與國家命運與共的意識，鞏固了由「富國強兵」整合起來的「我」與國家的共同體，然而，留學生活中遭遇的身爲「支那人」的痛苦，與「亡國滅種」的恐懼相作用，將立身入世、國富兵強的亮麗遠景，轉變成郭沫若和郁達夫自傳中描繪出的陰暗宿命。

　　清末在日活動的革命黨人並不避諱「支那」一詞，他們常常以「支那人」自稱，而拒絕使用「清國」，因爲對他們而言，使用「支那」意在否定滿族政權的「清」政府。馮自由《革命逸史》中記述過這樣一段逸話。1902 年，章太炎等人因組織「支那亡國二百四十二年紀念會」而受日本警察傳訊。

> 　　太炎長衣大袖，手搖羽扇，頗爲路人所注目。既至神樂阪警察署，警長首問各人籍貫爲清國何省人。太炎答曰：「余等皆支那人，非清國人。」警長大訝，繼問屬何階級：「士族乎？抑平民乎？」太炎答曰：「遺民。」〔註 95〕

周作人回憶自己的東京留學時代也寫道：「我們不喜歡被稱爲清國留學生，寄信時必寫支那，因爲認定這摩訶脂那，至那以至支那皆是印度對中國的美稱，又

〔註 92〕 梁啓超《三十自述》，《飲冰室文集之十一》（第一冊），北京：中華書局，1989年，第 15 頁。

〔註 93〕 阿里夫・德里克（Arif Dirlik）著，孫宜學譯《中國革命中的無政府主義》，桂林：廣西師範大學出版社，2006 年，第 50 頁。

〔註 94〕 本尼迪克特・安德森（Benedict Anderson）著，吳叡人譯《想像的共同體》，上海：上海世紀出版社，2005 年，第 139 頁。

〔註 95〕 馮自由《革命逸史》（初集），臺北：商務印書館，1965 年，第 88 頁。

《佛爾雅》八，釋木第十二云：『桃曰至那你，漢持來也。』覺得很有意思，因此對於支那的名稱一點都沒有反感。」〔註96〕許壽裳則在回憶中述及，留日時代的魯迅某次去東京憑弔反清名士朱舜水遺迹，中途投宿旅店，填寫履歷時寫的是「周樹人……支那」，因為「那時，日本稱中國人曰清國人，我們卻不願自稱清國，又不便稱中國，因為日本也稱山陽為中國，所以寫作支那」。〔註97〕

　　辛亥以後，「民國」取代「清國」，「支那」失去了作為革命黨人口中具有反清革命身份標識的意義，而隨著兩國關係惡化和日本社會對華蔑視情緒的增長，一般日本人口中「支那」一詞的民族歧視含義亦日益加重。曾對這一國號問題進行過詳細考察的實藤惠秀指出，「日本人對中國人的蔑視始自甲午戰後」。〔註98〕創造社作家留學的時代，正是這一日本國內經歷甲午、日俄兩次戰爭，國內民族主義氣氛最為高漲，對華歧視也日益加劇的時期。馮乃超曾回憶：「中日、日俄兩次戰爭之後，日本人因兩次戰爭而產生了趾高氣揚、不可一世的神氣；特別是他們叫我們為『支那人』，語意中含帶著鄙視，更時時引起我的強烈悲憤。」〔註99〕採訪過佐藤姐妹的澤地久枝記載，後來成為陶晶孫夫人的佐藤操回憶自己當初聽到姐姐要和中國人結婚時的第一反應是「真討厭」。澤地繼而寫道：「甲午戰後，日本人開始對中國人表現出露骨的蔑視，通過把中國人視為比人類還要低賤的存在，從而確立日本人的優越地位。」〔註100〕郭沫若自傳體小說《未央》中，主人公愛车三歲的兒子「一出門去便要受鄰近的的兒童們欺侮，罵他是『中國佬』（Chankoro，日本罵中國人的慣用語，）要拿棍棒投石塊來打他；可憐才滿三歲的一個小兒，他柔弱的神經系統，已經深受了一種不可療治的創痍」。〔註101〕1921年出版的第一高等學校校友會雜誌中刊登的《一高的日本學生與支那留學生》一文中，作者宮脇參三對當時日本社會存在的對中國留學生的普遍歧視頗感不平，他寫道：

　　　　渡來日本的他們，第一印象是巷間下宿屋裏的蔑遇，繼而是無

〔註96〕知堂《懷東京》，《宇宙風》，1936年第25期，第23頁。
〔註97〕許壽裳《〈民元前的魯迅先生〉序》，《亡友魯迅印象記》，上海：上海文化出版社，2006年，第171～172頁。
〔註98〕實藤惠秀《中國人日本留學史》，東京：くろしお出版，1960年，第213頁。
〔註99〕馮乃超口述，蔣錫金筆錄《革命文學論爭·魯迅·左翼作家聯盟》，《新文學史料》，1986年第3期，第21頁。
〔註100〕澤地久枝《日中の懸橋　郭をとみと陶みさを》，《續　昭和史のおんな》，東京：文芸春秋，1983年，第134頁。
〔註101〕郭沫若《未央》，《創造季刊》，1922年1卷3期，第1頁。

學之徒的輕視。這裡，我禁不住要詛咒那美化人類鬥爭，將輕蔑他
國視爲愛國之舉的教育。不僅如此，在實施高等教育的學府中竟有
對他們施以侮辱言語的教師。他們的神經是非常敏感的。這也是當
然之事。特別是涉及國際間的問題時敏感到了令人吃驚的程度。我
等的義務應是對他們奉以滿腔同情，盡力排解他們的思鄉之情，使
其愉快地完成修學之目的。」〔註102〕

遺憾的是，在創造社作家的留學生活中，鮮見宮脇所呼籲的關懷和同情，更
多的是宮脇所批評的蔑視冷遇。社會達爾文主義里民族國家共同體的生存競
爭學說以簡單而冷酷的方式：「美化人類鬥爭，以輕蔑他國視爲愛國之舉的教
育」在當時的日本社會中傳播著。郁達夫 1917 年 3 月 15 日日記中寫道：「午
前聽藤冢先生講中文，嘲罵中國人頗不能堪。欲作書與校長，使勿再輕狂若
此，恐反招辱，不果。午後讀魯曼瀾哲學警句，曰：人生非若春日薔薇，乃
暗暗中無窮之戰鬥耳！萬苦千難欲沮喪我，然我決不欲爲所服！」〔註103〕同
年 5 月 31 日又記：「午前，爲日人某嘲弄，笑我國弱也。此後當一意用功，
以圖報復耳！」〔註104〕三十年代回憶自己在日本高等學校讀書時，郁達夫還
不忘述說當時的一位教日本古文的老先生「有一次說到了中國，他的挖苦更
是屬害，全班中只有一個中國學生的我，當然面脹得通紅，幾乎要滴下淚來
了」，出於反抗，「從此之後，我上課雖則仍舊去上，但輪到我講書的時候，
卻很頑固的只管直立在那裡，不再開口了」。〔註105〕由此也可以理解《沉淪》
所寫的那種稠人廣眾中的孤獨：「上課的時候，他雖然坐在全班學生中間，然
而總覺得孤獨得很：在稠人廣眾之中，感得的這種孤獨，倒比一個人在冷清
的地方，感得的那種孤獨，還更難受。（中略）『他們都是日本人，他們都是
我的仇敵，我總有一天來復仇，我總要復他們的仇。』」〔註106〕

〔註102〕宮脇參三《一高の日本學生と支那留學生》，舊制高等學校資料保存會編著《舊
制高等學校全書》（第八卷），東京：舊制高等學校資料保存會刊行部，1985
年，第 580 頁。

〔註103〕《丁巳日記》，《郁達夫全集》（第五卷），杭州：浙江大學出版社，2007 年，
第 3 頁。

〔註104〕《丁巳日記》，《郁達夫全集》（第五卷），杭州：浙江大學出版社，2007 年，
第 3～4 頁。

〔註105〕郁達夫《偉大的沉默》，《郁達夫全集》（第十一卷），杭州：浙江大學出版社，
2007 年，第 173 頁。

〔註106〕郁達夫《沉淪》，《郁達夫全集》（第一卷），杭州：浙江大學出版社，2007 年，
第 44 頁。

　　辛亥革命使創造社的人們好不容易從清末以來形成的異族統治的屈辱感中解放出來，到了日本卻發現自己心目中作爲民族自新象徵的「中華民國」被日人有意無心地不予承認，而他們最不願聽到的「支那」和「清國」——前者包含著民族歧視，後者則刻著異民族統治的烙印——卻被日人時時掛在嘴邊。陶晶孫諷刺地寫道：「照顧革命家的日本人也很多。還有所謂『支那浪人』。這是因爲那時有——當然其實任何時候都有——保護外國反對派以便將來有用這樣的普遍觀念。因此，中華民國成立時，最遲承認的就是日本。當時，因爲認爲中華民國的名字對帝制日本有壞影響，於是發明了『支那共和國』這一名稱的便是外務省的官僚。」〔註107〕夏衍回憶自己第一次聽說郁達夫的名字，便是在1921年聽說郁達夫駁斥尾崎行雄——「中國人無國家觀念論」的大力鼓吹者——之事：尾崎在中國留學生慶祝中華民國成立十週年集會的演講中仍口稱「清國」，多有不屑之語，引起郁反感，當場與之爭辯，最後迫使尾崎道歉，此事在當時中國留學生界中迅速傳播開來。〔註108〕郭沫若在書信體小說《落葉》中，借戀慕主人公中國留學生洪師武的日本女護士菊子之口，述說某次運動會上日方有意不用中華民國的五色旗，而繼續使用清朝黃龍旗：「運動會的一幕眞是不愉快呢。你的心我是知道的，實在說來，我就處在那樣的機會也不知道是怎樣地不愉快，怎樣地生氣呢。你爲甚麼不直接向當局交涉，詰問他們的無責任，叫他們把龍旗撤換了，換成五色國旗呢？」〔註109〕鄭伯奇則在小說《最初之課》中描寫了如下場面：主人公中國留學生屛周的第一堂課上，日本教師點名時發現他是中國人。

　　　　「哼是呀，你的名字這簿子上沒有。你不是日本人。你是朝鮮人嗎？清國人嗎？」

　　　　屛周聽了這話，不免又有點冒火。朝鮮人，他卻不氣，最難受是清國人三字。他從前初到東京，找中國公使館，他向人問了幾次，中華民國的公使館在那裡！沒有人答他，他後來忍氣吞聲說：「支那公使館在那裡？」那時才有一個人向他，問道：「你問

〔註107〕陶晶孫《革命と文學》，《日本への遺書》，東京：創元社，1952年，第50頁。
〔註108〕夏衍《憶達夫》，《夏衍全集》（第9卷），杭州：浙江文藝出版社，2005年，第580頁。
〔註109〕郭沫若《落葉》，《郭沫若全集·文學編》（第九卷），北京：人民文學出版社，1985年，第131頁。

的是清國公使館嗎？若是清國公使館便在坡上。」他當時把 Shin
koku 這三字聽不清，他還在默想的時候，四周站的那幾個人，都
早避開他走了。沒法子，他向坡上走了三五步，他猛然口裏咕嚕
道：「是的，Shin koku, Shin koku 清國，清國，Baka！混帳王八蛋！
我不信你這王八連支那兩字也不懂。Baka, Chikusho！」可憐的
So Hei Chou 那曉得他到了他所神聖的公使館，不僅五色旗未掛，
門首那兩塊雙龍的銅牌，還牢牢的釘著在呢！他到日本第一次受
了這刺激，他半年之間常常在腦中保留了個新鮮的印象。每當他
們朋友們三五聚首，講日本侵辱中國的時候，他必定要把此段故
事講出。可是他今天又聽見「清國人」三個字了——乃是出之於
從事高等教育的一位先生的口裏。

　　他立刻想站起來和他爭論，但是他用力把自己的氣頭按納下
去。

　　「我是中華民國人」他冷靜地答了。

　　「什麼，中華民國？我怎麼不曉得？支那吧。」

　　那先生答了，向屏周投了一瞥輕蔑的目光，全堂的人都嘩——
地笑了。〔註110〕

《最初之課》的標題大概有意模仿當時流行的法國作家都德（Alphonse Daudet）
的小說《最後一課》。穆木天曾提及《最後一課》在「五四」以後繼續蔓延著
「亡國滅種」的群體性恐懼和危機感的中國十分流行，曾有過三種譯本。「《最
後的一課》那篇東西，在當時，給中國學生以多大的影響，是現在所想像不
到的。」〔註111〕兩篇小說的主人公都是在課堂上，伴隨著亡國的危機感，對
「國家」有了切身的體味。

　　如果說此前創造社作家通過閱讀革命書刊而形成的「國家」形象還止於
概念的話，那麼，留學生活中開始表現出的，對於作為現代國家象徵符號的
國號和國旗的前所未有的重視，則意味著他們心目中現代意義的國家形象開
始初具輪廓。然而與此同時，他們對五色旗和「中華民國」這一國號的堅持，

〔註110〕東山《最初之課》，《創造季刊》，1922 年 1 卷 1 期（1923 年重版），第 74～
　　　　75 頁。
〔註111〕穆木天《關於「五四」個人的回憶》，蔡清富、穆立立編《穆木天詩文集》，
　　　　長春：時代文藝出版社，1985 年，第 238～239 頁。

實是爲了抵制現實中日本人仍在到處使用的黃龍旗和「清國」，他們的「國家」是屈辱的產物，是伴隨著己身所遭遇到的民族歧視而生成的。

與不被承認的國家相聯繫，「你是什麼人？」是創造社作家留學生活中屢屢被迫面對的另一問題，而所有的回答無一不令人難堪：異族統治象徵的「清國人」，忍氣吞聲的「支那人」，還有不被承認的「中華民國人」。對創造社的這些本就生性敏感，在教養主義的影響下養成了學歷貴族的清高和驕傲，又正處在青春煩悶期的作家而言，這種刺激更是放大了數倍。郭沫若憤憤不平地寫道：「日本人喲！日本人喲！你忘恩負義的日本人喲！我們中國究竟有何負於你們，你們要這樣把我們輕視？你們單是在說這『支那人』三個字的時候便已經表示盡了你們極端的惡意。你們說『支』字的時候故意要把鼻頭皺起來，你們說『那』字的時候要把鼻音拉作一個長頓。」〔註112〕李初梨的話劇《愛的掠奪》中，中國留學生白玉成和郁達夫筆下的主人公一樣，渴望女子的愛情，「但是，『支那人』的悲哀，我才說了一個支字，人家都跑得遠遠了」。〔註113〕郁達夫形容自己從日本人口中聽到「支那或者支那人的這一個名詞」，就會產生「一種被侮辱感，絕望，悲憤，隱痛的混合作用」，「在東京的第一高等學校的預科裏住滿了一年，像上面所說過的那種強烈的刺激，不知受盡了多少次」。〔註114〕郁達夫留日期間曾與其交往頗密的富長蝶如記敘過某次與郁在東京帝大所在地本鄉的一個咖啡店裏的遭遇。

> 不遠處的桌子圍著六七個穿大學制服的年輕人，起勁地大聲議論著什麼。這時，其中一人狠狠地瞟了郁達夫一眼，說了一句「中國佬」。其他人也冷冷地看著郁的臉，明顯是侮辱的態度。我瞥了一眼坐在跟前的他的臉。他一動不動地直盯著盛飲料的杯子，好像沒聽見的樣子，然而卻流露出悲傷的神情，臉色變得有些蒼白。

> 我想警告一下那個無禮至極的男人，正在壓抑怒火時，郁一下子站起來，抓了帽子，悄悄走出門外。這樣一來，我也不得不追著他出了店——脊背上還能感到那夥年輕人冷冷的視線。

〔註112〕郭沫若《行路難》，《郭沫若全集·文學編》（第九卷），北京：人民文學出版社，1985 年，第 309 頁。

〔註113〕李初梨《愛的掠奪》，《創造月刊》，1926 年 1 卷 6 期，第 73 頁。

〔註114〕郁達夫《雪夜》，《郁達夫全集》（第四卷），杭州：浙江大學出版社，2007 年，第 307 頁。

　　　　兩人一言不發地走下湯島阪。到了一個幽暗的地方，郁平靜地

　說。

　　　　「那樣的事情是經常有的。」〔註115〕

連日本人富長都能感覺到的這種來自日本人的射在脊背上的「冷冷的視線」，

對敏感的郁達夫的刺激自不待言，這種體驗後來顯然被他寫入了《沉淪》：「有

時候到學校裏去，他每覺得眾人都在那裡凝視他的樣子。他避來避去想避他

的同學，然而無論到了什麼地方，他的同學的眼光，總好像懷了惡意，射在

他背脊上的樣子。」〔註116〕

　　不僅是郁達夫，作爲「支那人」，接受無處不在的射在脊背上的「冷冷的

視線」，由此而生的被日本人觀看的恐懼和屈辱感是創造社作品中揮之不去的

陰影。懷著「富國強兵」的雄心開始留學的他們，到了日本發現自己是全不

爲人所尊重的弱國子民，他們如此在意日本人的目光，除了其中包含的人身

歧視令他們痛苦外，另一個重要的原因在於，被作爲落後的、即將被殖民的

民族觀看的恐懼。郭沫若1920年3月3日致宗白華信中敘及自己和田漢在當

時福岡市舉辦的工業博覽會中，發現其中設置了「滿蒙館」、「臺灣館」、「朝

鮮館」等「幾個惱人的別館」，意在展示治下的「殖民地」風光供人觀看，「臺

灣館」中「一半是陳列所，一半是茶店。茶店當中故意用了臺灣底女同胞，

十三四歲來往的，十多人做女僕。」自己「見了只暗吞酸淚。壽昌說他不忍

再見。」郭的那句著名的「讀的是西洋書，受的是東洋氣」也正是由此而發。

〔註117〕郁達夫早期小說《兩夜巢》中描寫過這樣一個場面：中國留學生「發

種種的少年」陪同赴日考察的中國官員到日本某鎮參觀，因被發現是「支那

人」而受到當地人圍觀。

　　　　你看鄉間的一個市鎮裏，忽然到來十五六個穿奇服的人，緩緩

　　的在路上行走，好奇的人那有不驚異的道理，少見多怪來看看倒還

　　說得過去，但是他們口中說的話，那眞是不可忍得的了。「我以爲是

　　什麼東西，原來是一群支那人。」這「支那人」三個字，在外國是

〔註115〕富長蝶如《郁達夫の思い出》，稻葉昭二《郁達夫　その青春と詩》，東京：
　　　　東方書店，1982年，第184～185頁。

〔註116〕郁達夫《沉淪》，《郁達夫全集‧第一卷》，杭州：浙江大學出版社，2007年，
　　　　第44頁。

〔註117〕郭沫若《郭沫若致宗白華函》，《三葉集》，合肥：安徽教育出版社，2006年，
　　　　第103頁。

同「亡國民」那三個字一樣，並且有時候在我們中國人耳裏，比「亡國民」三字更加難聽，你看他們二個少年，一聽得這三個字，叫他們怎麼能忍得下去。（中略）回到旅館之後，那發種種的少年竟伏在室中的一方角里把頭腦包藏在外套中間，殺聲抑氣，烏烏咽咽的哭起來了。〔註118〕

郭沫若在《行路難》裏描寫日本男子的眼睛「比獵犬還要獰猛」。〔註119〕《最初之課》裏的日本教師知道屏周是中國人後，「投了一瞥輕蔑的目光」，說「你們看支那人！（目視屏周，復轉向對面天花板角）他們走到那裡，人家討厭他們，叫他們做豬，他們卻只是去，泰然地去。世界上最多而處處都有的只有老鼠同支那人」。〔註120〕

「支那人」意味著野蠻人、亡國奴、劣等人、被殖民者，這一標籤對創造社的人們而言成了一種與生俱來的恥辱烙印，他們害怕被問及出身何地，害怕被日本人發現「是支那人」。這一點表現最強烈的是郁達夫和郭沫若。《沉淪》裏的「他」相信自己得不到日本女子的青睞是因為自己的「支那人」身份：「唉！唉！她們已經知道了，已經知道我是支那人了，否則她們何以不來看我一眼呢！復仇復仇，我總要復她們的仇。」〔註121〕一旦被日本女子問及出身就彷彿上了斷頭臺般痛苦：

「你府上是什麼地方？」

一聽了這一句話，他那清瘦蒼白的面上，又起了一層紅色；含含糊糊的回答了一聲，人吶吶的總說不出清晰的回話來。可憐他又站在斷頭臺上了。

原來日本人輕視中國人，同我們輕視豬狗一樣。日本人都叫中國人作「支那人」，這「支那人」三字，在日本，比我們罵人的「賤賊」還更難聽，如今在一個如花的少女前頭，他不得不自認說：「我是支那人」了。

〔註118〕郁達夫《雨夜巢》，《郁達夫全集》（第一卷），杭州：浙江大學出版社，2007年，第4～5頁。
〔註119〕郭沫若《行路難》，《郭沫若全集·文學編》（第九卷），北京：人民文學出版社，1985年，第307～308頁。
〔註120〕東山《最初之課》，《創造季刊》1922年，1卷1期（1923年重版），第75～77頁。
〔註121〕郁達夫《沉淪》，《郁達夫全集》（第一卷），杭州：浙江大學出版社，2007年，第46頁。

「中國呀中國，你怎麼不強大起來！」〔註122〕

雖說造成這種孤獨的原因除了民族間的疏隔外，與主人公自身性格也有很大關係，但作者最終仍然將之歸結爲「中國人」與「日本人」間的對立乃至仇視。即便撇去異常敏感的郁達夫特有的誇張表現，仍可感受到當年他在本鄉的咖啡店裏感受到的那束來自日本人的「冷冷的視線」，這種被觀看的恐懼始終折磨著郁達夫自己和他的主人公們。

郭沫若的自傳體小說《行路難》裏，愛牟在尋找出租屋時，向女主人謊稱自己是名叫「桑木海藏」的日本人。這個日本姓名並不能爲他減少租金，卻可以隱瞞「支那人」的身份，然而很快被男主人看穿。

——「唔，貴國呢？是上海？還是朝鮮？」

「哦，這位豪傑把我看穿了。丟臉大吉！丟臉大吉！好！」愛牟在心裏懊惱著。

——「我是中國留學生。」

——「哦，支那人嗎？」主婦的口中平地發出了一聲驚雷。

「啊！這眞是倒黴呀！倒黴呀！」愛牟心裏這樣想著，說不出來。

——「你要找房子住，這兒恐怕是找不出來的。我們空著的房子是要留來放乒乓臺的。」

「啊，滾蛋罷！眞是倒黴呀！倒黴呀！自己揀得的，又來受了一場作踐。」他一跑又跑到海岸上去竄走起來。一腔都是憤恨，他一面走著，一面只是反悔。他悔他不該來。他也悔他不該假冒了一個日本式的姓名，把一個「虛假」捏在那一位闊夫人的手裏去了。日本人本來是看不起中國人的，又樂得她在奚落之上更加奚落。〔註123〕

與郁、郭言及「支那人」時的痛苦激憤乃至歇斯底里不同，陶晶孫的態度是隱忍晦澀的。陶晶孫很少寫作郭、郁式的「私小說」——他們毫不遮掩地把自己的經歷稍加添畫就成了小說中人物的故事——陶晶孫的大多數作品看起

〔註122〕郁達夫《沉淪》，《郁達夫全集》（第一卷），杭州：浙江大學出版社，2007年，第70頁。

〔註123〕郭沫若《行路難》，《郭沫若全集‧文學編》（第九卷），北京：人民文學出版社，1985年，第307～308頁。

來都與世無爭，其中有象徵主義的愛與死（《黑衣人》《剪春蘿》《尼庵》）、留不住的童年（《木犀》《洋娃娃》《尼庵》）、青梅竹馬的少男少女（《音樂會小曲》）、朦朧的師生戀（《木犀》《洋娃娃》）、咖啡店和音樂廳裏新感覺派的男女（《音樂會小曲》《兩情景》）、佻撻放恣的洋場浪子（《哈達門的咖啡店》《獨步》）、古靈精怪的摩登女孩（《兩姑娘》《獨步》）……然而無論這些故事的主人公是銀座街頭的浪蕩公子、情竇初開的青澀少年，還是才華橫溢的音樂家，全都被作者賦予了一句相同的臺詞：「我是支那人」。

「要請你了，不過我是支那人。」

「啊拉，唉？」

她微笑了，極溫暖的微笑。〔註124〕（《獨步》）

「今晚我真歡喜，但是我真沒有猜到會同從前給我情書的人相遇。但是我不曉得你的名字，啊，請教你！」

「我叫晶孫，先要同你講好，我是支那人。」〔註125〕（《兩姑娘》）

我看她的瞳孔裏映著我。

「不過，我的小孩，媽說不是有婚約的人不可以常常往來的……」

我說：

「我是支那人，你又是——」〔註126〕（《音樂會小曲》）

他就想到他所指揮的大學管絃樂，他漸漸被妄想支配——我們今年秋天的音樂會，要叫 S 市中一切音樂家誠心驚歎，又要他們曉得指揮的是我一個支那學生。

（中略）他有些寄心於愛麗，不過他很曉得，他是支那人。〔註127〕（《暑假》）

這些作品中的中國籍主人公面對日本人，特別是日本女子時，對自己的中國

〔註124〕陶晶孫《獨步》，《音樂會小曲》，上海：創造社出版部，1927 年，第 168～169 頁。

〔註125〕陶晶孫《兩姑娘》，《創造月刊》，1927 年 1 卷 7 期，第 89 頁。

〔註126〕陶晶孫《音樂會小曲》，《創造月刊》，1927 年 1 卷 7 期，第 4 頁。

〔註127〕陶晶孫《暑假》，《音樂會小曲》，上海：創造社出版部，1927 年，第 154、162 頁。

人身份不是像郁、郭那樣掩蓋，而是一開始就聲明「我是支那人」。陶晶孫固執地強調著他的人物的「支那人」身份，這和郁、郭的拼命掩蓋一樣都可視爲一種自我防衛機制，而他筆下的日本女子們卻對此毫不介意。同樣寫中國男子與日本女子的戀愛，與郁達夫筆下那個自卑、畏縮、神經質，大部分的「戀愛」都止於幻想的主人公不同，陶晶孫的主人公都能得到日本女子的愛情，即便他們一開始就表明「我是支那人」。《獨步》裏，帝國大學的中國留學生「我」在銀座街頭閒蕩時偶遇十年前暗戀過自己的日本女子，女子憶及當年情事，說正是愛上了「你在聽日清戰爭的講話時候的你的面貌」：「小學時候我總很尊敬，你在聽日清戰爭的講話時候的你的面貌，啊，我尊敬你了，我歡喜你了。」〔註128〕日清戰爭即甲午戰爭，如前所述，日中國際地位正是從這場戰爭開始反轉，對華歧視也正是由此開始在日本社會中蔓延，而在陶晶孫的小說裏，這場戰爭偏偏成爲日本女子愛上「我」的契機。陶晶孫筆下的異國愛情總是清澈無垢，即便是《獨步》所寫的銀座街頭的露水情緣裏也有令人動容的往事，作者或許寄希望於愛情可以超越世俗世界裏以民族和國家爲名的爭鬥與仇恨，貪婪與掠奪，固執地想在小說裏爲這個弱肉強食的冷酷世界保存最後一點美好。

如果說創造社作家最初接受社會進化論時只是紙上論經的話，那麼在日本的作爲落後的、被殖民的「支那人」而被觀看的屈辱感受則以切身體驗的方式向他們驗證了這一理論。與此同時，國民與國家共命運的意識則爲「我是支那人」的恥辱體驗賦加上了一種宿命意味：作爲落後的、即將滅亡的國家「支那」的國民，「我」無論身處何處都無法擺脫國家的恥辱烙印。

結　語

伊藤虎丸將民國的成立視爲使創造社成員「擁有國家意識的最低限度」的條件，而留學中所遭受的民族歧視則使他們把「國家」等同於「民族」。〔註129〕但是，即便民國的成立帶來了現代國家的假設可以成立，現代「國家意識」的產生也未必需要等到國家的成立才產生。創造社作家出生成長的年代，是爲「亡國滅種」陰影籠罩的年代，對他們而言，「國家」是一個從恥辱中逼出

〔註128〕陶晶孫《獨步》，《音樂會小曲》，上海：創造社出版部，1927年，第169頁。
〔註129〕伊藤虎丸《問題としての創造社》，伊藤虎丸編《創造社研究》，東京：アジア出版，1979年，第81頁。

來的觀念。如果一定要爲他們的國家意識尋找一個原點，那麼，他們在「亡國滅種」的危機感中開始想像民族國家共同體，從而走上追求「富國強兵」的留學路這一段過程或許更爲合適。

創造社作家在「亡國滅種」的深切危機感和恐懼感中接受了國家、民族、種族的概念，留學時代在日本的軍國主義氣氛中感受到了「國民國家」，經嚴復、梁啓超闡釋的社會進化論則爲這種接受提供了理論支持。這也就影響到了他們對「國民」的認識。儘管也認爲中國的國民性需要改造，但創造社的國民性改造方案在很大程度上是以國家主義爲目標，以日本軍國主義氛圍中形成的國民性爲參照的，既然現代國家的強弱是由其國民的優劣所決定，那麼，培養國民的最重要目標就是使其具備國家的觀念，即根本上是以「國家」而非「個人」爲目的。這種方案不同於「五四」以來以《新青年》同人爲代表的，以追求獨立的「個人」爲目標的國民性改造，這就爲後來他們走向民眾崇拜、無產階級崇拜，轉向馬克思主義鋪下了道路。

還需要指出的是，儘管清末種族革命的新口號在全國流行，但對彼時的國人而言，民族、種族似乎並不被視爲需要與國家相區分的概念。郭沫若在回憶錄中稱當時的少年人「大都是一些國家主義者」，而他自己顯然也是其中一員，「他們有極濃重的民族感情，極蔥蘢的富國強兵的祈願，而又有極幼稚的自我陶醉。他們以爲只要把頭上的豚尾一剪，把那原始的黃色大龍旗一換，把非漢族的清政府一推倒，中國便立地可以成爲『醒獅』」。〔註130〕這些滿懷「民族感情」的少年「國家主義者」提出了種族革命的要求，相信這樣才能達到「富國強兵」的目標，對郭沫若，以及和他一樣的當年的「國家主義者」們而言，國家、民族、種族的所指並無太大區別。「亡國」和「滅種」被相提並論，無論是革命黨人種族主義色彩濃厚的「反滿興漢」，還是保皇派意欲調和滿漢的「保種保國」，在將民族命運和國家命運聯繫在一起這一點上是共通的，除了對清室的態度外，二者的民族敘述都與國家敘述相重合。也就是說，創造社作家從留日第一代的學生和政治亡命客那裡接受的最初的「國家」概念中，「民族」和「種族」也一併登場，而他們意識到這些概念需要區分，還有待時日。

如果說「富國強兵」思想是以現實利益統一「我」和國家的話，那麼，

〔註130〕郭沫若《黑貓》，《郭沫若全集·文學編》（第十一卷），北京：人民文學出版社，1992年，第285頁。

在「亡國滅種」危機中形成的國家意識則使「我」參與到與國家結盟的精神共同體中。這一意識在創造社成員旅日之前就已初步成型，在日本留學生活中得到加強，此後一直影響著他們的思想和創作走向。如果說「富國強兵」的追求構建了一個「我」與「國家」的積極組合的話，「亡國滅種之觀念」則構建了另一個「我」與「國家」的消極命運共同體。伴隨著上述國家意識的成型，「國家」在創造社作品中成為了一個宿命性的存在，「我」的苦悶總要打上「國家」的標籤，「我」的落魄和國家的頹敗是互相注解的文本。個體，無論願意與否，都必須承擔起「國家」的宿命，「我」的人格價值、社會地位的判定都要帶上國家的印記。

第三章　作爲「東方」的中國：還鄉
敘事與國家想像的分裂

　　本章意在通過對 1920 年代初創造社作家還鄉敘事的研究,包括他們對「鄉愁」的表現、觀看和想像故國的方式等,由此探討還鄉體驗對作家國家想像的影響。

　　張屛瑾曾將郭沫若等早期創造同人歸國之初,遭遇魔都上海時的震驚體驗視爲影響他們的「自我主體意識生成」的重要因素,認爲他們在踏入上海城之前,心中本來充滿著「強烈的歸國認同,也就是欲將自己投入個人——國家——民族的綜合體之中去」,然而很快發現眼前並非想像中的家園美景,而是「帝國主義的『異族塗炭』」。正是這種上海體驗帶給他們「民族主體失落感」,使他們「從個人主動尋找家國主體認同,到失望、幻滅,轉而拒斥、對立,(中略)此刻的「我」已經完全放棄從上海的都市空間獲得民族國家主體身份認同的最初期待,轉而運用種種譬喻,將上海塑造成種種與「我」對立的意象和名物。當「我」和「你」——上海的界線完全分明後,「我」的自我敘述以及批判性思考的合理性,也就隨之確立起來」。詩中用第二人稱「你」指稱上海,使之符號化、抽象化,由此表達出主體「我」的對立立場,創造社作家也正是通過這種對立,這種「對『你』的整體否定性敘述」中,確立了主體「我」的存在。〔註1〕由於張屛瑾這篇文章主要是考察劉吶鷗的上海體驗,所以對作爲參照糸的創造社沒有再進一步論述,但是她的視角是富於啓

〔註 1〕　張屛瑾《在沉醉與狂歡中戰慄——劉吶鷗和他的魔力上海》,《上海文化》,2009
　　　　年第 4 期,第 32～33 頁。

發性的。以伊藤虎丸為代表的對日本留學與創造社關係研究中，在日本接受的超越國家和民族的獨立「藝術家意識」、個人主義思想等一直被視為影響他們個體意識覺醒的決定性因素。張屏瑾在這裡則提出了另一個重要視角：歸國之初在上海的遭遇對創造社作家的個體意識生成及其民族國家認同的影響，在這種視角下，創造社的「我」是在他們還鄉後，因為無法認同上海所代表的現代中國而被動生成的。延著張屏瑾提出的視角，本文接下來將首先討論，上海的震驚體驗是如何反映了他們觀看故國的方式，而創造社作家期待認同的又是怎樣一個「家國主體」？

第一節　上海印象：觀看中國的方式

一、鬧鬼的城市

在創造社的還鄉故事裏，上海是一個群魔亂舞、鬼影幢幢的恐怖世界。郭沫若的「上海印象」裏充滿了「遊閒的屍，／淫囂的肉」、「滿目都是骷髏，／滿街都是靈柩，／亂闖，／亂走。」〔註2〕「街上跑著的汽車、電車、黃包車、貨車，怎麼也好像是一些靈柩。」〔註3〕這裡是「可怕的血海，／混沌的血海，／白骨翻瀾的血海，／鬼哭神號的血海」。〔註4〕陶晶孫以「百鬼夜行」形容上海。〔註5〕何畏《上海幻想曲》裏的「我」踏上上海碼頭，但見「雨蕭蕭的夜陰裏，／岸壁的燈明幽碧，幻出許許多黑影——／在那兒爭攘，鏖戰」，各國冒險家和投機者「像餓鬼搶出了倉庫」，穿梭於街道上的汽車「披了時式的畫皮，／裹著淫蕩的屍體，／爬過爭攘的馬路，／去到陰慘的洞裏……」〔註6〕弗洛伊德（Sigmund Freud）在他對令人恐怖的事物的研

〔註2〕郭沫若《上海印象》，《郭沫若全集・文學編》（第一卷），北京：人民文學出版社，1982年，第162頁。

〔註3〕郭沫若《創造十年》，《郭沫若全集・文學編》（第十二卷），北京：人民文學出版社，1992年，第89頁。

〔註4〕郭沫若《吳淞堤上》，《彷徨（詩十首）》，《創造季刊》，1922年1卷3期，第56頁。

〔註5〕陶晶孫《到上海去謀事》，《陶晶孫選集》，北京：人民文學出版社，1995年，第136頁。

〔註6〕何畏《上海幻想曲——1922年正月的印象》，《創造季刊》，1923年1卷4期，第43～45頁。

究中，比較了德語中 heimlich（熟悉的）和 unheimlich（神秘的、令人恐怖的）的意義時發現，前者的諸多意義中還包含著「隱秘的」、「私秘的」，這與它的反義詞 unheimlich 十分接近。heimlich 的詞源裏包含了 heim（家），而 unheimlich 中的前綴「un」象徵著對 heim 的壓抑。神秘而令人恐懼的東西其實正是那些被壓抑的我們本來熟悉的東西。夢境中出現的那些令我們感覺熟悉的地方在弗洛伊德看來正是母親的生殖器或身體的象徵，因為女性生殖器「這個 unheimlich（隱秘）的部位正是人類先前的 Heim（家）的入口。」〔註7〕弗洛伊德的德語案例雖然不能全盤應用於創造社的漢語寫作中，但仍然提示了創造社作家重履故土時的「上海印象」中耐人尋味之處，對他們而言，作為還鄉第一站，上海印象構成了故國的第一印象，上海這座鬧鬼的城市代表了失落了的家園，創造社作家故國想像的耐人尋味之處或許可以從他們的「上海印象」中窺得一二。

1921 年 4 月 1 日，與成仿吾從日本乘船歸國的郭沫若，一路上滿懷著「新生」的興奮，在船將入港的 4 月 3 日寫下《黃浦江口》，描述了對一個「平和之鄉」的中國的期待。然而這個「平和之鄉」的想像很快「像滿盛著葡萄酒的玻璃杯碰在一個岩石上」一樣，在上海灘頭碰得粉碎。〔註8〕次日的《上海印象》裏，郭沫若以他特有的誇張語調宣泄了自己的「Disillusion 的悲哀」：放眼所見滿是「遊閒的屍，／淫囂的肉，／長的男袍，／短的女袖，／滿目都是骷髏，／滿街都是靈柩，／亂闖，／亂走。」洋場風光毀了他的中國夢。〔註9〕成仿吾在同年 11 月所作《長沙寄沫若》中也呼應了《上海印象》裏的故事：「我們重履故土，／最初的印象，／就使我們大失所望。／我們夢中的故鄉，／不是這般的。／錦繡一般的河山，／只見些長閒的屍，／淫囂的肉。」〔註10〕和郭、成二人同年歸國過暑假的鄭伯奇描述了相似的上海體驗：先是輪船剛入吳淞口時的激動期待，上岸後一旦目睹上海街景，又迅速失望：「輪船一進入吳淞江口，我心裏就不禁激動起來。及到上了碼頭，看到街道上嘈

〔註7〕 西格蒙德・弗洛伊德（Sigmund Freud）著，李俏梅譯《論神秘和令人恐怖的東西》，《論文學與藝術》，北京：國際文化出版公司，2001 年，第 293 頁。

〔註8〕 郭沫若《創造十年》，《郭沫若全集・文學編》（第十二卷），北京：人民文學出版社，1992 年，第 88～89 頁。

〔註9〕 郭沫若《上海印象》，《郭沫若全集・文學編・第一卷》，北京：人民文學出版社，1982 年，第 162 頁。

〔註10〕 成仿吾《長沙寄沫若》，《詩二首》，《創造季刊》，1922 年 1 卷 2 期，第 43～45 頁。

雜、淩亂的情形，依然如故，不禁又發生了幻滅似的情感。」〔註11〕何畏的長詩《上海幻想曲》裏，「我」在 1922 年正月的一個夜晚在上海登岸，立刻被眼前混雜、狂亂、恐怖、肮髒的魔都夜景所震驚，發現自己魂牽夢縈的夢裏故國竟是群魔亂舞的人間鬼域：「『祖國』……啊『祖國』！——／土音驚破了我的夢魂……／只見——／雨蕭蕭的夜陰裏，／岸壁的燈明幽碧，幻出許許多多黑影——／在那兒爭攘，鏖戰：／紅黑的鏖戰，／慘白的叫喊——」〔註12〕1926 年歸國的穆木天同樣在上海遭遇了失望：「在平靜的長崎丸上，我心裏有時充著憧憬，我心裏有時滿著朦朧，我恨不得一時看見了故國，洩洩出心中久久緊張的熱情。海上掛帆的漁舟，長江岸上的水牛，給了我無限的愛覺。但是，到了上海看見一頭一頭的中國人啊！我好像說：錯了！錯了！還不如仍在日本飄流！」〔註13〕陶晶孫小說《Café Pipeau 的廣告》裏，Pipeau 咖啡店的老闆在日本做了二十年的江南水鄉夢，回到故鄉只見「眼前卻汽車橫飛，臉香撲鼻，成熟的女性的裸手長足飛過他的臉皮上，咖啡店裏的 Modern girl 要漲破他的肚皮。於是我們老闆忘去了救國，丟去了永遠的學術。他先天生來的 Sentimental 的江南血中加上了一個銳而敏的神經」〔註14〕可以看到，儘管具體歸國的時間各有不同，創造社作家的還鄉故事卻大致相似：在這個故事的開頭，他們不約而同地述說了自己的期待，如何渴望著投入思念已久的故國懷抱，然而，重履故土的第一站——上海的「墮落」都會景象使他們對祖國的感情從期待變為失望乃至厭惡、恐懼。

創造社的人們不是《子夜》裏的趙老太爺，都會霓虹、聲光化電對於這些剛從日本歸來的人們而言並非陌生的風景。正如許多研究者曾經指出的，創造社的留學時代正是日本社會迅速現代化的時代，他們的許多作品是十足的現代都會的產物。就在歸國前一年，郭沫若還在興奮地抒發著在門司目睹現代工業文明所生的由衷讚歎，為感受到「大都會的脈搏」激動不已。他眼中繁忙的博多灣是向著海上放射人類生命之箭的「Cupid 的弓弩」，煙筒裏噴

〔註11〕鄭伯奇《憶創造社》，饒鴻競等編《創造社資料》（下），北京：知識產權出版社，2010 年，第 714～715 頁。
〔註12〕何畏《上海幻想曲——1922 年正月的印象》，《創造季刊》，1923 年 1 卷 4 期，第 43～45 頁。
〔註13〕木天《道上的話》，《洪水》（半月刊合訂本），1926 年 2 卷 18 期，第 281 頁。
〔註14〕陶晶孫《Café Pipeau 的廣告》，《音樂會小曲》，上海：創造社出版部，1927 年，第 150～151 頁。

出的一朵朵「黑色的牡丹」是「二十世紀的名花」、「近代文明的嚴母」，〔註15〕錢杏邨後來便是因爲這首詩，稱郭沫若爲「城市的歌者」。〔註16〕陶晶孫在日本寫作的一系列以東京爲背景的小說中，新感覺風的摩登男女游蕩在銀座街頭，樂得其所。田漢曾在神田、淺草的電影院流連忘返，〔註17〕與李初梨在小石川的咖啡店裏共飲。〔註18〕郁達夫徘徊在東京的咖啡店，懷著驚懼與好奇瀏覽過過渡時代的頹廢景觀：「衣川孔雀，森川律子輩的妖豔的照相，化裝之前的半裸體的照相，婦女畫報上的淑女名妹的記載，東京聞人的姬妾的豔聞」。〔註19〕同樣是東京咖啡店常客的穆木天和馮乃超，留學時代「一方面回顧著崩潰的農村，一方面追求著刹那的官感的享樂，薔薇美酒的陶醉。」〔註20〕即使是在提倡革命文學之時也不忘細數當年東京最流行的都市風景線：「Paul Morand 的公司」、青紫的 café、神保町的「世紀末容妝」、谷崎潤一郎的「異國情調」和「東方情調」、新感覺派的「感情裝飾」、法國話、紅茶，以及胭脂的女學生乘升降機觀 Vantongen 等等。〔註21〕不僅如此，上海對創造社的許多成員來說，也並非完全陌生的城市。郁達夫赴日留學前就曾隨長兄在上海停留，郭沫若、成仿吾、張資平三人都因參與 1915 年反對「二十一條」或 1918 年反對中日軍事協定的留日學生歸國罷課運動而在上海短暫滯留過，鄭伯奇留日前則在上海讀過中學。那麼，上海這個不能算是陌生的城市所展現出的並不陌生的現代風景令創造社的作家們如此震驚和失望的原因何在？

　　郭沫若在 1923 年發表的，以自己一家的上海生活經歷爲題材的小說《月蝕》裏講了一個「鬧鬼的家」的故事。小說中，妻子夢到一家人在東京郊外

〔註15〕 郭沫若《筆立山頭展望》，《郭沫若全集·文學編》（第一卷），北京：人民文學出版社，1982 年，第 68 頁。

〔註16〕 錢杏邨《郭沫若及其創作》，《現代中國文學作家》（第一卷），上海：泰東書局，1928 年，第 75 頁。

〔註17〕 田漢《影事追懷錄》，《田漢全集》（第十八卷），石家莊：花山文藝出版社，2000 年，第 162 頁。

〔註18〕 田漢《喝呀，初梨！》，《田漢全集》（第十一卷），石家莊：花山文藝出版社，2000 年，第 32～33 頁。

〔註19〕 郁達夫《雪夜》，《郁達夫全集》（第四卷），杭州：浙江大學出版社，2007 年，第 306 頁。

〔註20〕 穆木天《我的詩歌創作之回顧》，《現代》，1934 年第 4 卷第 4 期，第 721～722 頁。

〔註21〕 馮乃超《留聲機器的本事》，《創造月刊》，1927 年第 1 卷第 12 期，第 154～155 頁。

租到一幢很好的房子,晚上卻發現房子裏出現許多骷髏,到處游蕩。它們告訴女主人,其中一具特別瘦長的骷髏便是這房子曾經的主人,它們都是受了鬼祟才成了骷髏。驚恐萬分的妻子正欲催「我」趕緊離開,卻發現「我」也「一刻一刻地變成了屍骸,也吐出一種怪聲」,一扭一拐地上了樓。「我」聽了妻子的這個怪夢,認爲這正是自己一家人目下處境的眞實寫照:「像這上海市上堊白磚紅的華屋,不都是白骨做成的麼?我們住在這兒的人不都是受了鬼祟的麼?不僅我一人要變成屍骸,便是你和我們的孩子,不都是瘦削得如屍骸一樣了麼?」〔註22〕學醫出身,又接受過長年德語訓練的郭沫若二十年代初對精神分析理論的態度是頗爲積極的,自信能以科學的方法進行夢的解析,並以爲文學中寫夢,須是有準備、有布置之夢。〔註23〕《月蝕》中也做了周詳的夢前布置:小說開頭述「我」一家五口在上海住了五個多月,被困在都會的牢籠裏,不得親近自然,「我」和妻子終於決定要帶孩子去吳淞海邊欣賞月蝕和久違的海景,卻因車價太貴只好作罷,改爲去黃浦灘公園。外灘的殖民風景又令「我」憤憤不平:在中國的土地上卻要著洋裝扮東洋人才能進入「華人與狗不得入內的」公園。依憑這些「夢前布置」,郭沫若按照自己的設想進行了夢的解析。在妻子的夢中,鬧鬼的家在東京,而「我」則將之移到了上海,告訴讀者:上海是一座遭了鬼祟的城市,在城市中居住的人們都因此而變成了枯骨。小說中,「我」將著洋裝比做「披件學西洋人的鬼皮」,暗喻著那導致人們變成枯骨的「鬼祟」來自西方,西方殖民勢力正是造就上海這座鬧鬼之城的禍首罪魁。

　　郭沫若不是唯一將上海的「墮落」歸結爲西方殖民的創造社成員,創造社作家筆下這座著了鬼祟的魔都背後,一個被殖民的中國像漸漸浮出。鄭伯奇解釋創造社投向浪漫主義的三點原因時舉出「懷鄉病」爲一項,並將「懷鄉病」置於「被殖民的中國」這一語境中。〔註24〕鄭伯奇歸結整個創造社的歸國體驗,總結出外國(資本主義)──中國(次殖民地)的對立模式構架創造社的還鄉敘事,這一模式在此後的很長一段時間裏又被其他創造社成員再次利用來闡釋自己的還鄉體驗。郁達夫從少年時代帶給過自己「不安和疑

〔註22〕郭沫若《月蝕》,《創造周報》,1923 年第 18 號,第 12～13 頁。
〔註23〕郭沫若《批評與夢》,《創造季刊》,1923 年第 2 卷第 1 期,第 5 頁。
〔註24〕鄭伯奇《導言》,《中國新文學大系‧小說三集》(影印本),上海:上海文藝出版社,2003 年,第 12 頁。

惑」的魔都夜景中重新讀出了「帝國主義的險毒，物質文明的糜爛，世界現狀的危機」。〔註25〕穆木天對郭沫若詩歌的闡釋中，舉《上海印象》爲證，將1921年歸國之事作爲郭沫若詩歌創作生涯中具有關鍵意義的事件：「一九二一年的另一個事實，就是詩人的回國，上海的生活的接觸，對於他的生活上，起了大的影響。詩作中幻滅的悲哀，是越發地顯明了。因爲祖國的現實，日見黑暗。」〔註26〕成仿吾晚年回憶自己的創造生涯，將1918年的上海體驗解釋爲自己從「富國強兵」轉向文學之路的契機，因爲他在上海目睹了「上海殖民社會的黑暗景象」和「反動政府的腐敗和官場的黑暗」，憤恨不已。〔註27〕通過這種反復闡釋、重述和追憶，創造社作家的還鄉故事漸趨一致：還鄉的浪漫物語變成了恐怖的都市鬼譚，而令熟悉的故國家園變成人間鬼域的罪魁禍首正是「西方」。創造社作家通過對自己上海體驗的講述、闡釋、重述，共同勾勒出一個被殖民的中國像，以「魔都上海」的墮落爲證指責西方殖民的罪惡。張屏瑾提出創造社作家在敘述「上海印象」時，將主體「我」與以上海爲代表的民族國家主體「你」對立起來，這種對立之所以能夠成立，乃是因爲作者已經將上海設定爲一個著了西方「鬼祟」的異質性存在，因此，這種對立與其說是確立了創造社的主體意識，不如說是使他們將個體經驗放大成爲民族經驗，在浪漫主義的還鄉故事裏提煉出了民族主義的要義。

二、芥川龍之介的《上海遊記》與創造社作家的「上海印象」

1921年3月20日，就在郭沫若和成仿吾到達上海的數天前，芥川龍之介作爲《大阪每日新聞》社的特派員，也乘船抵達了上海城，開始了他在中國近五個月的旅行，按照協議，這位與郭沫若同歲的鬼才作家將把在中國的見聞寫成文章，寄回日本國內發表，這些文章後來集成爲《支那遊記》出版，〔註28〕《上海遊記》是其中一篇。值得注意的是，初來乍到的芥川所描繪的上海

〔註25〕郁達夫《海上》，《郁達夫全集》（第四卷），杭州：浙江大學出版社，2007年，第299頁。
〔註26〕穆木天《郭沫若的詩歌》，《文學》，1937年8卷1期，第121頁。
〔註27〕成仿吾《人生的開始》，《成仿吾文集》，濟南：山東大學出版社，1985年，第298～299頁。
〔註28〕芥川龍之介在中國遊歷了上海，杭州，南京，漢口，長沙，洛陽，北京，天津等地，沿途見聞寫成《上海遊記》、《江南遊記》、《長江遊記》、《北京日記抄》等在《大阪每日新聞》、《女性》、《改造》等報刊上連載，後結集出版爲《支那遊記》。

與重履故國的創造社作家筆下的上海有著頗多相似之處，提示出創造社作家
觀看故國方式中耐人尋味的另一面。

1、不潔的城市

《上海遊記》中寫道，芥川一行一出上海埠頭，就被幾十個車夫一下子
包圍住，由爭相拉客的車夫構成的上海之行的第一印象對芥川而言顯然說不
上愉快，他毫無保留地表達了自己對車夫的不潔與粗魯的厭惡：「即使說支那
的車夫就是『不潔』本身也絕非誇張。而且粗粗一看，所見之處，個個都是
一副可疑的樣貌。前後左右到處伸著各種各樣的頭，大聲地叫喚著，剛上岸
的日本婦人們，因此而現出恐懼的神色。事實上，我被他們中的一人拉住了
外套袖子時，也不由得想朝高個子的瓊斯君背後退去。」〔註 29〕芥川選用了
一個下等咖啡館的場景總結自己對上海的「第一瞥」：「塗成桃色的牆壁旁邊，
梳著分頭的支那少年彈著大鋼琴。咖啡館的正中，三四個英國水兵和腮紅濃
豔的女人散漫地跳著舞。入口處的玻璃窗旁邊賣玫瑰花的老婆婆，在被我說
了『不要』之後，便茫然地看著舞蹈。我不知為何感覺好像是在看報紙的插
畫之類，畫題不用說便是『上海』。賣花老婆婆在得了芥川的同伴瓊斯一個
銀幣的施捨後並不滿足，跟著他們出了咖啡館，想再要一些，這個在芥川看
來是貪得無厭的舉動立刻引起了他的反感，他接著寫道：「我覺得被這樣貪婪
地販賣著的美麗的玫瑰真是可憐。這個不要臉的老婆婆，還有白天那些馬車
夫——這些都不僅是上海的第一瞥。很遺憾，這也同時的確是支那的第一瞥。」
〔註 30〕

郭沫若的「上海印象」同樣開始於埠頭：「煤煙，汽笛，起重機，香煙廣
告，接客先生，……」〔註 31〕在郭沫若看來，上海埠頭的「兇猛，粗暴，動
亂，混沌，怪特」可與未來派的畫作互喻，也正是上海城具體而微的象徵：「一
堆粗雜的原料，輪船出口或入口時的黃浦灘碼頭，虹口的小菜場，輪船停泊
後接客先生跳上船時的三等客船，上海的中國新聞紙，……」〔註 32〕郁達夫

〔註 29〕芥川龍之介《上海遊記》，《支那遊記》，《芥川龍之介全集 8》，東京：築摩書
　　　　房，1989 年，第 16～17 頁。
〔註 30〕芥川龍之介《上海遊記》，《芥川龍之介全集 8》，東京：築摩書房，1989 年，
　　　　第 23～24 頁。
〔註 31〕郭沫若《創造十年》，《郭沫若全集‧文學編》（第十二卷），北京：人民文學
　　　　出版社，1992 年，第 88～89 頁。
〔註 32〕郭沫若《未來派的詩約及其批評》，《創造周報》，1923 年第 17 號，第 4 頁。

小說《血淚》裏，「我」從國外大學畢業歸國，船到上海港，還未出艙就遭遇了一群旅館接客先生的「歡迎」，才出海關，「一群獰猛的人力車夫，又向我放了一陣歡迎的噪聲」，身體屢弱的「我」「被那些第四階級的同胞拖來拖去的拉了一陣」，加之旅途勞累和天氣悶熱，當場便因貧血症發作而昏厥過去。〔註33〕鄭伯奇說自己對上海的「幻滅似的情感」便是從剛剛登上上海碼頭，「看到街道上嘈雜、凌亂的情形，依然如故」的那一刻開始的。〔註34〕陶晶孫沒有直接寫出自己初登上海埠頭的體驗，而是在小說《到上海去謀事》裏講了一位留學生的故事，這位乘坐頭等艙的留學生，抱著在國外「美麗和溫和起居里培養出來的愛國念頭和愛人類的念頭」，「以為一到上海便有許多清潔活潑美麗的中國人，不料他一上岸，非但沒有人抱著他接吻，祝他回到故國來，他看見許多鶉衣百結的污穢的中國苦力，更看見中國苦力給紅頭黑漢用木棍打背皮，……於是我們才由外國回來的留學生就像受了侮辱的處女一般，不能努力工作了」。〔註35〕陶的另一部小說《水葬》中，主人公留日學生宋靜成與其母乘船赴日，「從上海上船，一走進三等艙口，那兒衝出來一道臭氣，他不曉得那是什麼臭氣，等到他們走下艙梯，踏著在一大個暗甲板上時，他向四周一顧，曉得壓著他全身的空氣是廣東苦力的臭氣了。」在宋靜成眼裏，「一個個中國人好像都是病人，沒有一個是有一些清涼臉子，好像各歸各的營他們的小利，偷他們的小利的一般。」〔註36〕

　　芥川龍之介和創造社作家的上海故事都開始於上海埠頭。芥川眼中的上海如報紙插畫，俗豔、貪婪、混亂、骯髒、貧窮，郭沫若眼中的上海未來畫「兇猛，粗暴，動亂，混沌，怪特」，郁達夫和鄭伯奇眼中的上海粗魯、嘈雜、凌亂，陶晶孫眼中的上海骯髒、自私、卑賤……芥川龍之介和創造社作家筆下這些大同小異的上海素描裏，可以看到相似的主人公：車夫、苦力、乞討者這些底層人物。他們是「不潔」的，而身體的不潔又很快被與道德的不潔聯繫在一起，芥川覺得「不潔」的車夫們的樣貌是「可疑的」，陶晶孫筆下的

〔註33〕郁達夫《血淚》，《郁達夫全集》（第一卷），杭州：浙江大學出版社，2007年，第202頁。

〔註34〕鄭伯奇《憶創造社》，饒鴻競等編《創造社資料》（下），北京：知識產權出版社，2010年，第714～715頁。

〔註35〕陶晶孫《到上海去謀事》，《陶晶孫選集》，北京：人民文學出版社，1995年，第129頁。

〔註36〕陶晶孫《水葬》，《音樂會小曲》，上海：創造社出版部，1927年，第80～82頁。

宋靜成從中國苦力的病態、不潔中讀出了自私自利，而人物本身的不潔又被歸結爲上海城，乃至整個中國的不潔。在「上海第一瞥」的素描中，芥川龍之介和創造社作家不約而同地勾勒出一個相似的「不潔」的城市，混亂、貧窮、貪婪、粗暴、卑賤，它是西方殖民的產物，同時又代表著西方文明之外的野蠻。

2、怠惰的、麻木的、無國家觀念的國民

《上海遊記》裏一個頗爲著名的片段是芥川龍之介借遊覽湖心亭時所見的一個正在向池子中小便的中國人，描出一幅中國諷刺像：「一個穿著淡清色棉衣、辮子長長的支那人（中略）正悠然地向著池中小便。陳樹藩舉起了叛旗，白話詩的流行勢頭漸漸衰退，日英正在討論重續同盟，這樣的事情對這個男人來說顯然全不成問題。至少這個男人的態度和表情上顯出的是只能令人這樣想的悠閒。雲天下聳立著的支那風的亭子、泛著病態綠色波紋的池子、以及向著這池子斜斜射入的隆隆的一條小便——這不只是令人喜愛的憂鬱的風景畫，同時也是我們老大國的令人憂懼的辛辣的象徵。」〔註37〕芥川從向著池中小便的中國人身上讀出的中國人無心國事的「悠閒」並非突發奇想。如前章所敘，谷崎潤一郎 1926 年在上海旅行時，與郭沫若、田漢二人談論中國現狀，論及中國人的國家觀念，引用自己從日本的「支那通」那裡學來的看法，認爲中國人是既無政治能力也對政治毫不關心的「極端的個人主義者」，「國家的主權被外國人奪去了，他們還心平氣和地勤奮地工作，連續不斷地儲錢。」〔註38〕「排外思想好像只有北京和上海這樣的都市有。一去農村，中國的農民慢吞吞地說：『帝力於我何有哉。』政治和外交都不放在心上，只要能買到便宜的物品和食品就滿足了，然後悠悠然地生活下去。」〔註39〕芥川描出的無心國事，「悠閒」地向著池中小便的中國男人，谷崎想像中那些慢吞吞地說著「帝力於我何有哉」的中國農民，都是所謂「中國人無國家觀念論」的翻版，如前章所敘，這種觀念由尾崎行雄等日本「支那通」傳播，是彼時日本社會對於中國的普遍觀念，也深深影響了創造社的作家們。

〔註37〕芥川龍之介《上海遊記》，《支那遊記》，《芥川龍之介全集 8》，東京：築摩書房，1989 年，第 29～30 頁。

〔註38〕谷崎潤一郎著，劉平譯《上海交遊記》，小谷一郎、劉平編《田漢在日本》，北京：人民文學出版社，1997 年，第 150 頁。

〔註39〕谷崎潤一郎著，劉平譯《上海交遊記》，小谷一郎、劉平編《田漢在日本》，北京：人民文學出版社，1997 年，第 148 頁。

　　郭沫若雖然後來反駁過谷崎對中國人的看法，但在他 1924 年所作的小說《陽春別》裏，留日歸國、在上海卻四處找不到工作的王凱雲在故國無處安身，只好決定重返日本，在他買好去日本的船票後，王凱雲回望黃浦江頭，只見一片昏昏欲睡的混沌景象：

　　　　欲雨不雨的天氣，好像印度人的臉色一樣籠罩在黃浦灘上。在街頭叫著客的黃包車夫，在碼頭上吃臭油豆腐的苦力，駱駝一樣拿著一根黑棒步來步去的紅頭巡捕，他們那超然物外的神情，好像沒有注意到黃浦江頭浮著有幾萬噸的外國兵船和巨舶的光景。他們的午夢很濃，尖銳的汽笛聲，嘈雜的機械聲，都不能把他們叫醒。他們是把世界征服了。他們在和天地精神往來，他們的世界是另外一個世界。他們是返虛入渾，他們是等於「無」——世界上就等於沒有他們一樣。〔註40〕

夢中沉睡般的故國同胞，帶著「超然物外」的神情，全不在乎黃浦江頭的外國兵艦，這個場景帶著再明顯不過的象徵意味：中國人對侵入自己國家的外國勢力全不關心。郭沫若筆下這些「超然物外」的中國人，也讓人想起郁達夫批判中國人無國家觀念的國民性時形容的「只在小安逸裏醉生夢死，小圈子裏奪利爭權的黃帝之子孫」，〔註41〕以及張資平筆下滿載著「醉沉沉的酒客」、半醉的鴉片煙鬼和賭博者的那艘名爲「故鄉」的破爛帆船。〔註42〕郭、郁、張筆下醉夢正酣，不知國家爲何物的中國人，與芥川筆下那個「悠閒」地向著池中小便的中國人，以及谷崎所說的「帝力於我何有哉」的中國人形象是一致的，他們是愚昧的、怠惰的、不管國事如何糟糕都可以「悠然」地只管自己生活的中國人，他們看起來正是日本「支那通」們諷刺嘲笑的愚昧無知、無國家觀念、無國民意識的、劣根性十足的中國國民。

3、縱慾的、腐爛的「惡之都會」

　　縱慾、淫亂、罪惡的「惡之都會」是芥川上海和創造社上海的第三個共同之處。自幼熟讀中國傳統小說的芥川，說上海城隍廟的景象令他想起《聊

〔註40〕郭沫若《陽春別》，《郭沫若全集・文學編》（第九卷），北京：人民文學出版社，1985 年，第 167 頁。

〔註41〕郁達夫《雪夜》，《郁達夫全集》（第四卷），杭州：浙江大學出版社，2007 年，第 304 頁。

〔註42〕資平《白濱的燈塔》，《創造周報》，1923 年第 20 號，第 11 頁。

齋誌異》、《新齊諧》之類充滿著鬼狐之譚的中國舊小說，他眼觀城隍廟熙熙攘攘的人群中，既有打扮花哨的洋裝男子，也有裹著三寸金蓮的舊式婦人，想像其中大概會有《金瓶梅》裏的陳敬濟、《品花寶鑒》裏的谿十一這樣的「豪傑」，而杜甫、岳飛、王陽明、諸葛亮似的人物卻是不會有的。芥川眼中「現代的支那不是詩文般的支那，而是猥褻的、殘酷的、饕餮的，小說般的支那」。〔註43〕在《上海印象》中題爲「罪惡」的一節開頭，芥川寫道：「上海是支那第一『惡之都會』。總之各國之人都聚集在此，自然很容易變成這樣。就我所見聞者，風紀確是敗壞。」儘管一開始就對上海作出了道德上的批判，然而冷肅如芥川者也不免以獵奇的眼光狀寫這個「惡之都會」，他不厭其詳地記載了自己耳聞目睹的種種洋場奇聞：突然變身爲劫匪的人力車夫、爲了搶女人的耳環連耳朵也一起割去的強盜、爲圖財而謀殺妓女的拆白黨、薄暮中四處徘徊拉客的「野雞」、公然營業著的鴉片窟、磨鏡黨、男堂子、姦屍的傳聞、古怪的白俄男女、淫亂的下等咖啡館……芥川筆下的這個「惡之都會」暴戾、墮落，充滿了變態的、倒錯的、獵奇的、異國情調的性欲，他甚至覺得「道上走著的支那人中，彷彿也有垂著辮子的薩德侯爵之類的人」。〔註44〕

創造社作家筆下的上海，也是縱慾淫亂，墮落腐爛的「惡之都會」。郭沫若重履故土，覺得上海街頭往來的男男女女看起來是「淫囂的」、「遊閒的」，「那時候，上海女人正流行著短袖子的衣裳，袖口快要到肘拐以上，流行著長大的毛線披肩，披在肩頭像反穿著一件燕尾服；男子的衣裳卻又有極長的袖管，長得快要彈過膝頭。那些長袖男，短袖女，一個個帶著一個營養不良、栖栖遑遑的面孔，在街頭竄來竄去。我在『走肉行尸』中感受到一種新鮮的感覺。街上跑著的汽車、電車、黃包車、貨車，怎麼也好像是一些靈柩。」〔註45〕郁達夫小說《茫茫夜》中，還在日本的質夫接到先期回國的同學鄺海如（這一角色顯然以郭沫若爲原型）的來信，信中描出了一個令人腐爛的上海城：「我住在上海覺得苦得很。中國的空氣是同癩病院的空氣一樣，漸漸的使人腐爛

〔註43〕芥川龍之介《上海遊記》，《支那遊記》，《芥川龍之介全集 8》，東京：築摩書房，1989 年，第 34～35 頁。

〔註44〕芥川龍之介《上海遊記》，《支那遊記》，《芥川龍之介全集 8》，東京：築摩書房，1989 年，第 56～59 頁。

〔註45〕郭沫若《創造十年》，《郭沫若全集・文學編》（第十二卷），北京：人民文學出版社，1992 年，第 88～89 頁。

下去。我不能再住在中國了。」〔註46〕郁達夫後來回憶自己赴日前初次遭遇的魔都體驗時，將上海形容為「不夜之城」、「銷金之窟」，「昏天黑地般過生活」充斥著「金錢的爭奪，犯罪的公行，精神的浪費，肉欲的橫流。」一面給他以強烈的誘惑，一面也帶給他「不安和疑惑」。〔註47〕何畏筆下的上海三教雜呈，九流混出，是「淫熟」的、「暈眩」的，「夾著狼腥氣」，像散發著地獄般的硫磺味：

> 上海！——番菜館！／老爺少爺，娘姨，大嬸，／軍警紳商，大小流氓，／還有阿貓，阿狗，拙老，木頭／和野雞，倌人，烏龜，燒湯，／歡天喜地，關在一房，／拳頭亂揮，興高采烈，杯盤狼藉……／於是乎麻雀牌的春潮起，／撲克卡片滿臺飛；／鴉片煙，雪茄煙，土耳其，／麝香，白蘭花，安息香／夾著狼腥氣——／滿屋的淫熟，滿屋的暈眩，／夾著硫磺味……火藥氣……／石炭酸……油漆棺……／紙錠灰……舊衣煨……／上海！——賭博場！／只要出捐錢給外國巡捕房！／拜神拜佛都沒商量／上海！——中華第一大商場！／我要送 Pokes 一個黑徽章，／他替支那人和洋狗造了一個花煙間。／你不聽勝利的凱歌響遍馬路／病弱的在巷口唏呼。／今晚，酒樓上的黃悶雞，／明朝，零散的枯骨，葬在垃圾堆裏，／天茫茫亮，就給垃圾車拖去……〔註48〕

幾乎是和前期創造社作家同時踏上中國土地的芥川龍之介的《上海遊記》提供了一個新的視角，他筆下的上海與創造社還鄉故事裏的上海頗多相似之處，在二者的交集中，可以看到一個作為「東方」的被觀看的中國。

　　薩義德（Edward W. Said）在《東方學》中，指出了歐洲東方學不僅是一種學術體系，其中還包含著歐洲對作為殖民地的「東方」自以為是的觀看和想像，它區分出了「我們」和「他們」的二元對立世界，「東方學歸根到底是從政治的角度察看現實的一種方式，其結構擴大了熟悉的東西（歐洲、西方、『我們』）與陌生的東西（東方、『他們』）之間的差異。這一想像視野（vision）在某種意義上創造了以這種方式構想出來的兩個世界，然後服務於這兩個世

〔註46〕郁達夫《茫茫夜》，《創造季刊》，1922 年 1 卷 1 期（1923 年重版），第 87 頁。
〔註47〕郁達夫《海上》，《郁達夫全集》（第四卷），杭州：浙江大學出版社，2007 年，第 299 頁。
〔註48〕何畏《上海幻想曲》，《創造季刊》，1923 年 1 卷 4 期，第 44～45 頁。

界。東方人生活在他們的世界裏,『我們』生活在我們的世界。」〔註49〕「我們」的世界是進步的、文明的,「他們」的世界是落後的、野蠻的。薩義德討論的歐洲東方學雖然以中近東爲對象,但他提出的作爲一種殖民帝國言說殖民地以及類似地區的權力話語的東方主義,也爲思考那些其他被言說的殖民地、類殖民地國家和地區狀況提供了啓示。隨著明治維新後日本的迅速帝國主義化和對亞洲的殖民推進,很快有了它的日本版本。《東方學》的日譯者今澤紀子曾指出,日本無論從地理還是文化角度看,本屬於非西方世界,也曾是被觀看的客體。然而,近代日本因爲選擇了成爲帝國主義列強的一員,在看待殖民地時積極地攝取了西方的東方主義思想,從而成爲了東方主義的主體/觀看者。薩義德書中提到的,英國駐埃及代表克羅默勳爵伊夫林・巴林(Evelyn Baring)所著《現代埃及》在 1911 年就被介紹到日本,大隈重信當年讀到此書,以爲對日本在韓國的殖民統治頗有借鑒價值,乃將其送給時任韓國統監的伊藤博文。〔註50〕西原大輔在他以谷崎潤一郎爲例的,對近代日本的東方主義所作的研究中也指出,大正時代,隨著日本社會的迅速西化和對亞洲其他國家殖民化的推進,日本很快從被西方觀看的東方主義的客體變而爲觀看亞洲其他國家的東方主義的主體,谷崎等文人的一系列「支那趣味」的作品正是在這一背景下寫作的。李歐梵討論橫光利一以上海爲背景的小說《上海》時,認爲以描寫現代都市的新感覺派出身的橫光在上海居留月餘,結果小說中寫到上海時「集中筆力去描寫貧民窟的骯髒景象,卻不去寫聲光化電的輝煌景觀」,其原因在於,對橫光而言,「聲光化電早已是司空見慣的東西,而橫光利一希望描畫一個與現代日本截然不同的世界」。橫光是將中國作爲一個「東方主義的『她者』」來描寫的。〔註51〕上文提到的芥川龍之介在來中國旅行之前,也以嗜好「支那趣味」著名,他中國遊記裏的「東方主義」視角也已爲一些學者所指出。〔註52〕

〔註49〕 薩義德(Edward W. Said)著,王宇根譯《東方學》,北京:生活・讀書・新知三聯書店,2007 年,第 54 頁。

〔註50〕 今沢紀子《訳者あとがき》,E. W. サイード著,今沢紀子訳《オリエンタリズム》(下),東京:平凡社,1993 年,第 394 頁。

〔註51〕 李歐梵著,毛尖譯《上海摩登:一種新都市文化在中國 1930～1945》,北京:北京大學出版社,2001 年,第 331 頁。

〔註52〕 井上洋子《芥川龍之介の中國旅行と〈支那趣味〉の變容》,《福岡國際大學紀要》,2000 年第 3 號;泊功《近代日本文學家的「東方學」——以芥川龍之介爲中心》,《日本學論壇》,2002 年第 3 期;劉雪飛《從「東方學」視角解讀芥川龍之介〈中國遊記〉》,《小說評論》,2009 年 S2 期。

　　谷崎、橫光、芥川的東方主義不在本文論述範圍內，這裡想要指出的是，創造社作家和芥川、橫光這些日本文人一樣，面對上海時，沒有選擇展現聲光化電的輝煌景觀，而是著力於描寫這個城市的骯髒、愚昧、墮落、淫亂……並毫不遲疑地爲這種現象加上了自己的定義和解釋：落後和殖民。薩義德指出構築 19 世紀歐洲東方學的背景是「現實中出現的局外事物（殖民地，貧窮者，違法者），它們在這一文化中的角色是確定那些與它們的本質不合的東西」。〔註53〕創造社作家通過描繪充滿了貧窮、怠惰、麻木、罪惡和淫亂的「上海印象」，似乎也致力於以這些「局外事物」定義出一個被西方殖民的、異質的地域，一個西方現代文明的化外之邦。通過對上海埠頭的混亂、苦力和人力車夫的不潔表示厭惡，展覽怠惰、愚昧的中國人形象，將上海描摹成淫亂墮落的「惡之都會」，「我們」和「他們」的兩個世界被劃分了出來。於是，在創造社的還鄉故事中，故國成了他者。

　　說創造社表現出了東方主義並非因爲他們描寫了上海的不潔、墮落、野蠻、淫亂，而是因爲他們通過狀寫一個不潔、墮落、野蠻、淫亂的「墮落上海」來證明中國的野蠻落後、中國人的蒙昧無知這些他們之前就深信不疑的觀念。這裡再一次顯示了社會進化論的影響。杜贊奇（Prasenjit Duara）曾指出上世紀初流行的「國民性」話語裏其實深藏社會達爾文主義，其中既有啓蒙運動造就普世文明的宏願，也包含著西方的殖民野心：

　　　　社會達爾文主義選定種族這一生物、環境與文化的混合物來作爲決定一個民族是否能向文明邁進的因素的匯總地。斯陶肯寫道：毫無疑問，進化論思想「爲 19 世紀的整個殖民事業提供了重要的思想依據——野蠻人不僅道德敗壞、精神恍惚，而且從種上說就是無能的」（Stocking, 1987：237）。隨便翻閱一下上世紀末在中國生活過的外國人，比如阿瑟·斯密司 1899 年所寫的關於中國人「民族性」的書，我們就能發現文化與種族的偏見是怎樣推演出來啓蒙的需要的（這種偏見後來被殖民者所接受，演變成「國民性」的問題。）〔註54〕

〔註53〕　薩義德（Edward W. Said）著，王宇根譯《東方學》，北京：生活·讀書·新知三聯書店，2007 年，第 290 頁。

〔註54〕　杜贊奇（Prasenjit Duara）著，王憲明等譯《從民族國家拯救歷史：民族主義話語與中國現代史研究》，北京：社會科學文獻出版社，2003 年，第 7～8 頁。

石川禎浩討論明治日本的「文明」觀念對梁啓超的影響時指出，以福澤諭吉爲代表的明治日本知識分子接受了西方的「文明」觀念，開始以「文明」、「半開化」、「野蠻」來劃分世界。這種「文明」觀裏深藏啓蒙運動輸出普世價值的理念，相信整個世界有朝一日都能夠依從理性行事，成就「普遍的」文明社會。這項工作在西方已經完成，西方社會因此已經是「文明」的。西方世界以外存在著廣大的「半開」「未開」之地，日本正在迎頭趕上，屬行「文明開化」，中國則依舊蒙昧不靈，因此仍是「野蠻」地帶。明治日本的「文明觀」裏飽含社會進化論的思想，而旅日之初的梁啓超恰爲這一學說所深深傾倒，他這一時期發表在《清議報》、《新民叢報》上的「新民說」、地理環境決定文明論、「民族帝國主義」等無不滲透了這一「文明史觀」。石川文中最後借用薩義德理論，論說普世「文明」理論實是西方通過將東方想像爲「野蠻」、「半開」的他者而定義自己正當性的「道具」之一。無論是福澤諭吉還是梁啓超，一旦接受了這種「文明」觀念，就不得不依賴西方的眼光來定義自己。梁啓超1910年發表的《中國積弱溯源論》裏將中國的「病源」歸因於「民族性」，文中舉出的「奴性」、「愚昧」、「爲我」、「好僞」、「怯懦」、「無動」等皆是以西方文明爲參照系得出的反義詞。對當時的梁啓超而言，中國之所以爲中國，乃是因爲其不屬於西方「文明」世界。「一旦接受一元發展的『文明』概念，簡單地以爲中國之爲中國，只因其爲『文明階梯』中的後進者，那麼，除了使用這種中國人自己編撰的『野蠻的博物志』，或者說是『東方主義』的再生產形式之外，再無言說自己的方式。」〔註55〕明治日本的「文明」觀正爲後來「支那通」們的「中國人無國家觀念論」提供了理論張本，也是芥川龍之介僅從一個向著池子小便的中國人身上就能立刻讀出「老大國的辛辣象徵」的緣由所在。

　　梁啓超借來西方這個「他者」之眼，重新審視作爲「東方」的中國，由梁啓超傳播的這種「文明」觀念對此後的新文化運動有直接影響，陳獨秀等新文化運動者的國民性論說中不難看出其影子。同樣作爲受梁啓超影響的一代人，創造社作家也使用了西方之眼——更確切地說是經日本闡釋的西方——來言說自己的祖國。如前章所敘，創造社作家深深體味著「亡國滅種」的恐懼和「我是支那人」的恥辱，深信中國正是西方文明圖景中的化外之邦，

〔註55〕石川禎浩《梁啓超と文明の視座》，狹間直樹編《梁啓超：西洋近代思想受容と明治日本：共同研究》，東京：みすず書房，1999年，第122～123頁。

進化論體系裏的野蠻未開之國。因此，創造社作家並非在踏進上海城的那一刻才「發現」了那個「被殖民的落後的中國」，他們筆下那「被殖民的落後的中國像」並非提煉自「上海印象」，而是一個在他們去國之前就已經開始萌芽，在長年的留學生活中逐漸強化成形的意識。正是這種已經定型的先入意識使他們在看待故國時帶上了東方主義的眼光，和芥川、橫光等日本文人一樣致力於描出作爲「他者」的野蠻、落後的故國。薩義德筆下的東方學者們帶著自以爲是的眞理、定見、假設來到東方，他們對東方的描寫最終不過是爲了證明這些他們已經接受的眞理、定見、假設的正確，「在與東方有關的知識體系中，東方與其說是一個地域空間，還不如說是一個被論說的主題（topos），一組參照物，一個特徵群，其來源似乎是一句引語，一個文本片段，或他人有關東方著作的一段引文，或以前有某種想像，或所有這些東西的結合」。〔註56〕創造社作家筆下的上海也正是這樣一個被論說的「東方」，他們通過描繪充滿了貧窮、怠惰、麻木、罪惡和淫亂的「上海印象」，勾勒出一個被殖民的、異質的「魔都」，進行著「東方主義的再生產」，還鄉故事裏那座鬧鬼的魔都從而構成了他們有關故國的「野蠻的博物志」裏最重要的一章。上海在創造社筆下與其說是一個城市，不如說是一個文本，書寫著作爲被殖民的「東方」國家的中國的墮落和野蠻。

　　不過，創造社還鄉故事裏上海所代表的中國雖然帶上了「東方」色彩，但是與芥川等日本文人的不同之處在於，創造社的作家不僅將自己置於觀看的主體，同時也將自己置於被觀看的客體位置。伊藤虎丸討論創造社的民族主義時曾指出其中存在著一種「宿命的」二重構造：即他們既作爲中國人感受到日本的侵略，又用日本人的眼光看到了中國的落後。初期創造社作品中包含著的共通的東西是「通過初次與『近代』日本接觸而產生的對祖國中國的重新審視，以及對中國人後進性的焦慮與危機感，同時也包含著對於日本的『近代』本身的批判和厭惡。郭沫若和成仿吾 1921 年在去杭州的火車上，因爲身著日本帝大學生制服，被迫「分享」了同車日本人對自己「不爭氣」的同胞的蔑視，而「憤恨」不已。伊藤虎丸就此寫道：「郭沫若一方面作爲中國人，目睹支撐著日本的『近代』的急速成長的對中國的侵略，與此同時，穿著可以說是所謂日本的『近代』的象徵的『帝大制服』，用日本人之眼看到

〔註56〕　薩義德（Edward W. Said）著，王宇根譯《東方學》，北京：生活・讀書・新知三聯書店，2007 年，第 229 頁。

（不，是被迫看到）了中國人的『不爭氣』和後進性。」〔註 57〕伊藤虎丸雖
然意在分析創造社的民族主義，但是這段分析也提示出這些感受過現代日本
的人們在看待中國和中國人時已經不自覺地使用了「日本人之眼」，在他們重
新審視中國的眼光中，已經包含了日本是現代的「先進國」，而中國是被侵略、
被殖民的「落後國」的預設。如前所論，這正是導致他們東方主義眼光的最
根本的原因。與些同時，他們也將自己置於被觀看的地位，如前章所敘，在
日本被貼上的作爲落後的、野蠻的被殖民的「支那人」的標籤使創造社作家
們產生了強烈的民族自卑感，他們是帶著自己是被殖民、被侵略的落後的中
國國民這樣的意識還鄉的，而還鄉時的見聞又被用來加強這種意識。成仿吾
在 1923 年敘述自己 1918 年的歸國體驗時就稱，這次體驗使幼年離國，「不曾
知道中國的事情」的自己「猛然覺得自己是怎樣的國家的國民了。素來瞧不
起日本人的我，自從那次回國一遊以來，不禁羞愧與憤恨齊生，終於暫時使
我在悲哀的荒原徬徨了。」〔註 58〕郭沫若一面表達對上海埠頭混亂不潔的不
滿，一面也強調自己正是那些不潔的苦力的同胞：「不幸的是我自己和那岸上
活動著的和乞丐相差不遠的苦力兄弟們是同屬於黃帝子孫，神明之遺裔！那
時候我還沒有階級意識，我只有民族意識。看見自己的同胞在異族在皮鞭之
下呻吟著，除非是那些異族的走狗，誰也不能夠再閉著眼睛做夢。」〔註 59〕

　　民族主義的意識使創造社作家爲西化的上海加上了殖民的解釋，在日本
獲得的「日本人之眼」則使他們在重新審視故國時帶上了東方主義的眼光。
這也就可以解釋創造社還鄉故事裏的兩重意義：將上海描寫成遭了西方「鬼
祟」的墮落城市，以此表達民族主義的憤怒，而在他們將上海作爲被殖民的
「他者」的描寫中，也隱顯著東方主義的眼光。

第二節　鄉愁：想像中國的方法

　　鄭伯奇後來歸結創造社投向浪漫主義的原因之一，舉出從在異國的「悲
哀懷念」到歸國後的「悲憤激越」間的心理落差：「因爲他們在外國住得很久，

〔註 57〕伊藤虎丸《問題としての創造社》，伊藤虎丸編《創造社研究》，東京：アジ
　　　　ア出版，1979 年，第 53 頁。
〔註 58〕成仿吾《東京》，《創造周報》，1923 年第 23 號，第 14 頁。
〔註 59〕郭沫若《創造十年》，《郭沫若全集・文學編》（第十二卷），北京：人民文學
　　　　出版社，1992 年，第 89 頁。

對於祖國便常生起一種懷鄉病；而回國以後的種種失望，更使他們感到空虛。未回國以前，他們是悲哀懷念；既回國以後，他們又變成悲憤激越；便是這個道理。」〔註 60〕在創造社作家敘述在上海的震驚體驗時，總是同時舉出的是自己心目中的故國形象。他們站在上海街頭，憤怒地注視著這個薄待他們的城市，譴責它背叛了他們的故國想像。令創造社作家震驚和痛苦的不是魔都霓虹，而是眼前這個現代中國與他們「懷鄉病」裏那個中國的巨大落差。那麼，創造社作家們期待見到的究竟是怎樣一個中國？

創造社作家最初的鄉愁起於留學時代，源自身處異國陌生環境中的孤獨，他們最初的鄉愁敘事帶著微溫的生活體驗，由記憶中的生活細節組成。郁達夫述說自己初到日本時，在陌生的異國環境中，躊躇滿志的興奮很快被離鄉去國之悲所代替，他在詩中形容自己「隻身去國三千里，一日思鄉十二回」。〔註 61〕他 1914 年致大嫂陳碧岑的信中傾訴在日本過的第一個寒冬是如何引起自己的思鄉之情：「暝想家居對雪，腳踏銅爐，頭披風帽，伸手試暖鍋內肉圓光景，誠者一年將盡夜，萬里未歸人之苦也。」〔註 62〕成仿吾《一個流浪人的新年》裏描寫一群留學生相約除夕守歲，追想幼時在家過年的種種瑣事，努力拼貼出遙遠的故鄉記憶。〔註 63〕耐人尋味的是，創造社作家對鄉愁的抒寫在歸國之後不僅沒有結束，反而更加頻繁，而且歸國後的鄉愁敘事從對故鄉生活細節的追憶性、寫實性描述，轉而致力於構建一個完整的超現實的故國形象，一個有關故國的白日夢。這個白日夢中的「鄉愁中國」是懸置在往昔時間裏的、鄉土的、自然的、夢幻的、古代的，也是異國情調的。

「鄉愁中國」首先是自然的、鄉土的。郭沫若在《黃浦江口》中描述了自己希望看到的中國：青山綠水的永恒的「平和之鄉」、「父母之邦」。〔註 64〕這種期待雖然在上海遭遇重創，但卻在隨後的西湖之遊中得到回應。題爲《西

〔註 60〕鄭伯奇《導言》，《中國新文學大系·小說三集》（影印本），上海：上海文藝出版社，2003 年，第 12 頁。

〔註 61〕郁達夫《有寄》，《郁達夫全集》（第七卷），杭州：浙江大學出版社，2007 年，第 11 頁。

〔註 62〕郁達夫《致陳碧岑》，《郁達夫全集》（第六卷），杭州：浙江大學出版社，2007 年，第 5 頁。

〔註 63〕成仿吾《一個流浪人的新年》，《創造季刊》，1922 年 1 卷 1 期（1923 年重版），第 134 頁。

〔註 64〕郭沫若《黃浦江口》，《郭沫若全集·文學編》（第一卷），北京：人民文學出版社，1982 年，第 161 頁。

湖紀遊》（1921）的組詩中，郭沫若終於在雷峰塔下鋤地的老農身上發現了「鄉中父老」：

> 雷峰塔下／一個鋤地的老人／脫去了上身的棉衣／掛在一旁嫩桑的枝上。／他息著鋤頭，／舉起頭來看我。／哦，他那慈和的眼光，／他那健康的黃臉，／他那斑白的鬢髯，／他那筋脈隆起的金手。／我想去跪在他的面前，／叫他一聲：『我的爹！』／把他腳上的黃泥舐個乾淨。」〔註65〕

1923 年，郭沫若終於從九州帝大畢業，從他臨歸國之際寫下的《離別日本》中可以看到，儘管在上海灘頭遭遇重創，但是郭沫若絲毫沒有放棄自己的「鄉土中國」，還以此對比日本資本主義現代文明的「牢籠」：

> 我的故山雖是荊棘滿途，／可是那兒有清潔的山茶可煎。／那兒有任鳥飛的青空，／那兒有任魚游的江湖，／那兒的牢獄是雖有如無。」（1923 年 5 月 9 日《孤軍》1 卷 8、9 期合刊發表原本）〔註66〕

成仿吾在回憶 1921 年和郭沫若歸國之事的《長沙寄沫若》中，述說了「我們」歸航之時的期待，渴望見到的是「江水茫茫，／原野青黃」的故鄉。〔註67〕郁達夫 1923 年從上海到杭州，坐在現代物質文明的產物火車上，以來自現代的觀光客姿態眺望鄉村中國的前現代風景，相信自己「發現」了一個浪漫的鄉村童話世界：

> 由現代的物質文明產生出來的貧苦之景，漸漸的被大自然掩蓋了下去，貧民窟過了，大都會附近之小鎮（Vorstadt）過了，路線的兩岸，只有平綠的田疇，美麗的別業，潔淨的野路，和壯健的農夫。在這調和的盛夏的野景中間，就是在路上行走的那一乘黃色人力車夫，也帶有些浪漫的色彩。他好像是童話裏的人物，並不是因為衣食的原因，卻是為了自家的快樂，拉了車在那裡行走的樣子。」〔註68〕

〔註65〕郭沫若《雷峰塔下》，《西湖紀遊》，《郭沫若全集·文學編》（第一卷），北京：人民文學出版社，1982 年，第 165 頁。

〔註66〕郭沫若《留別日本》，《郭沫若全集·文學編》（第一卷），北京：人民文學出版社，1982 年，第 317～318 頁。

〔註67〕成仿吾《長沙寄沫若》，《詩二首》，《創造季刊》，1922 年 1 卷 2 期，第 43～45 頁。

〔註68〕郁達夫《還鄉記》，《郁達夫全集》（第三卷），杭州：浙江大學出版社，2007 年，第 16 頁。

田漢從濟慈（William Yeats）詩裏得來的故鄉生活想像是「用泥和樹枝建一間小屋；／去栽九塊豆子，養一箱蜜蜂，／獨在那蜂聲嗡嗡的山徑裏享人間的清福」。〔註69〕陶晶孫的《Café Pipeau 的廣告》裏，「我們老闆」二十年夢想的是水鄉的「江南父母之地」：

　　　　你不聽麼？江南的水鄉，水田十里，中間有草丘；你不記得？
　　石橋傍有楊柳，河上有畫舫漫漫遊行，載著紗廠主人的清客。而乞
　　丏小兒都跟著那船醉於他的油香。你不瞧見？那太湖中的波浪，或
　　高或低，香船載著黃衣太太們來往。一排喪列在岸頭橫過，那是江
　　南情景，那是我們老闆在日本二十年間日夜夢中不忘的風景。〔註70〕

創造社作家在勾畫這個「鄉土中國」像時，經常使用的一個詞是「夢」。郭沫若在黃浦江口滿懷對「平和之鄉」的期待，形容自己「如在夢中一樣」；在雷峰塔下的荣花湖草和楊柳鶯歌中找回了「夢中的幻境」；〔註71〕在趙公祠畔從「醉紅的新葉，／青嫩的草藤，／高標的林樹」中感受到「夢中幽韻」。〔註72〕成仿吾說歸國之前自己憧憬的是「我們夢中的故鄉」，〔註73〕悲歎現實中故國實是飄浮著行尸走肉、惡人濁物的死城廢墟，當初的美麗憧憬只是「夢一般的歡樂」。〔註74〕郁達夫《懷鄉病者》裏主人公質夫對故鄉的懷想是追尋「夢裏的生涯」。〔註75〕陶晶孫摹擬新感覺派手法的小說《Café Pipeau 的廣告》中，咖啡店 Pipeau 的命名源自「我們老闆」破滅了的「在日本二十年間日夜夢中不忘的」江南風景。〔註76〕田漢則聲稱甚至是現實中的故鄉都無法慰藉自己的鄉愁：「故鄉，當於夢裏求之耳！」「我總覺得我眼裏的故鄉，還不能

〔註69〕田漢《從悲哀的國裏來》，《田漢全集》（第十三卷），石家莊：花山文藝出版社，2000 年，第 363 頁。

〔註70〕陶晶孫《Café Pipeau 的廣告》，《音樂會小曲》，上海：創造社出版部，1927年，第 150〜151 頁。

〔註71〕郭沫若《雷峰塔下》，《西湖紀遊》，《郭沫若全集‧文學編》（第一卷），北京：人民文學出版社，1982 年，第 166 頁。

〔註72〕郭沫若《趙公祠畔》，《西湖紀遊》，《郭沫若全集‧文學編》（第一卷），北京：人民文學出版社，1982 年，第 166〜167 頁。

〔註73〕成仿吾《長沙寄沫若》，《詩二首》，《創造季刊》，1922 年 1 卷 2 期，第 44 頁。

〔註74〕成仿吾《長沙寄沫若》，《詩二首》，《創造季刊》，1922 年 1 卷 2 期，第 48〜50 頁。

〔註75〕郁達夫《懷鄉病者》，《創造月刊》，1926 年 1 卷 2 期，第 98 頁。

〔註76〕陶晶孫《Café Pipeau 的廣告》，《音樂會小曲》，上海：創造社出版部，1927年，第 150〜151 頁。

慰藉我的鄉愁。我覺得我在異鄉異國受了侮辱、冷遇，感著人生的淒涼的時候，我所景慕、我所希求、我所恨不得立刻投到她懷裏的那個故鄉，似乎比這個要光明些，要溫暖些，我光景是回錯了！我的靈魂他又引我到所夢想的那個故鄉去了。」〔註 77〕

這個夢裏故國同時散發著異國情調。小說《未央》（1922）中，郭沫若寫到了這樣一個場景，主人公愛牟帶著兒子在海邊散步時，向年幼的孩子指點遠在大海彼岸的故鄉：「你爹爹的故鄉是在海那邊，遠遠的海那邊，等你長大了之後，爹爹要帶你回去呢；小兒若解若不解地，只是應諾。」晚上，愛牟又夢見了自己的故鄉：「幼時睡在母親懷裏的光景，母念念著唐詩，搔著自己的背兒入睡時的光景，如像中世紀的一座古城，優然浮在霧裏。啊，那種和藹的天鄉，那是再也不能恢復轉來的了！」〔註 78〕愛牟心中的這個故鄉遠在海之彼方，懸浮於夢境深處，隱約可見，又緲不可及。「中世紀古城」這個明顯與實際故鄉形象相差甚遠的喻體正好揭示了作者需要的故鄉形象的特質：它散發著異國情調，被放置於空間和時間的無窮遠處，可想像而不可到達。

同樣作於 1922 年的郁達夫的小說《懷鄉病者》開頭，質夫獨自一人在東京的寓所「做夢似的呆呆地不知坐了多久」，恍惚間聽到掛鐘響了五下，正在疑惑鐘聲是眞是幻時，思緒穿越了時間：

> 在一天清和首夏的晚上，那錢塘江上的小縣城，同歐州中世紀諸侯的城堡一樣，帶著了銀灰的白色，躺在流霜似的月華影裏。湧了半弓明月，浮著萬疊銀波，不聲不響，在濃淡相間的兩岸山中，往東流去的，是東漢逸民垂釣的地方。披了一層薄霧，半含半吐，好像華清池裏試浴的宮人，在煙月中間浮動的，是宋季遺民痛哭的臺榭，被這些前朝的遺迹包圍住的這小縣城的西北區裏，有一對十四五歲的青年男女，沿了城河上石砌的長堤，慢慢的在柳陰底下閒步。大約已經是二更天氣，城裏的人家都已沈在酣睡的中間，只有一條幽暗的古城，默默的好像在那裡聽他們倆的月下的癡談。〔註 79〕

郁達夫在小說裏有意讓時間暫停，使他的主人公得以返回遙遠的時間深處，尋找他的「夢裏的生涯」。這裡的故鄉呈現出的不再是銅爐暖鍋的寫實性細節

〔註 77〕 田漢《從悲哀的國裏來》，《田漢全集》（第十三卷），石家莊：花山文藝出版社，2000 年，第 363～365 頁。

〔註 78〕 郭沫若《未央》，《創造季刊》，1922 年 1 卷 3 期，第 2～4 頁。

〔註 79〕 郁達夫《懷鄉病者》，《創造月刊》，1926 年 1 卷 2 期，第 98 頁。

構成的家居生活場景，郁達夫和郭沫若一樣從西方浪漫傳奇裏借來「中世紀的古堡」意象，又動用了中國古典裏的漢唐逸話、宋明傳奇，構建出一座幽冷夢幻的古城，用作主人公懷想初戀的舞臺。

田漢走得更遠。他聲稱夢裏故鄉才是自己鄉愁的終點，而現實中的故鄉之所以無法令他滿意的原因實在是因爲他所夢想的本非現實中的家園，他的夢裏故鄉不在當下，而在他熟讀深浸的西方浪漫主義詩歌裏。田漢 1925 年在易漱瑜去世後離開故鄉長沙時，吟誦的是拜倫（Byron）的《去國行》（*My native land, good night*！），而當年他和易漱瑜夢想回到的那個「故鄉」實是以威廉・濟慈《銀泥斯瑚理之湖島》（*The lake Isle of Innisfree*）中的「銀泥斯瑚理島」爲原型。〔註 80〕

穆木天寫作《旅心》詩集，意在「復活起來祖國的過去」，靈感雖然據作者自稱，係來自 1924 年的還鄉體驗，但其中許多詩篇卻是在東京寫成的。對於當時正沉溺於印象主義的穆木天而言，「故國」是在異國的環境——「不忍池畔，上野驛前，神田的夜市中，赤門的並木道上，井頭公園中，武藏野的道上」——提煉出來的，「在細雨中，在薄霧中，在夕暮的鐘聲中，在暗夜的燈光中，寂寞地，孤獨地，吐出來我的悲哀。晝間，則去茶店喝咖啡，吸紙煙」。〔註 81〕這種從印象派文學中構擬出的「印象的，唯美的空氣」對穆木天而言才是醞釀「鄉愁故國」的理想環境。無怪他會在 1926 年歸國後，抱怨上海無法提供給他「神話故事」和「浪漫傳奇」：「在上海跑了好幾天，找不著好的咖啡，更找不著好的下女，更提不起 Fairy Tale 中的人物，更提不到向你述悲情追往事 romanesque 的招魂使。眞是衣冠不改舊家風呀！你的沉重的頭得枕在哪人的懷裏！悲哀呀悲哀！幻滅呀幻滅！家家賣酒灌豬頭！陶醉啊！哪有！哪有！」〔註 82〕穆木天向往的中國同樣不在當下，而在遙遠的過去，這個過去亦不在實際發生過的歷史中，而是混合著「異國的薰香」的「看不見的死了的先年」。〔註 83〕

〔註 80〕　田漢《從悲哀的國裏來》，《田漢全集》（第十三卷），石家莊：花山文藝出版社，2000 年，第 363 頁。

〔註 81〕　穆木天《我的詩歌創作之回顧》，《現代》，1934 年第 4 卷第 4 期，第 722～723 頁。

〔註 82〕　木天《道上的話》，《洪水》（半月刊合訂本），1926 年 2 卷 18 期，第 281～282 頁。

〔註 83〕　穆木天《譚詩》，《創造月刊》，1926 年 1 卷 1 期，第 88 頁。

　　創造社作家對於現實世界裏的故鄉看似魂牽意繞，實則心不在焉。郁達夫和郭沫若不約而同地將各自的夢裏故鄉都比做了歐洲中世紀的古堡，郭沫若在《黃浦江口》還將黃浦江兩岸風光比做「中世紀的風景畫」，田漢借用了濟慈詩中「銀泥斯瑚理島」的形象，穆木天向往的是印象派的「腐水朽城」。這些與現實故鄉形象相差甚大的喻體提示出他們「鄉愁中國」想像裏的西方質素，其中包含了與中國古典文學中的「游子懷鄉」不盡相同的主題。這個鄉愁故國需要拉開時間和空間的雙重距離才能兌現，她是夢幻的、遙遠的、古代的，陷在時間深處，不曾標記年月，也無法確認空間位置，這些特徵顯示，它已經染上了濃重的西方浪漫主義中的鄉愁（nostalgia）色彩。斯維特蘭娜・博伊姆（Svetlana Boym）在對歐美文學中的 nostalgia 的症候研究中指出，nostalgia 是一個頗爲現代的概念，在十九世紀浪漫主義對啓蒙思潮進步理性的反撥中被發揚光大。博伊姆寫道：「懷舊——英語詞彙 nostalgia 來自兩個希臘語詞，nostos（返鄉）和 algia（懷想），是對於某個不再存在或者從來就沒有過的家園的向往。懷舊是一種喪失和位移，但也是個人與自己的想像的浪漫糾葛。懷舊式的愛只能夠存在於距離遙遠的關係之中。」〔註84〕「懷舊，就像進步一樣，依賴於不可重複的和不可逆轉的時間這一現代概念。浪漫的懷舊者堅持自己的懷舊對象與現時生活的不同特點，從而將其保持在安全的距離之外。浪漫懷舊的對象必須是超越了現在的經驗空間，在往昔的微光中的某處，或者在理想國的孤島上，在那裡，時間自願地停止了，像在一個古代的鐘錶上那樣。」〔註85〕從上文分析的「鄉愁中國」的諸種特質中可見，創造社作家的確有意識地將西方浪漫主義中的 nostalgia 應用於自己對故國的鄉愁敘事中，他們就像博伊姆筆下那些浪漫主義的懷舊家一樣，懸置了時間，模糊了空間，展開了夢境，深入到古代或是遙遠的海之彼岸，毫不避諱地徵用他們從西方文學中收集到的各種浪漫主義意象、場景，用以裝飾自己的「鄉愁中國」，他們似乎最關心的不是表現故鄉的「眞實」形象，而是描畫出故鄉「應有」的形象：一個與他們心靈風景相契合的合適的鄉愁／nostalgia 對象。

〔註84〕斯維特蘭娜・博伊姆（Svetlana Boym）著，楊德友譯《懷舊的未來》，南京：譯林出版社，2010 年，第 2 頁。

〔註85〕斯維特蘭娜・博伊姆（Svetlana Boym）著，楊德友譯《懷舊的未來》，南京：譯林出版社，2010 年，第 14～15 頁。

　　作為對啓蒙運動普世性原則的反撥，浪漫派開始強調特殊性，這與民族主義對民族特殊性的強調一拍即合，而鄉愁這個浪漫主義的新產物，如博伊姆所論，很快也就變成了浪漫派民族主義的中心比喻。博伊姆寫道，民族意識常常來自共同體外部，因爲那些浪漫主義的旅行家們能從一定距離之外看到一個正在消失的世界，「外來者的優越角度透顯出故園的田園氣質。懷舊者從來不是本地人，而是一個被放逐的人，他在地方因素和普遍因素之間做中介」。〔註86〕陶晶孫四十年代回憶創造社往事，舉出懷鄉病爲創造社浪漫主義的根源：

　　　　創造社因爲他們遠離故國而生懷鄉病，同時不像留歐美之不忘功利，創造社的幻覺，幻視應可注意。

　　　　原來，羅曼主義是國家意識昂揚時代的國民的熱情之反映，所以羅曼主義者慣以飛躍的精神，走著向上之路，也不忘自我之意識。羅曼主義者對於永久和無限，有非功利的憧憬，有綜合全體的欲求。
〔註87〕

當事人的陶晶孫事後追憶，指出了創造社作家由鄉愁而生的浪漫主義裏的國家情結：懷鄉病中的幻覺與幻視將創造社推向了浪漫主義，而浪漫主義本身包含的昂揚的國家意識與國民熱情，對於「永久和無限」的追求也影響了創造社的故國想像，使他們將鄉愁的對象指向了「永久和無限」而非現實中的存在。聞一多在批評《女神》的文章中說郭沫若對於「祖國」的感情實是一種浪漫的「情緒」，郭所愛的「祖國」是一個抽象的存在：「女神之作者愛中國，只因他是他的祖國。」〔註88〕當事人陶晶孫和旁觀者聞一多的評論共同提示出一點：創造社作家的鄉愁與他們的浪漫主義互爲表裏，二者又都聯繫著他們的故國想像。如果說「上海印象」代表了創造社作家筆下中國形象反浪漫的一面的話，那麼「鄉愁中國」則揭示了其中國想像的浪漫一面。創造社作家將自己的還鄉想像爲一場朝聖之旅，朝聖的終點便是他們的「鄉愁中國」，這個「鄉愁中國」是抽象的、幻想的存在，帶著濃厚的取自西方浪漫主義「鄉愁」的異國色彩。

〔註86〕 斯維特蘭娜・博伊姆（Svetlana Boym）著，楊德友譯《懷舊的未來》，南京：譯林出版社，2010年，第13頁。

〔註87〕 陶晶孫《記創造社》，《牛骨集》，上海：太平書局，1944年，第154頁。

〔註88〕 聞一多《女神之地方色彩》，《創造周報》，1923年第5號，第7～8頁。

對於「鄉愁中國」的向往不僅止於懷舊，還打開了通向民族主義的烏托邦之路。創造社作家留學日本，短則七八年，長則二十餘年，還有馮乃超這樣 1927 年歸國前一直生長於日本的華僑，長年的異國生活提供了足夠的想像空間，歸國後格格不入的邊緣處境又使他們覺得自己被放逐於家園之外，他們憤然於故國已然的狀態，想像著它應然的樣子。正是在這種想像中，醞釀著一個新的民族共同體形象。在後文的論述中將看到，創造社的「鄉愁中國」並未停留於浪漫的個體心靈風景，他們隨後將個體的向往注入了民族的歷史，使「鄉愁中國」成爲民族共同體想像的投射。

結　語

對創造社的這些浪漫主義的旅行家而言，還鄉本是一場向著事先設定的目標行進的朝聖之旅，然而，上海這個異數在還鄉之初便破壞了他們的故國想像，朝聖之旅無法在現實中繼續進行，浪漫的還鄉儀式成了痛苦的越境之旅，這種痛苦源於巨大的心理落差：鄉愁中前現代的田園詩般的古典中國變成了眼前未來派畫作般的現代中國。但是，創造社的作家並未就此卸下鄉愁，放棄尋找「鄉愁中國」，或許，他們正要以此來修補在上海灘頭撞得支離破碎的鄉愁裏的想像的故國像。成仿吾在《長沙寄沫若》中呼應了郭沫若的《黃浦江口》和《上海印象》，張資平在《白濱的燈塔》中引用了郁達夫的《還鄉後記》，鄭伯奇從創造社的還鄉體驗中總結出了「移民文學」，「外國的（資本主義的）」和「中國的（次殖民地）」的對立模式。創造社的作家們並非各自單獨講述自己的還鄉故事，他們互相徵引、彼此申發，一起勾畫出現實中的被殖民的「現代中國」，也共同想像著古典的「鄉愁中國」，在這種協同作業中建構出了他們還鄉故事裏的中國像。這個中國像有別於「富國強兵」理想裏的政治國家，它分裂出兩幅中國形象：一幅來自有選擇的現實描寫，立足於上海的「魔都」形象，是縱慾的、混亂的、怠惰的、骯髒的，另一幅源於浪漫主義的個人想像，是鄉土的、古典的、夢幻的、清潔的，異國情調的。薩義德提醒人們，東方學裏的「東方」有兩副面孔，對歐洲的東方主義者來說，「好的」東方只存在於遙遠的古代，而「壞的」東方則是現代的東方。創造社作家筆下的「現代中國」和「鄉愁中國」正好構成了「好的」和「壞的」中國。這一分裂的中國像最直接的影響，便是造成了創造社作家國家意識中

「國家」和「民族」的分離。在後文的論述中將會看到，對「現代中國」的厭惡使他們將憤怒指向了國家，對「鄉愁中國」的向往則使他們致力於重建民族共同體，在對「鄉愁中國」的集體想像和對「現代中國」的共同批判中，作為民族共同體的中國呼之欲出，對這個民族共同體的呼喚投射了創造社還鄉故事中未能兌現的「鄉愁中國」的影子。

第四章　反抗國家的個體

　　李歐梵在以郁達夫為例考察中國現代文學中「孤獨的旅行者」形象的研究中認為，中國現代文學中孤獨的旅行者是一種自我表現的形式。他寫道：「郁達夫的獨行旅客是真正孤獨的，他浮沉於一個他所不能理解的紊亂世界之中。」〔註1〕「郁達夫的旅行小說給予的是一種比較保守的教訓：如果沒有一種堅定的傳統和文化背景的支撐，那感傷的旅程只能成為一種無目的的漫遊。」〔註2〕這裡可以看到李歐梵對「五四」反傳統主題的反思，在他看來，從郁達夫筆下那個孤獨的流浪者身上可以看到，郁所代表的「五四」作家正是因為背離了本民族文化傳統而陷入一種無目的的游蕩中。

　　咸立強賦予創造社「流浪型知識分子」的稱號，他援引薩義德《知識分子論》中有關知識分子流浪處境的觀點，認為「創造社同人在本質上都是流浪型知識分子」，〔註3〕這種「本質上的流浪性，才是驅使他們走向異端，開展創造運動的根本原因所在」。流浪知識分子的本性使他們走向異端，由異端的邊緣地位產生的漂泊無依感和由啟蒙者意識而產生的孤高感反過來進一步將他們推向流浪。〔註4〕針對造成創造社作家流浪的原因，咸立強認為：「單身無家，自然容易走向流浪；流浪，本來就是與家代表的安穩平靜相對。在

〔註1〕 李歐梵《孤獨的旅行者——中國現代文學中自我的形象》，《現代性的追求》，北京：生活・讀書・新知三聯書店，2000年，第75頁。

〔註2〕 李歐梵《孤獨的旅行者——中國現代文學中自我的形象》，《現代性的追求》，北京：生活・讀書・新知三聯書店，2000年，第78頁。

〔註3〕 咸立強《尋找歸宿的流浪者：創造社研究》，北京：東方出版中心，2006年，第154頁。

〔註4〕 咸立強《異端・流浪・新流氓主義——從新的角度探討創造社群體特性》，《天府新論》，2005年第3期，第116～117頁。

家國一體的傳統文化影響下，身處他國，作為弱國子民的創造社同人，也會生出無家感覺。所有這些，都使創造社同人表現爲一個典型的流浪型知識分子群體。」〔註5〕

李歐梵把創造社放在「五四」傳統中，意在通過對其流浪行爲的闡釋申說「五四」一代對傳統的背離，咸立強的則試圖從創造社的流浪中讀出薩義德所描述的知識分子異端性和反抗性。本章將分析創造社作家1920年前後，也就是歸國還鄉前後這一段時期作品中所出現的去國者、混血兒、吟遊詩人形象，並在此基礎上考察他們對國家主義所作出的反思。試圖說明李歐梵和咸立強未能深入的一點，即在創造社的流浪故事中的一個關鍵詞：國家。他們在流浪中表現出來的背離或反抗的參照系都是國家。創造社作家筆下那些游離出國家共同體之外的形象，伴隨著對國家主義的反思，提示出他們國家想像的重大變化。

第一節　去國者

留學的選擇迫使創造社成員先是離家，既而去國，一生浮浪自此而始。郁達夫自傳中說赴日留學之始也是自己一生流浪之始：「自從這一次的離去祖國以後，海外漂泊，前後約莫有十餘年的光景，一直到現在爲止，我在精神上，還覺得是一個無祖國無故鄉的游民。」〔註6〕官費資助帶來的經濟獨立進一步將他與家庭隔開：「領到了第一次的自己的官費，我就和家庭，和戚屬，永久地斷了連絡。從此野馬羈弛，風箏線斷，一生中潦倒飄浮，變成了一隻沒有舵楫的孤舟。」〔註7〕留學中的張資平連續遭逢祖母和父親——他留學生活中唯一的精神依靠和傾訴對象——去世的噩耗，萬般痛苦無人可訴，只能寫信給一個並不存在的人X兄傾訴，感歎父親和祖母去世後的自己「是一根浮萍——任風浪飄泊的一根浮萍」。〔註8〕成仿吾描寫留學生活寂寞

〔註5〕咸立強《尋找歸宿的流浪者：創造社研究》，北京：東方出版中心，2006年，第152頁。

〔註6〕郁達夫《海上》，《郁達夫全集》（第四卷），杭州：浙江大學出版社，2007年，第300頁。

〔註7〕郁達夫《海上》，《郁達夫全集》（第四卷），杭州：浙江大學出版社，2007年，第302～303頁。

〔註8〕張資平《寫給誰的信》，《創造季刊》，1922年1卷1期（1923年重版），第24頁。

的小說《一個流浪人的新年》的主人公「他」是「一個多年的流浪人——每天踏著嗦嗦嘁嘁的枯葉，跑到街上幹完了他的事，又嗦嗦嘁嘁的跑回他住的地方，也知道這一年又剩不到幾天了。（中略）他隨便到那裡，都只一個人。他有兄弟在他的本國，但是他老早就不想他們的事了。」〔註 9〕成仿吾的這篇小說得到了創造社同人們心有戚戚地贊許，郭沫若直呼「仿吾流浪的人！」郁達夫視之爲描寫「離人的孤冷的情懷」的美麗的散文詩，鄭伯奇稱「通篇全被一種灰色的氣分充滿了；令天涯愁客，不敢再讀」。陳君哲在郭沫若處讀到這篇小說，感歎「把我十數年生活狀態，寫得來淋漓盡致。（中略）把我每分鐘，每小時，每日，每月，每年，一點點儲蓄於腦底可憐的寂寞，被他全然取了出來。」〔註 10〕

　　留學時代的流浪並未隨著他們的歸國而結束，回國之後無法找到固定的職業進一步將他們逼向了社會流浪人的處境。創造社作家學成歸國的 1920 年代，留日學生的名聲並不那麼好。清末以來席卷全國的留日潮既帶來了以救國救民爲己任的革命黨人和革命學生，也製造了大批以留學爲營利之道的速成「游學生」，以及以「留學」、「考察」爲名到日本政治避風的貪官污吏們，陶晶孫就曾以鄙夷的口吻寫道：「貪污的軍閥和官吏在國內眼看要被抓的時候便亡命而來，他們住豪宅，養妾，最怕被學生看見，而學生們也全不把他們放在眼裏。」〔註 11〕向愷然以晚清譴責筆法寫成的《留東外史》開頭總括民初留日學生魚龍混雜的諸種形相，舉出四種人。按向愷然的分法，創造社作家看來屬於第一種：「公費或自費在這裡實心求學的」，游學生們則是第三種：「使著國家公費，在這裡也不經商，也不求學，專一講嫖經，談食譜的」，或是第四種政治上失勢，捲款而逃的亡命客：「凡來在這裡的，多半是卷來的款項，人數較前清時又多了幾倍。人數既多，賢愚雜出，每日裏豐衣足食。而初次來日本的，不解日語，又強欲出頭領略各種新鮮滋味，或分贓起訴，或吃醋揮拳。醜事層見報端，惡聲時來耳裏。」〔註 12〕向愷然筆下的留日學生群像雖是小說家言，但也確實影響了當

<hr>

〔註 9〕成仿吾《一個流浪人的新年》，《創造季刊》，1922 年 1 卷 1 期（1923 年重版），
　　　　第 131～132 頁。
〔註 10〕成仿吾《一個流浪人的新年》，《創造季刊》，1922 年 1 卷 1 期（1923 年重版），
　　　　第 137～138 頁。
〔註 11〕陶晶孫《中日友好のために》，《日本への遺書》，東京：勁草書房，1963 年，
　　　　第 97～98 頁。
〔註 12〕不肖生《留東外史》（上），長沙：嶽麓書社，1988 年，第 1 頁。

時國人心目中的留日學生形象。董炳月考察《留東外史》在國內的傳播時指出，這部書從 1916 年 5 月初版到 1924 年 10 月間，正集五卷就重版四次，此後作者又在市場的一片好評下不斷續寫再版。《留東外史》適逢其時地滿足了當時國人觀看日本的需求，「作爲一種認識日本、把握日本的文本，引導著中國人對日本與日本人的認識，直接塑造了當時中國人的日本觀」。其發行量之大、讀者層之廣，遠非後來周作人、戴季陶等人的日本論能比。〔註13〕1921 年留日的夏衍回憶當年母親對自己留學的擔心之一就緣於《留東外史》裏的留日學生形象太過不堪。舒新城 1927 年出版的《近代中國留學史》記載當時中國社會對留日學生普遍抱有「漫無限制，流品太雜」的看法。〔註14〕加上留日學生回國參加政府舉行的留學生考試成績又屢屢不及歐美留學生，當時國人「西洋一等，東洋二等，本國三等」的成見由此而生，並直接影響了留日學生回國後的就業和待遇：「即現在各公司之待遇（如商務印書館）及各學校之用人，亦顯然以東西洋與本國爲區別。」〔註15〕郭沫若等人歸國沒多久就挑起了與文學研究會、胡適等人有關翻譯的論戰，陶晶孫日後回顧此事，指出創造社的不滿中除了對翻譯不滿，還有作爲留日學生對留歐美派的不滿，對「西洋一等，東洋二等」成見的憤憤不平：「現在想起來，創造社一輩人，都在高校飽讀歐洲古典及思想，社會的素養也很高，留日時期又異常的長，他們渡海回來看國內情形，見歐洲回來者不過能談話讀報紙，希臘拉丁文不及他們，連哥德都弄不清楚，自命德國回來者譯 Laube 成爲樹葉子，『鳥籠中有一群雌雞』（？）等話，因此大大的在攻擊歐洲回來的人了。」〔註16〕創造社作家回國時，自晚清以來累積的數量龐大的留日學生逐漸學成歸國，社會卻不能提供相應的就業機會，賢愚雜出的留日群體的總體質量又並不那麼有競爭力，舒新城就曾指出：「當初大批派遣留學生時，原爲國內各種事業需人治理，惟因以獎勵實官爲手段，遂開倖進之門。自此而後，回國學生日多，社會事業不能與留學生人數成正比例發展，於是漸有人浮於事之傾向。」〔註17〕郁達夫的諷刺小說《血淚》（1922）裏，留日歸國的

〔註13〕董炳月《「國民作家」的立場》，北京：生活・讀書・新知三聯書店，2006 年，第 59 頁。

〔註14〕舒新城《近代中國留學史》，上海：中華書局，1927 年，第 210 頁。

〔註15〕舒新城《近代中國留學史》，上海：中華書局，1927 年，第 210 頁。

〔註16〕陶晶孫《創造社還有幾個人》，《牛骨集》，上海：太平書局，1944 年，第 159 〜160 頁。

〔註17〕舒新城《近代中國留學史》，上海：中華書局，1927 年，第 218 頁。

主人公「我」在上海找不到工作，欲求助於同鄉，得到的回答是：「現在滬上人多事少，非但你們東洋留學生，找不到事情，就是西洋留學生閒著的也很多呢！」〔註18〕在這種情況下，創造社這些當年懷著救國立身的雄心出國，現在抱著衣錦還鄉的期待和學歷貴族的驕傲回國的作家們甫一踏上祖國土地，首先遭遇的便是失業。

　　創造社作家歸國之初的作品中，對故國社會不肯相容的抱怨隨處可見，而這種抱怨又常常聯繫著對自己在日本所受精英教育的強調。竹內洋論及日本舊制高等學校出身的學生之所以能夠抱持教養主義自傲於世，乃是因為當時的日本社會已經為他們準備好了一條立身坦途：「正因為舊制高校生有通過帝國大學而出世的特權，所以才可以對實利和名利採取否定的姿態。否定實利和名利的姿態其實與實利和出世相聯繫，這樣的迂迴戰略產生的利潤增殖體制隱藏其中。」〔註19〕創造社作家與他們的日本同學同樣出身於「帝高系統」，同樣接受了教養主義，從他們不斷地強調自己在日本所受的高等精英教育可見，他們起初對自己的學歷有著相當的自信和驕傲，然而當時的中國社會卻並未同樣準備好一條光鮮的入世之路以迎接他們的衣錦還鄉，恰恰相反，他們需要面對的是國內供過於求的就業市場、「西洋一等，東洋二等」的社會成見，以及充滿了權錢交易、鑽營攀附和裙帶關係的中國社會。他們在日本十數年苦讀，在教養主義的鼓勵下投入無關利用厚生的人文經典世界，在帝高系統的精英教育體系裏培養出學歷貴族的驕傲與矜持，而這一切在他們歸國後目睹的「中國的理想者社會」裏被證明全無用處。失業的處境把創造社的作家們推到了與社會對立的處境上，被迫面對令人沮喪的現實和一個他們讀不懂的中國社會。

　　陶晶孫曾寫道：「留學外國不可以過久，過久了便要失去自己站立的地位，成一個過剩的東西」，成為自己祖國土地上「沒有立身地」的「不合時代生活的異國人」。〔註20〕自幼隨兄赴日的成仿吾則感歎「從小深處僻地的家中，全然沒有與聞世事，十三歲時飄然遠去，又在異樣的空氣與特別的孤獨中長大了的我，早已知道自己不適於今日的中國」。〔註21〕田漢和李初梨都相

〔註18〕郁達夫《血淚》，《郁達夫全集》（第一卷），杭州：浙江大學出版社，2007年，第206頁。

〔註19〕竹內洋《學歷貴族の榮光と挫折》，東京：中央公論新社，1999年，第259頁。

〔註20〕陶晶孫《畢竟是個小荒唐了》，《晶孫全集》，上海：曉星書店，1941年，第271頁。

〔註21〕成仿吾《江南的春訊》，《創造周報》，1924年第48號，第10頁。

信自己是被所有國家放逐的「永遠放浪的藝術家」。〔註22〕馮乃超則一邊用象徵主義的筆調抒寫「放浪異鄉的哀愁」〔註23〕和「故園的荒丘」，〔註24〕感歎「對於把青春消磨於異國天空下的我，又是厭倦放浪生活的我，故鄉是對於古代的遲懷，又是童年的漠然的夢」。〔註25〕這些現在看來顯得誇張的感傷作品對當年創造社的作家而言卻是自己真實處境的寫照。留學造成了離鄉去國的孤獨處境，歸國後的格格不入又讓他們覺得甚至故鄉都不肯相容，流浪從生活狀態延伸到精神狀態。

在這種孤獨的放逐感作用下，創造社這一時期的作品中經常出現沙漠或荒洋的景象，以及一個在無邊的沙漠中踽踽獨行，或是在廣漠的大海中獨自漂泊的「我」的形象。郁達夫留學時代寫作的《銀灰色的死》裏，主人公「覺得自家一個人孤冷得很，好像同遇著了風浪後的船夫，一個人在北極的雪世界裏漂泊著的樣子。」〔註26〕回國後在上海處處碰壁的求職經歷則是在「同大海似的複雜社會裏游泳」。〔註27〕《落日》裏失業的 Y 置身上海喧鬧的戲園，周圍錦衣華服的男女看客帶給他無端的恐懼和壓迫，「好像是闖入了不該來的地方的樣子」，左顧右盼卻只見枯寂的人間沙漠：「在這茫茫的人海中間，那一個人是我的知己？那一個人是我的保護者？我的左右前後，雖有這許多年青的男女坐著，但他們都是和我沒有關係的，我只覺得置身在浩蕩的沙漠裏！」〔註28〕《秋柳》裏的於質夫「覺得自家是坐在一隻半破的航船上，在日暮的大海中飄泊，前面只有黑雲大浪，海的彼岸便是『死』」。〔註29〕成仿吾 1924 年與郭沫若、倪貽德等人重遊太湖，想起歸國以來諸般不如意，自覺身處「死城」，恍惚之間，「隱憂一來，我眼前的世界忽然杳無痕迹了。一片茫漠的『虛無』逼近我來，我如一隻小鳥在昏暗之中升沉，又如一片孤帆的

〔註22〕田漢《薔薇之路》，《田漢全集》（第二十卷），石家莊：花山文藝出版社，2000年，第 237，260～262 頁。
〔註23〕馮乃超《鄉愁》，《馮乃超文集》（上卷），廣州：中山大學出版社，1986 年，第 38～39 頁。
〔註24〕穆木天《譚詩》，《創造月刊》，1926 年第 1 期，第 87 頁。
〔註25〕馮乃超《故鄉》，《撫恤》，上海：滬濱書局，1929 年，第 3 頁。
〔註26〕郁達夫《銀灰色的死》，《郁達夫全集》（第一卷），杭州：浙江大學出版社，2007 年，第 26 頁。
〔註27〕郁達夫《風鈴》，《創造季刊》，1922 年 1 卷 2 期，第 37 頁。
〔註28〕郁達夫《落日》，《創造周報》，1923 年第 19 號，第 7 頁。
〔註29〕郁達夫《秋柳》，《郁達夫全集》（第一卷），杭州：浙江大學出版社，2007 年，第 364 頁。

荒海之上飄泊」。〔註30〕郭沫若在《鳳凰涅槃》裏的《凰歌》中寫道：「我們這縹緲的浮生／好像那大海裏的孤舟。／左也是溟漫，／右也是溟漫，／前不見燈檯，／後不見海岸，／帆已破，／檣已斷，／柁已腐爛」。〔註31〕他的話劇《王昭君》中，背井離鄉的王昭君拒絕了元帝的挽留，最終絕然地選擇離開自己的國家，走向沙漠。〔註32〕《孤竹君之二子》裏，寄寓著作者超越國家理想的伯夷、叔齊隱居於海邊，「好像置身在唐虞時代以前；在那時代的自由純潔的原人，都好像從岩邊天際笑迎而來和我對話」。〔註33〕雖然有關孤竹二君的歷史記載中並未提及二人隱居於海邊，不過，對郭沫若而言，要隱喻一個沒有「國族的界別」的原始唐虞時代，浩渺無界的大海顯然再合適不過。田漢在獲知舅父易梅園慘死於軍閥趙恒惕之手的消息後，感歎國家本身亦不過和海灘上的沙石堆一樣虛幻，易氏激於「愛鄉愛國之情」而經營一生的「建鄉建國」事業不過是「一個惡夢」。

> 人云一個國家只當小兒日中在海邊圍沙積石作成的城廓堡壘，夕陽西下的時候觀之，則仍舊是幾堆散沙亂石而已。建鄉建國是夢，愛鄉愛國安得不是夢。又何必「留到來生一憾吟」呢，即使來生舅舅復生，居然把鄉國弄得城廓旌旗煥然變色，湖南好亂之民，中國野心之士，又不難把他弄成幾堆夕陽影裏的散沙亂石，恐怕舅舅又要發「留與來生一『憾』吟」之歎。〔註34〕

這種對家國天下的反感情緒也反映在田漢不久後寫作的《咖啡店之一夜》中，為追求自由戀愛而離家出走的白秋英發現自己不過是「由家庭那個小沙漠逃到這社會的大沙漠裏」，林澤奇隨即感歎「人之一生，好像大沙漠中間的旅行，那一天黃沙蓋來也不曉得。那一天鷙鳥飛來也不曉得。那一天盜隊襲來也不曉得。那一天瓶子裏的水要喝盡也不曉得。四面都是荒涼寂寞的天地。望後面不知道那裡是故鄉。望前面不知道那裡是異國」。〔註35〕

　　沙漠或海洋中的獨行者意象中可以很容易讀出創造社作家對個體人生孤

〔註30〕成仿吾《太湖紀遊》，《創造周報》，1924 年第 45 號，第 13 頁。

〔註31〕郭沫若《鳳凰涅槃》，《郭沫若全集・文學編》（第一卷），北京：人民文學出版社，1982 年，第 39 頁。

〔註32〕郭沫若《王昭君》，《創造季刊》，1924 年 2 卷 2 期，第 22 頁。

〔註33〕郭沫若《孤竹君之二子》，《創造季刊》，1923 年 1 卷 4 期，第 10 頁。

〔註34〕田漢《白梅之園的內外》，《少年中國》，1921 年 2 卷 12 期，第 31 頁。

〔註35〕田漢《咖啡店之一夜》，《創造季刊》，1922 年 1 卷 1 期（1923 年重版），第 49 頁。

獨處境的悲觀看法。郭沫若在《波斯詩人莪默伽亞謨》中寫道：「人終不是永遠的童稚，人終有從醉夢之中醒來的時候，在這時候我們漸漸曉得把我們的心眼睜開內觀外察，我們會知道我們才是無邊的海洋上一葉待朽的扁舟，我們會知道我們才是漫漫黑夜裏的一個將殘的幽夢，我們會知道我們才是沒破的監獄內一名既決的死囚。」〔註36〕郁達夫1922年寫作的話劇《孤獨者的悲哀》中，落魄天涯的崑曲師傅陳二老感歎：「我們人類，本是孤獨的，一個人生下地來，就不得不一個人還歸地下去，孤獨便是我們的運命嚇。」〔註37〕成仿吾致郁達夫信《江南的春訊》中則寫道：「一個人生在世間，本來只是孤孤單單地在走各人的路；縱然眼見有許多的人同自己在一起，好像是自己的同伴，然而仔細看起來，自己與別人的中間實有一個無限大的空域，一個人就好像物質構造上的一個分子，只能任自己的微細的軀體在自己的孤寂的世界之內盤旋，永遠不能跳出一步。一個人只要復歸到了自己，便沒有不痛切地感到這種『孤獨感』的，實在也只有這種感覺是人類最後的實感。」在這篇試圖回應郁達夫《北國的微音》裏提出的人類的「孤獨處境」的信中，成仿吾將個體的孤獨放大到人類的孤獨（這是在創造社作家筆下經常出現的），將整個人類生活解釋為反抗「孤獨」：「你說人類的一切行動都是由這『孤獨』的感覺催發出來，我以為不如說都是為的反抗這種『孤獨』的感覺。這種感覺是闖進人生的宴會上來的惡魔，人類自有始以來便與它在不斷地狠鬥。（中略）我以為人類的一切行為都是為的反抗這種『孤單』的感覺。」〔註38〕

沙漠和荒洋中沒有國境，正如林澤奇所言，「望後面不知道那裡是故鄉。望前面不知道那裡是異國」，對人類存在的孤獨感擴大到了對國家存在本身的虛幻感，在創造社作家勾畫的這幅流浪人生圖景中，那個流浪著的「我」是背朝國家遠去的。鄭伯奇雖然在《最初之課》中敘寫了剛剛升入日本高等學校的主人公，中國留學生屏周在第一節課上便受到日本教師的民族侮辱，但是，儘管憤怒於日人的民族歧視，作者最終卻並沒有引出民族主義的呼告，而是以一種近乎犬儒的姿態宣告國家的不可信任，繼而描出一幅「離群去國」的人生圖景。

　　　他想站起來，他想和那先生辯理，但是那結果他是曉得的。許

〔註36〕郭沫若《波斯詩人莪默伽亞謨》，《創造季刊》，1922年1卷3期，第1頁。
〔註37〕郁達夫《孤獨者的悲哀》，《創造季刊》，1922年1卷3期，第93頁。
〔註38〕成仿吾《江南的春訊》，《創造周報》，1924年第48號，第9頁。

多次他淘過這種污氣，到頭還是落得沒趣，你講他不該對你無禮，他說：「我原不是對你講的，不算失禮。」你講他不該這樣鼓惑學生，他說，這是他們的大政方針。結果還是國家主義壞呀，現代社會的組織是不合理呀；屏周此時又回復到他從來的舊思想上去了。

（我們畢竟都是——他想了——微微的砂粒，一樣地投在茫不可知的一個荒洋中的。荒洋，這洋真是風緊浪高，我們稍一不慎，便淪沒了。我們為在荒洋中救我們的淪沒，我們才這麼著離群去國去找安全的法子。那麼我們各不同國的人相見，正自禁不得相互擁抱，相互握手，流著歡喜的熱淚，道別來的痛苦，賀未經淪沒的幸福，這才是正理。怎麼這樣醜詆別人？是必如此，才可以慰自己在荒海中所受的不安嗎？）〔註39〕

在這幅人生圖景中，人類全體飄流於茫不可知的荒洋，個體是孤獨而渺小的，國家則是靠不住的，「我」如果將自己綁在國家這條船上，勢必淪沒荒洋。個體要自救就必須「離群去國」去與「各不同國」的人相互扶持。國家不僅無法救贖個體，反而是個體獲救的障礙。作者在小說中安排了兩個聲音，代表著同時困擾主人公的兩種感情：在日本屢屢受到民族歧視，由此激發出的民族主義感情將他推向國家，與此同時，對當時日本社會狂熱的民族主義、國家主義情緒——這直接導致了民族歧視——的厭惡，又使他相信國家是阻礙人類相愛的罪魁，個體必須擺脫國家才能在孤獨的人生行旅中獲救。作者在小說最後留下了「國家，人類，這兩者畢竟不能相容嗎？」這一主人公無法解決的疑問。〔註40〕鄭伯奇試圖描繪一幅超越國家、人類大同的世界主義動容圖景，卻連自己也對這一圖景是否能實現深表疑慮。

鄭伯奇無法解決國家與人類能否相容的問題，郭沫若則困擾於自己的「蘇武處境」。郁達夫曾在給郭沫若的信中將郭在九州的生活比做蘇武牧羊：「我想像你在九州海岸的生涯，一定比蘇武當年，牧羊瀚海的情狀，還要孤淒清苦。」〔註41〕這個比喻顯然來自郭沫若與日本女子佐藤富子的結合。現實中因與日本女子結婚而曾被罵為「漢奸」的郭沫若在小說裏自比同樣與敵國女子結婚的蘇武，並在這個古老的故事中填進了自己的現代焦慮：令他苦惱的

〔註39〕 東山《最初之課》，《創造季刊》，1922 年 1 卷 1 期（1923 年重版），第 77 頁。
〔註40〕 東山《最初之課》，《創造季刊》，1922 年 1 卷 1 期（1923 年重版），第 78 頁。
〔註41〕 郁達夫《給沫若的舊信》，《創造月刊》，1926 年 1 卷 1 期，第 130 頁。

不是無法回到祖國，而是國家的存在本身。郭沫若 1919 年完成的組詩《電火光中》收入《懷古——貝加爾湖畔之蘇子卿》和《觀畫——Millet 的〈牧羊少女〉》兩首。詩中寫道：

> 我孤獨地在市中徐行，／想到了蘇子卿在貝加爾湖湖畔。／我想像他披著一件白羊裘，／氈履，氈裳，氈巾覆首，／獨立在蒼茫無際的西比利亞荒原當中，／有雪潮一樣的羊群在他背後。／我想像他在某個孟春的黃昏時分，待要歸返穹廬，／背景中貝加爾湖上的冰濤，／與天際的白雲波連山豎。／我想像他向著東行，／遙遙地正往南翹首；／眼眸中含蓄著無限的悲哀，／又好像燃著希望一縷。〔註 42〕

> 哦！好一幅理想的畫圖！理想以上的畫圖！／畫中的人！你可不便是胡婦嗎？胡婦！／一個野花爛縵的碧綠的大平原，／在我的面前展放。／平原中立著一個持杖的女人，／背後也湧著了一群歸羊。／那怕是蘇武歸國後的風光，／他的棄妻，他的群羊無恙；／可那牧羊女人的眼中，眼中，／那含蓄的是悲憤？怨望？淒涼？

〔註 43〕

郭沫若想像蘇武歸國後的淒涼場景，在古典文人的懺情錄裏織進現代個體在家國與愛欲之間的艱難抉擇。三年後寫作的小說《未央》裏，郭沫若再一次敷衍了蘇武的故事。主人公愛车非常喜愛米勒（Jean-François Millet）的畫《牧羊女兒》，畫中「一片曠野中一群綿羊，前面一個低著頭的少女，旁邊還隱隱有隻小犬」。這使他聯想到了自己的處境。

> 他看見這幅畫，每愛連想到漢朝的蘇武來。蘇武在貝加爾湖湖畔，牧了十九年的羝羊，他回了漢朝以後，不知道他的羊兒怎麼樣了，不知道他的愛人，胡婦，又是怎麼樣了。那可憐的胡婦，必然每天抱著她的兒子通國，孤孤另另地，在那西比利亞大平原中代牧著她丈夫去後所剩下的羊群；不然，便是自殺了。蘇武歸國的時候，不知道為什麼不把他的胡婦胡兒帶回？他怕只是個偽善者罷？他怕

〔註 42〕 郭沫若《電火光中》，《郭沫若全集・文學編》（第一卷），北京：人民文學出版社，1982 年，第 75 頁。

〔註 43〕 郭沫若《電火光中》，《郭沫若全集・文學編》（第一卷），北京：人民文學出版社，1982 年，第 76 頁。

只是個最常見最普通的利己者罷？他怕只把她當成了性欲發洩的機械罷？他還是受了國家觀念的束縛，受了舊禮制的制裁，受了盲目的環境的壓迫，他們生的欲望又太強烈了，欲死又不得死，才兩人合意地離別了嗎？那他們心中的悲哀！那他們心中的悲哀！……一場悲劇的結束，可以從那畫中玩味出來——那畫中的少女，不就是那胡婦了嗎？胡婦了嗎？假使我自己是蘇武的時候……其實他自己的生涯和運命也和蘇武相彷彿。他也正是一場悲劇中的主要腳色。〔註44〕

愛牟從米勒畫中孤獨的曠野牧羊少女身上看到了蘇武的胡婦和自己的日本妻子的影子，三位女性形象疊加在一起共同象徵著個體的愛欲，而曾經千呼萬喚、視爲立國根本的「國家觀念」現在成了束縛個體自由的桎梏，心靈無法服從國家。郭沫若並非第一次自比蘇武，1916 年 9 月 16 日，時在岡山六高的郭致父母信中表述了意欲繼續進入大學深造，以大禹治水、蘇武牧羊的精神報效家國：「男想古時夏禹治水，九年在外，三過家門不入；蘇武使匈奴，牧羊十九年，謹齕冰雪。男幼受父母鞠養，長受國家培植，質雖魯鈍，終非幹國棟家之器，要思習一技，長一藝，以期自糊口腹，並藉報效國家；留學期間不及十年，無夏、蘇之苦，廣見聞之福，敢不深自刻勉，克收厥成。」〔註45〕然而也正是在這一年，他與佐藤富子開始同居。郭沫若的「蘇武處境」從報效家國的士子修行，變成了在家國與愛欲之間搖擺不定的現代焦慮，「我」被迫站在國境線上，因無法取捨己身愛欲與國家需要而痛苦不堪。

陶晶孫在小說《水葬》中敘寫貧窮的中國留學生宋靜成與其母乘日本輪船從中國赴日本，宋母途中生病，因爲勢利的中國茶房的怠慢，沒能及時得到救治而去世。按航海規定，宋母的屍體必須立即水葬以免傳染疾病，小說在甲板水葬一幕中達到高潮。

> 船上還不能看見日本島的時候，遊步甲板上有許多頭等客在逍遙，他們要看今天的水葬了，A 甲板上有一張木桌，桌上放置一個帆布包，包下一塊破鐵板，鐵板下塗著豬油，鐵板略傾斜，用一條麻繩拉縛在甲板頂的電燈杆上。

〔註44〕郭沫若《未央》，《創造季刊》，1922 年 1 卷 3 期，第 5～6 頁。
〔註45〕唐明中、黃高斌編注《櫻花書簡》，成都：四川人民出版社，1981 年，第 65 頁。

　　　　銅鑼敲了，不一時，船長，諸運轉士，機關士，許多水手，都整裝而出，沿著甲板排著了。

　　　　船長看人都靜寂了，遊步甲板上的頭等客也齊集了，他向水手一揮。

　　　　水手右手執刀，將要割麻繩了。

　　　　「Just a minute！」

　　　　從遊步甲板上叫來一聲。

　　　　「It's a Chinese, isn't it？」

　　　　上面是個美服的中國女子，大家都看著上面。

　　　　「Please cover him with a Chinese flag, let them bring it from my room.」

　　　　水葬算中斷了。

　　　　「Where is his companion？」

　　　　船長不得不再去報靜兒來，不過水手用中國旗一包那帆布後，繩被割斷了，那一塊東西向海中飄飄地落下去了。

　　　　等到靜兒來，船已經一周了那水葬地點，如你向船尾看，可以看見什麼東西在透出水面，那是群海魚在爭死屍。這時候靜兒算到甲板上來了，實在他被關在深艙裏，今到甲板上來，一時心神都疲倦了。這時候那遊步甲板上的中國女子也已經不在了。〔註46〕

船上的中國苦力齷齪而麻木，中國茶房勢利，日本茶房冷漠，頭等艙的乘客們對宋母之死抱以沉默的袖手圍觀。「美服的中國女子」是這個陰慘的故事中唯一的一點亮色，作者對這一形象的安排顯得猶豫不決，他或許一面希望這位「美服的中國女子」能夠代表一種獲得祖國救贖的希望，在她的要求下宋母得以覆蓋中國國旗下葬；一面又對此深表懷疑，這位「美服的中國女子」使用的是英語而非漢語，她迅速而突然地出現和消失，當宋靜成心神疲倦地再次走上甲板時，女子「已經不在了」，最終沒能為主人公帶來拯救和希望。「母親」和「祖國」本是經常互喻的意象，「祖國母親」、「母國」更是最常用

〔註46〕陶晶孫《水葬》，《音樂會小曲》，上海：創造社出版部，1927 年，第 89～91 頁。

的皈依象徵。然而陶晶孫卻在水葬這一場景中，以陰慘的方式消解了「母國」
的隱喻——象徵祖國的國旗裹著母親的屍體被拋入汪洋大海之中，在水葬的
凄冷氛圍中成了「向海中飄飄地落下去」的「一塊東西」，一落入海中就作了
海魚的食物。小說結束於一幅看似平靜實則深藏不安的風景：在日本的療養
盛地葉山，被迫將母親和祖國拋棄在一片汪洋之中的宋靜成與他的日本籍愛
人來到葉山海邊「孤住著」，姑娘「手執 Shelly 詩集靜坐，坐在岩頭，靜心地
看海那邊的地平線」，儘管有愛人相伴，宋靜成卻沒有成爲一個幸福的主人
公，他來此處是爲了「養他的 Hypochondria」（即疑心病）。〔註 47〕宋靜成既
對祖國的環境感到不適，到了異國也依舊心神不寧，他被迫「水葬」了「母
國」，從此患上了疑心病，他試圖在異國的環境中尋找心靈的慰藉，作者卻並
未給他安排一個痊癒的結尾。如果病眞由水葬而起，那麼宋靜成或許永遠無
法痊癒，因爲他的「母國」已經永沈海底。

　　穆木天留日時代寫成的詩集《旅心》象徵著另一種去國狀態：孤獨的永
遠的旅行。從京都三高到東京帝大，穆木天一直是孤獨的，進入東京帝大後，
在法國文學教授辰野隆的引導下進入象徵主義更加深了他的孤獨，「他把我作
成了一個內面的生活者，一個瞑想者，酒〔沈〕思者。當然，我的環境是早
有所預備了。在那種孤獨中，我作了我的『旅心』。」〔註 48〕對穆木天而言，
象徵主義意味著無政府、沒落、流浪、頹廢，象徵派詩人都是孤獨的流浪貴
族，「象徵派的詩人們不是典型的退化的貴族的流浪者（如維里葉・得・李爾
阿當（Villiers de L' Isle-adam），就是過著貴族的流浪人的生活（如波多萊爾
Ch. Baudelaire，馬拉爾梅 S. Mallarme，魏爾林諾 Paul Verlaine，變豹 A. Rimbaud
等等）。自然還有一些人，是一方面在體驗著日趨崩頹的世界，而憧憬著新的
國土的爆發性的破壞性的小市民（如魏爾哈侖 E. Verhaeren，如變豹等）。象
徵主義「是對於一種美麗的安那其境地的病的印象主義。這種迴避現實的無
政府狀態，這種到處找不著安慰的絕望的狀態，自然要使那些零畸落侶的人
們到咖啡店酒場中去求生活，到神秘渺茫的世界中去求歸宿了」。〔註 49〕穆木
天後來說《旅心》集裏「那種地主階級的沒落的悲哀，亦是隱含著亡國之淚」，

〔註 47〕陶晶孫《水葬》，《音樂會小曲》，上海：創造社出版部，1927 年，第 91 頁。
〔註 48〕穆木天《學校生活的回憶》，《新學生》，1942 年第 1 卷第 6 期，第 111 頁。
〔註 49〕穆木天《什麼是象徵主義》，傅東華編《文學百題》，上海：生活書店，1935
　　　　年，第 111～112 頁。

「也暗伏著『流亡者』之心情」。〔註50〕不妨說，當年的穆木天是將一己的亡國處境當做體味象徵主義末世頹廢的絕好境地，就像他將關東大地震後的一片廢墟視爲「千載不遇的美景」一樣，〔註51〕詩人一面感歎故國日非，一面放任自己去國流浪。於是，《旅心》集裏便經常出現一個既想要奔向故鄉，又爲流浪生活所吸引，無法在故鄉安住的「旅人」形象。

1925 年 6 月 9 日寫作的《落花》中，京都三高時代潛心研究過童話，被郭沫若形容爲「童話式的人」〔註52〕的穆木天在詩中營造了一個童話般的世界，片片墜下的白色落花織成了意象之網，在「我」的意識中飄蕩。「我」彷彿進入了睡美人的童話城堡，一個只有「我」與「她」的純淨而夢幻的世界，生怕驚醒了沉睡的美人，急急地提醒自己和讀者「不要驚醒了她！不要驚醒了落花！」然而，隨後出現的「到底那裡是人生的故家？」的疑問構成了由落花織成的夢幻世界中不那麼和諧的存在：

> 任她孤獨的飄蕩，飄蕩，飄蕩，飄蕩在我們的心頭，眼裏，歌唱著：／到處是人生的故家。／啊！到底那裡是人生的故家？啊！寂寂的聽著落花。〔註53〕

美人和落花的意象重合爲一體，這位「她」酷似《小詩》裏「我」愛上的那位無親無故，無家無鄉的「伊人」：「沒有親戚，朋友，家鄉」，〔註54〕又彷彿塞壬女妖，唱著「到處是人生的故家」，招引著旅人的「我」永遠留下。《落花》中的「我」雖仍心懷對故家的眷戀，還在發問「到底那裡是人生的故家？」但是最終決定留在「落花」所象徵的超現實的童話世界裏：「我們永久的透著矇矓的浮紗，／細細的深嘗白色的落花深深的墜下」，永遠地聽落花的歌聲「不要忘了山巔，水涯，到處是你們的故鄉，到處你們是落花呀！」〔註55〕在這個童話世界裏，「落花」飄蕩之處皆是故家，「我」選擇了永逐落花流浪也就是放棄了對故鄉的追尋，像《乞丐之歌》中的那個乞丐一樣，永遠流浪，永駐童話世界，現世人生裏眞正的故家從此退場。

〔註50〕穆木天《我的詩歌創作之回顧》，《現代》，1934 年 4 卷 4 期，第 717 頁。
〔註51〕穆木天《我的詩歌創作之回顧》，《現代》，1934 年第 4 卷第 4 期，第 722 頁。
〔註52〕郭沫若《創造十年》，《郭沫若全集・文學編》（第十二卷），北京：人民文學出版社，1992 年，第 110 頁。
〔註53〕穆木天《落花》，《創造月刊》，1926 年 1 卷 1 期，第 60 頁。
〔註54〕穆木天《小詩》，《語絲》，1925 年 2 月 9 日，第 13 期，第 5 頁。
〔註55〕穆木天《落花》，《創造月刊》，1926 年 1 卷 1 期，第 60 頁。

　　《我願……》中，一個四處尋找故鄉的「我」聲稱自己願意走遍海濱、稻田、松原，「朦朧的憧憬著那裡，那裡，那裡，那裡，那裡的虛無的家鄉」，像個離家多年的旅人，想像還鄉後的情形：「我願寂對著那裡古樹底下的枯葉掩著的千年的石像；／我願凝視著掩住了柴扉的茶屋前的虛設的空床；／我願笑對著微動的泊舟吐不出煙絲不能歌唱，／默默的夢想著那裡的天邊的孤島，散散的牛羊。」然而，這個想像中的「故鄉」遲遲未能真正出現，「我」最終還是無法確認自己的故鄉究竟在何處：

　　　　啊，到底那裡是我的故鄉？那裡的山頭，那裡的角上？／那裡
　　的風中，那裡的雲鄉？還是呱呱波動的青蛙的聲聲聲浪？／啊，我
　　願寂寂的獨獨的慢步在夜半後的海濱的道上；／我願熱熱的熱熱的
　　奔著到那遠遠的燈光，而越奔越奔不上。〔註56〕

類似的追尋場景在10月6日所作《與旅人——在武藏野的道上》中再次出現。

　　　　奔遙遙的天邊，／奔渺渺的一線，／奔雜雜亂亂，灰綠的樹叢，
　　／奔霧瘴瘴的若聚若散的野煙；／旅人呀！踏破了走不盡頭的淡黃
　　的小路，／問遍了點點的村莊，青青的菜園。滿目的農田。／旅人
　　呀！前進！望茫茫的無限。／旅人呀！哪裏是你的家鄉？哪裏是你
　　的故國？〔註57〕

當年曾與穆木天一同「譚詩」的馮乃超後來舉《與旅人》一篇為自己所愛，理由便是詩中那種四處流浪的追尋場景，那種在故國也無法安住的「旅人」心態：

　　　　「奔」是追求，詩人有所追求。他「問遍了點點的村莊」，「問
　　遍了那裡的鎮市」，然後鼓勵自己「前進，對茫茫的宇宙」，「不要問
　　哪裏是歡樂，而哪裏是哀愁」。苦難的中國不是敏感的詩人能夠安居
　　樂業的地方。他總覺得自己是一個「旅人」，抱著一顆流浪的旅心，
　　不斷地尋覓什麼似地探索著。〔註58〕

《與旅人》的作者一面提醒詩中的那位旅人不要忘記了故鄉，一面又催他背朝故鄉，面向茫茫宇宙，繼續放浪。《我願……》和《與旅人》中呈現的「故鄉」彷彿地平線上的太陽，暗夜裏遙遠的燈光，可望而不可即，「我」彷彿逐日夸父，儘管一心奔逐，結果卻「越奔越奔不上」。

〔註56〕穆木天《我願……》，《創造月刊》，1926年1卷2期，第124～125頁。
〔註57〕穆木天《與旅人》，《創造月刊》，1926年1卷2期，第123頁。
〔註58〕馮乃超《憶木天》，《社會科學戰線》，1983年第2期，第224頁。

　　鄭伯奇對世界主義圖景裏那個四處可爲家的「我」滿腹疑慮，郭沫若痛苦於自己的現代「蘇武處境」，陶晶孫在孤獨中水葬了「母國」，穆木天的詩裏則徘徊著怎麼也找不到家的旅人。創造社的作家以各自的方式向自己的讀者昭示：在這個有關「我」與國家故事中，雖然「我」背朝國家走向茫然不可知的沙漠或海洋，選擇了流浪，選擇了做自己祖國土地上的異鄉者，然而，這並不是一個快樂的結尾，離家出走的「我」並未從此過上幸福的生活，迎接他們的並不是自由，而是孤獨。

第二節　混血兒

　　混血兒是創造社作家筆下另一個耐人尋味的形象。

　　張資平的小說《她悵望著祖國的天野》（1921）中塑造了主人公秋兒這樣一個中日混血兒形象。秋兒是華僑林商與日本女子生下的孩子。秋兒因其混血兒和庶出身份，受到來自日本社會和中國家庭的雙重歧視，自出生以來就是一個被侮辱與被損害的弱者，她被林商的中國妻子和兒子騙盡財產，受養父虐待，爲生計所迫而出賣肉體，被視爲社會最底層的卑賤者。秋兒面對中國留學生 H 的求愛曾有如下表白：「我不是處女了，你也早明白了的。我底身份比『新平民』還要卑賤，我又經過很恥辱的生活，我不相信你眞看得起我這樣的女人！」作者在這裡特別加入注釋，解釋「新平民」是怎樣一種人：「日本國民階級，可分六等：一皇族，二貴族，三華族，四士族，五平民，六新平民。新平民是朝鮮或臺灣人，改用日本式姓名，與日本內地平民混居，數代之後，得有做日本平民之資格。日本人間多輕賤之。」〔註 59〕秋兒因異母哥哥壽山的欺騙而仇視中國，H 的出現卻使她「拋棄了仇視中國人主義，——因爲她當中國人個個都像她壽山哥哥一樣——漸漸的思慕起來她父底祖國！」因爲 H 許諾「他能夠洗去她從前一切底恥辱。他又對她說，他能夠安慰她將來底悲寂。他又對她說，他能夠帶她回她父底故鄉去。他又對她說，他能夠像帶她離開日本列島一樣的，帶她離開現在所處的精神上底悲境」。〔註 60〕H 的許諾使秋兒充滿了對中國的向往，然而這些美麗的許諾不過是 H 爲了

〔註 59〕張資平《她悵望著祖國的天野》，《創造季刊》，1922 年 1 卷 1 期（1923 年重版），第 34 頁。

〔註 60〕張資平《她悵望著祖國的天野》，《創造季刊》，1922 年 1 卷 1 期（1923 年重版），第 31～32 頁。

得到秋兒的肉體而開出的空頭支票，秋兒在被 H 拋棄後，絕望於自己的中國幻想。

> 　　她雖然恨中國人，但她不恨中國。她不單不恨中國，並且很思
> 慕中國！她想回中國去看她（中國）特有的龐大的壯麗山河！現在
> 她絕望了！她底異母哥哥不愛她！她思慕的中國人也不愛她！她還
> 思念她有幾個同胞哥哥，在日本西南端底孤島上，「顏色憔悴，形容
> 枯槁」的勞苦著，也還和她一樣的不能恢復中國底國籍！她想到這
> 裡，她只好在這寂寞底漁村裏，做一個貪鄙的牧師底養女！她只好
> 改屬日本底國籍！她只好重新恢復她從前所懷的恨惡中國人的心！
> 〔註61〕

秋兒的不幸有一半來自中國人——欺騙她財產的異母哥哥和欺騙她感情的 H，以及排斥她的整個中國社會，另一半來自日本人——玩弄她的工場理事筱橋、虐待她的養父，以及歧視她的整個日本社會。這是一個有關美麗而軟弱的東西如何被國家強權、民族歧視和人性的貪婪所毀滅的故事，而作者對於「祖國」的態度或許也可從這個混血兒的故事中讀出一二。「新平民」是日本殖民地出身之人，而混血兒卻比被殖民的「新平民」還要卑賤。被殖民者至少有一個國家，哪怕是一個被殖民的國家，而混血兒卻沒有。作者在小說中堅持認爲「秋兒是中國人」，強調秋兒對於中國的向往思慕之情，「不單沒看見過連夢中也不曾夢見過」的中國對她而言是「幻想的故鄉」。〔註62〕從小說的標題可以看出，作者仍然希望爲他的女主人公尋找一個「祖國」，然而這同時是一個拒絕接受她的祖國，秋兒希望跟隨中國留學生 H 回到她的「祖國」，表達出歸屬和認同的渴望，結果卻發現這只是一個騙局。小說結尾，秋兒對於中國終於欲愛而不能。幻想中的「祖國」是美麗的，現實中卻是醜惡的，或者說有關「祖國」的想像也許只能永遠是一個不會被兌現的美麗而虛幻的承諾——就像 H 對秋兒做出的那些許諾一樣，永遠只能隔著國境，保持一段「悵望」的距離。

佐藤春夫 1938 年寫作了以郭沫若爲原型的《亞細亞之子》，在郭沫若和

〔註61〕張資平《她悵望著祖國的天野》，《創造季刊》，1922 年 1 卷 1 期（1923 年重
　　　　版），第 37～38 頁。

〔註62〕張資平《她悵望著祖國的天野》，《創造季刊》，1922 年 1 卷 1 期（1923 年重
　　　　版），第 37 頁。

佐藤富子的混血孩子身上投射了日本的大東亞共榮之夢，視之爲承載大東亞理想的「亞細亞之子」。佐藤春夫在這個一廂情願的「亞細亞之夢」裏注入了隨著日本殖民擴張而日趨膨脹的國家意識，相形之下，郭沫若卻在自己的混血孩子身上讀出了超國家的流氓無產者寓言。在以 1924 年《創造周報》停刊，同人風流雲散，自己重返日本欲尋出路的一段經歷爲題材的自傳體小說《行路難》中，郭沫若借自己的替身主人公愛牟之口發表了一段流氓禮贊，禮贊的對象是自己的三個中日混血的「生來便是沒有故鄉」的孩子。

　　他一面走，一面計算起他的兒們隨著他飄流過的次數。

　　六歲的大兒……十九次。

　　四歲半的二兒……十次。

　　歲半的三兒……七次。

　　中國人的父親，日本人的母親，生來便是沒有故鄉的流氓！他的舌尖輕率地把這「流氓」兩個字卷出了。豁然間顯露了一個新穎的啓示。

　　……流氓……流氓……流氓……

　　這是一個多麼中聽的音樂的諧調，這是一個多麼優美的詩的修辭喲！

　　淡白如水的，公平如水的，流動如水的，不爲特權階級所齒的，無私無業的亡民！啊，這把平民的尊嚴，平民的健康，平民的勤勉，平民的艱辛，都盡態地表現出來了。

　　……流氓……流氓……流氓……

　　有閒有產階級的坐食的人們，你們那腐爛了的良心，麻木了的美感，閉鎖了的智性，豈能瞭解得這「流氓」二字的美妙嗎？

　　……流氓……流氓……流氓……

　　啊，你這尊貴的平民的王冠，我要把你來加在我自己的頭上，加在我妻兒們的頭上。

　　啊，流罷，流罷，不斷地流罷，坦白地流罷。沒有後顧的憂慮，沒有腐化的危機。〔註63〕

〔註63〕郭沫若《行路難》，《郭沫若全集・文學編》（第九卷），北京：人民文學出版社，1985 年，第 312～313 頁。

比起張資平堅持要爲他受盡屈辱和歧視的女主人公尋找民族國家歸屬，郭沫若卻將混血兒禮贊爲超越階級、種族、國家的「流氓」，他們生來便沒有故鄉，因爲沒有故鄉而成爲四處流浪的「流氓」，流浪的生活使他們脫離了國家和階級的束縛，成了無祖國無故鄉的、自由而高貴的野蠻人。

> 他們歡呼著，歌唱著，意見不一致時又爭論著。他們的意識中沒有甚麼飄流，沒有甚麼貧富，沒有甚麼彼此。他們小小的精神在隨著新鮮的世界盤旋，他們是消滅在大自然的溫暖的懷抱裏。他們是和自然一樣地盲目的，無意識的。他們就是自然自身，他們完全是旁若無人。〔註64〕

整篇《行路難》是郭沫若爲了發泄自己「大道如青天，我獨不得出」的怨語，抱怨生活中如影隨形般糾纏著他的貧窮和民族歧視，這段流氓禮贊之前寫的是愛牟假借日本人姓名租屋不成反被日人奚落之事。愛牟的孩子們因其混血兒的身份所受的歧視並不比張資平筆下的秋兒少，然而正是這種到處受歧視的屈辱體驗，驅使郭沫若禮贊混血兒的處境以尋求心理平衡，將之美化成一種超越國家、種族和階級的理想存在。

陶晶孫與蘇曼殊並無一面之緣，卻對蘇的故事情有獨鍾，曾用中、日文寫作《急忙談三句曼殊》、《曼殊雜談》、《蘇曼殊與逗子》、《蘇曼殊的再登場與漢文》等多篇文章。蘇曼殊的出身疑點多多，他究竟是中國人、日本人還是中日混血兒，一直以來衆說紛紜。然而對陶晶孫而言，不論是否有日本血統，蘇曼殊都是一個中國人，他寫道：「總之，他是一個完全的中國人罷了。」〔註65〕「他的血統雖有研究的必要，但結果如何卻動搖不了他是『中國人』這一點。」〔註66〕陶晶孫判定蘇曼殊是中國人的決定性因素是，蘇的幼年時代在中國度過，「受中國習慣之影響」，長大後赴日，也多與中國留學生往來：

> 原來很久留在歐洲者，很久留在日本者，都受彼國之影響，這個事體特別在初年時代是厲害，他在中國過初年時代，受中國習慣之影響，到日本之後不退回河合夫人之日本家庭，全在中國留學生之中，那裡免不得成爲中國人性格了。（中略）他的行動，性格，著

〔註64〕郭沫若《行路難》，《郭沫若全集・文學編》（第九卷），北京：人民文學出版社，1985年，第320頁。

〔註65〕陶晶孫《急忙談三句曼殊》，《牛骨集》，上海：太平書局，1944年，第79頁。

〔註66〕陶晶孫《曼殊雜談》，《日本への遺書》，東京：創元社，1952年，第193頁。

作全是中國的，他從未爲日本文學寄與什麼，日本也棄他，他也棄
日本的。〔註67〕

按陶晶孫的邏輯，即便考證出蘇曼殊在血統上是完全的日本人，也無損於他
是中國人的事實，因爲比生理血統更重要的是精神血統，是成長過程中所受
的影響。不過，陶晶孫一面堅稱蘇曼殊是中國人，同時又將蘇舉爲中日混血
兒的代表：「我們評論曼殊不能忘記他血液中有二分之一的日本人，他不失
爲中日混血兒的代表。」〔註68〕蘇曼殊終生漂泊，「往來於上海和日本間，
以文筆教員爲職，有錢的時候便四處旅行」。〔註69〕陶晶孫眼中的蘇曼殊是
懷才不遇、國籍不明的吟遊詩人，也是國家仇恨和民族歧視的受害者，因其
混血兒的身份成爲中日兩國社會敏銳而透徹的觀察者，雙方也正是因此都容
他不下。

> 曼殊這三十年生涯自出生起便任意流浪。想來不論在何國，農
> 民流浪者的流浪並不爲奇，然而如他這般生在這尚名利之世，抱得
> 名利之才而以薄幸詩人始終者，實是少有。按我推測，有兩個原因。
> 第一，他是無國籍者。從幼兒到八歲間在日本人的母親身邊度過，
> 被視爲異邦之子而受人白眼。渡來日本後研習學問，毫無疑問是「支
> 那留學生」。兩邊社會一樣量窄，都容他不下，與寂寞貧困相伴始終。
> 無國籍者的對社會的犀利觀察終使其不見容於社會。如此他當不成
> 高等政客，也當不成工薪族，於是便愈發往詩人一途上走。

> 其次，他知社會甚深。本來，不論科學還是社會，透徹的觀察
> 都是必要的。像他這樣往來於中日間，看透了社會內裏，這一脈日
> 本遺傳曾使他失望於現實社會。他知社會太深，因此既不能行孫中
> 山先生那樣的理想事業，也不能行政客那樣的浪漫事業。〔註70〕

內山完造曾說自己聽陶晶孫談蘇曼殊，常會產生自己便是蘇的錯覺：「使我知
道不遇詩僧蘇曼殊的人是魯迅先生，而我得知西湖畔曼殊和尚之墓和他在

〔註67〕陶晶孫《急忙談三句曼殊》，《牛骨集》，上海：太平書局，1944 年，第 79～
80 頁。

〔註68〕陶晶孫《蘇曼殊の再登場と漢文》，《日本への遺書》，東京：勁草書房，1963
年，第 208 頁。

〔註69〕陶晶孫《蘇曼殊の再登場と漢文》，《日本への遺書》，東京：勁草書房，1963
年，第 209 頁。

〔註70〕陶晶孫《蘇曼殊と逗子》，《日本への遺書》，東京：勁草書房，1963 年，第
216 頁。

日本的許多事迹，則多受教於陶先生。陶先生向我談曼殊之事時，有時我甚至會產生先生便是曼殊和尚的錯覺。現在想來，怕是因爲二人之間有著許多相通之處吧。」〔註71〕陶晶孫的成長經歷中，國家、民族從來就不是一本清賬，祖父參與過太平天國，祖母則出身清廷少宰家的陶晶孫說自己是「太平天國和大清帝國相剋在血管之中」，〔註72〕他十歲時隨同盟會員的父親赴日，接受過反滿興漢的種族革命思想，和在日本的中國留學生們一起大鬧過清公使館。陶晶孫判別蘇曼殊是中國人的理論如施於他自己，那麼，儘管擁有純粹的中國血統，陶晶孫在精神上卻不妨說是中日混血兒：幼年在中國度過，少年到青年的二十多年又在日本長成，幼年赴日的他「沒有經驗著中國的勢利社會，在日本人間也常是個外國人，交友比較孤獨」。〔註73〕陶晶孫深諳日本趣味，深愛日本文化，日文比中文熟練，視日本爲第二故鄉，卻又堅持自己的中國國籍，固執地給自己小說的主人公安排「支那人」的身份。陶晶孫後來總結自己一生時寫道，自己因爲幼年在中國度過，「因此所得的根底上生有愛鄉心，觀察外國又得愛國心，再和當時日本人之小資產性融合，成立自我中心的憧憬主義，彷徨在實現與理想中間。這種性格在那時候成立」。〔註74〕在陶晶孫的作品中，常常可以看到一個站在國與國之間的「我」，同時需要面對一個他努力想要理解卻一直未能理解的「故國」中國和一個他視爲第二故鄉卻也並未眞正接納他的「異國」日本。

不妨說，陶晶孫是在借蘇曼殊的經歷講他自己的，乃至整個留日創造社的故事。陶晶孫追溯蘇曼殊的清末留日時代──陶自己也身經其間的清末留日時代──寫道：「當時中國留學生中有兩種作派，一是早早得了畢業文憑去做官什麼的，一是埋頭向學，忘記了利用厚生。他屬於後者。」〔註75〕而他對創造社也下了類似的斷語：「使得這一批同人結合，第一在他們的沒出息。

〔註71〕内山完造《寒山詩の味》，《日本への遺書》，東京：創元社，1952 年，第 10～11 頁。

〔註72〕陶晶孫《晶孫自傳》，《牛骨集》，上海：太平書局，1944 年，第 137 頁。

〔註73〕陶晶孫《亡友陶烈的略傳》，《陶晶孫選集》，北京：人民文學出版社，1995 年，第 305 頁。

〔註74〕陶晶孫《晶孫自傳》，《牛骨集》，上海：太平書局，1944 年，第 138 頁。

〔註75〕陶晶孫《蘇曼殊の再登場と漢文》，《日本への遺書》，東京：勁草書房，1963 年，第 209 頁。

當時大部日本留學生，仍免不了有科舉思想，以爲得了文憑回國可獵官，他們以爲你們不務正業，僅和下女調笑，談戀愛，算什麼東西。可是這一輩子，愛讀日本文學界當時爲西洋哲學文學而進步的許多文藝作品。」〔註76〕陶晶孫還將蘇曼殊奉爲創造社浪漫主義運動的先驅：「在這個文雅人辦的五四運動之前，以老的形式始創中國近世羅曼主義文藝者，就是曼殊，而曼殊的文藝，跳了一個大的間隔，接上創造（社）羅曼主義運動。」〔註77〕陶晶孫評論蘇曼殊的「當不成高等政客，也當不成工薪族，於是便愈發往詩人一途上走」之語，可以同樣用於創造社。在陶晶孫的闡釋中，蘇曼殊、陶晶孫自己，以及整個留日創造社同人群體的共同之處在於：忘記利用厚生，傾心文學，不見容於中日兩國社會。

郁達夫在小說《蜃樓》裏感歎長年的留學使自己成了一種精神上的混血兒，一生悲劇也正自此而始：「既作了中國人，而偏又去受了些不徹底的歐洲世紀末的教育。將新酒盛入了舊皮囊，結果就是新舊兩者的同歸於盡。」〔註78〕創造社作家對混血兒形象的鍾情或許正是因爲他們在自己身上看到了一種因長年留學而生成的精神混血，使他們獲得了——不管自願與否——游離出國家民族之外的異端者身份。斯維特蘭娜·博伊姆曾寫道，在本尼迪克特·安德森的「想像的共同體」之外，還有「格格不入者和混血者的故事」，他們「提供脫離一個國家神話性質傳記正題的迂迴之路。他們意識的發展不是始於家園，而是在離開家園之時」。〔註79〕佐藤春夫的「亞細亞之夢」里中日混血兒的身體是國家的象徵，而創造社作家筆下的混血兒們卻以他們的身體象徵了民族國家之外的曖昧地帶，他們是共同體之外的異數。張資平感歎混血兒的可憐可憫和「國家」本身的不可靠，郭沫若在自己的混血孩子身上寄寓了超國家超階級的浪漫主義理想，陶晶孫則在蘇曼殊身上看到了不見容於國的放浪詩人，這些血統或精神上的混血兒們游離出階級之外，徘徊於國境之間，既是國家強權和民族偏見的受害者，也寄寓了超國家的浪漫主義理想。

〔註76〕陶晶孫《創造三年》，《牛骨集》，上海：太平書局，1944年，第172頁。
〔註77〕陶晶孫《急忙談三句曼殊》，《牛骨集》，上海：太平書局，1944年，第81頁。
〔註78〕郁達夫《蜃樓》，《郁達夫全集》（第二卷），杭州：浙江大學出版社，2007年，第246頁。
〔註79〕斯維特蘭娜·博伊姆（Svetlana Boym）著，楊德友譯《懷舊的未來》，南京：譯林出版社，2010年，第284～285頁。

第三節　被放逐的吟遊詩人

創造社作家如此鍾情於混血兒的故事，正映像出他們現實生活中失去祖國的流浪處境。創造社作家的流浪最初是被迫的，但他們很快爲自己的流浪尋找出積極的意義：成爲不爲國家所束縛的吟遊詩人，建築超國境的藝術烏托邦。

創造社作家常常把目光投向國外那些被流放的詩人們，感歎他們流轉諸國的人生，引以爲知己。郭沫若舉但丁（Dante Alighieri）、陀斯妥耶夫斯基（Fyodor Dostoyevsky）爲例，感歎天才不遇：「我們人類好像都有種種驚遠性。當代的天才，每每要遭世人白眼。意大利詩聖但丁，生時見逐於故國，流離終老，死後人始爭以得葬其骸骨爲地方之榮。俄國文豪杜斯妥逸夫司克，生時亦受盡流離顛沛，窘促之苦，死後國人始爭爲流涕以盡哀。」〔註80〕田漢介紹法國象徵主義詩人魏爾倫（Paul-Marie Verlaine），將之比做蘇曼殊，因爲二者都是天涯漂泊的詩人：「想起蘇曼殊的生涯性格雖和那『Pauvre Lelian』多少不同，而兩人同一工詩，同一能畫，同一身世有難言之恫，同一爲天涯飄泊之人，同一營頹廢之生，同一尋常之死，兩人中若亦有甚麼『文學因緣』者。」他甚至想「取兩人的生活與藝術做一個合傳」。〔註81〕郁達夫則與屢被放逐，最後客死異鄉的無政府主義者、俄國詩人亞歷山大‧赫爾岑（Alexander Herzen）心有戚戚，他寫道：「啊啊，先驅者的悲慘的身世！我不識造物者何以偏愛與思想家作對頭人。熱血的青年，有志的男子，我希望你們不要一面高談革命，一面在資本家跟前卑稱門下士。我們不做便休，若要動手，先要有赫爾慘那麼的客死他鄉的勇氣。」〔註82〕郁達夫喜愛的另一位英國詩人厄內斯特‧道森（Ernest Dowson）也是「離開了他的不能容納 Byron，不能容納 Shelly，不能容納 Keats 的故國，奔到秋色方酣的歐州大陸去，以後就是他的飄泊的生涯了。」〔註83〕

在浪漫主義運動中被理想化的歐洲中世紀吟遊詩人以其藝術家的氣質，浪迹天涯、諸國遊走的生活，被放逐的處境，以及國籍不明的身份深得創造

〔註80〕郭沫若《今津紀遊》，《創造季刊》，1922 年 1 卷 2 期，第 1 頁。
〔註81〕田漢《可憐的侶離雁》，《創造季刊》，1922 年 1 卷 2 期，第 1～2 頁。
〔註82〕郁達夫《赫爾慘》，《創造周報》，1923 年第 16 號，第 15 頁。
〔註83〕達夫《THE YELLOW BOOK 及其他》，《創造周報》，1923 年第 20 號，第 5 頁。

社作家喜愛。郁達夫《還鄉記》裏描寫了如下場景：近鄉情怯的作者在暮色漸深的杭州城裏一家小酒店中獨坐，黑暗中忽然走來幾個彈著胡琴的「流浪的聲樂家」，「他們二三人的瘦長的清影，和後面跟著看的幾個小孩，在酒館前頭掠過了。那一種悽楚的諧音，也一步一步的幽咽了，聽不見了。我心裏忽起了一種絕大的渴念，想追上他們，去飽嘗一回哀音的美味」﹝註84﹞《藝術家的午睡》中也寫到了類似的場景，並且更加意象化、浪漫化，賣藝糊口的流浪藝人被昇華成詩化的 Minstrels（歐洲中世紀的遊方音樂家）：「晚上沿街弄著樂器且行且唱的人，是古代的詩的遺物。世界上無論那一國都有，中國內無論那一處都流行的。在月光下，在微風裏，或是蕭條秋雨之中，或是靠微小雪之下，傷心人聽之覺得悲哀，得意人聽之覺得快樂。我願跟了這些 Minstrels 走盡天下，踏遍中國。」﹝註85﹞郭沫若話劇《卓文君》裏將司馬相如描繪成一個未出場的吟遊詩人：

> 可憐我落拓半生，／無處把心魂寄定；／我好像辭枝落葉，／
> 隨風四處飄零。／／我魂兒已倦遊，／身兒又病，／回到故鄉來，
> ／故鄉——／啊，也是一座愁城！／／四處都是愁城，／何處是華
> 胥國境？／幾次想，仰我三尺長劍，／令我魂兒飛升！﹝註86﹞

郭沫若還將自己的另一部話劇《聶嫈》中的盲目流浪藝人視為自己的代言：「《聶嫈》的寫出自己很得意，而尤其是那第一幕裏面的盲叟。那盲目的流浪藝人所吐露出的情緒是我的心理之最深奧處的表白。」﹝註87﹞彷彿為了應和郭沫若心中那個流浪詩人一般，穆木天 1925 年寫給郭沫若的詩《乞丐之歌》中的流浪乞丐，便如行吟詩人般的走過村莊、田間、海濱，在亂冢荒丘間與星霜和野薔薇相伴，在「人們都睡了的時光」細聽稻風和漁歌，唱著「家鄉在荒渡的渡頭，／家鄉在古城的城上，／家鄉傍那裡朦朧的池塘。／啊！這是給窮人的恩賞，／到處都是我們的家鄉」。﹝註88﹞

　　田漢和李初梨則對俄國盲詩人愛羅先珂（Vasil Eroshenko），這位現代吟

﹝註84﹞ 郁達夫《還鄉記》，《郁達夫全集》（第三卷），杭州：浙江大學出版社，2007年，第 25 頁。

﹝註85﹞ 郁達夫《藝術家的午睡》，《創造日彙刊》，上海：泰東書局，1931 年，第 79頁。

﹝註86﹞ 郭沫若《卓文君》，《創造季刊》，1923 年 2 卷 1 期，第 10 頁。

﹝註87﹞ 郭沫若《創造十年續篇》，《郭沫若全集·文學編》（第十二卷），北京：人民文學出版社，1992 年，第 234 頁。

﹝註88﹞ 穆木天《乞丐之歌》，《創造月刊》，1926 年 1 卷 1 期，第 55 頁。

遊詩人傾注了無限同情。田漢 1921 年日本留學日記中記載了李初梨從日本報紙上得知愛羅先珂將往中國，立即託他致信上海友人，予以照顧之事。李初梨對愛羅先珂「原與他無一面之交，他的著述之一種，亦未嘗有一讀之雅」，只因在日本《讀賣新聞》上讀到中根弘所作《最後之盲詩人》的文章，獲悉這位「最後之盲詩人」因被自己的祖國和各國政府驅逐，而不得不繼續其「永遠之放浪」，遂生出無限同情，引爲知己。他在懇求田漢幫助愛羅先珂的信中寫道：

> 他既被放於日本欲歸他那親熱的母親和兄弟所居的故國莫斯哥而不能，今也聞其去哈爾濱而在旅行上海之途中。我原與他無一面之交，他的著述之一種，亦未嘗有一讀之雅，只時於各種會合，見其美麗的黃金之發，聽其低和之聲，對於那什麼人，他都愛，什麼人都愛他，雖然有寂寥之感，同時有一種溫味的人類的善良性，自然成一種親熱，他的作品到底有多少藝術的價值，我雖不知，而他的生活，則沒來由的與我以一種藝術的感激。抱著破舊的「吉韃」琴飄浪於諸國之間的那一種悄然的孤影，使我想起那中世紀的紀禮詩人。至於那北國之寒烈，肮髒的旅舍的窗邊，每晚每晚他所彈那「吉韃」之一曲，果爲我們作何語呢？人生之行路難！藝術家的悲哀！他的生活，不馬上是我們的生活嗎？我悲他同時亦自悲。〔註89〕

當時「正想把葉落聖柯君的生活、藝術，介紹於國中有血有淚之少年」，而著手翻譯愛氏童話《狹籠》的田漢對此深感共鳴，「讀初梨書，同情之淚愈多，相救之心愈烈」，〔註90〕視之爲「藝術家對於藝術家的同情之最純者」，認爲「以初梨的性情，寫一個不幸的盲詩人漂泊異國的事件，文章有不好的嗎？」〔註91〕田漢還在日記中翻譯了中根弘記述自己送別愛羅先珂情景的《最後之盲詩人》。眾所周知，田漢此後很快將李初梨與愛羅先珂之事敷衍成文，在他那部著名的話劇《咖啡店之一夜》中，高等學校學生林澤奇以李初梨爲模特，而住在咖啡店隔壁旅館裏的俄國盲詩人可侖思奇的原型便是愛羅先珂。劇

〔註89〕田漢《薔薇之路》，《田漢全集》（第二十卷），石家莊：花山文藝出版社，2000年，第 262 頁。

〔註90〕田漢《薔薇之路》，《田漢全集》（第二十卷），石家莊：花山文藝出版社，2000年，第 262 頁。

〔註91〕田漢《薔薇之路》，《田漢全集》（第二十卷），石家莊：花山文藝出版社，2000年，第 237 頁。

中，客人甲厭惡自己現在的頹廢生活，羨慕可侖思奇的自由流浪，引出與白秋英的如下對話。

白　那位先生呀很有趣啊。大學裏的少爺們把他引到這兒來喝過好幾次咖啡。他有一頭黃金似的好頭髮，說話的時候，總帶著微笑，不過那種微笑，使人家看了，非常的淒涼。他說的話我自然不懂，可是聽去，聲音非常的溫和，就像久在外國，忽然聽得鄉親說話似的。他會彈琵琶，外國的琵琶。有一晚他高興起來，同人家拿著那種琵琶到我這兒來彈，一面彈，一面唱，起初唱了一個俄國的革命歌，唱得激越得了不得，連我都要跳起去丟炸彈。

甲　哦呀！

白　後來又唱了一個曲子，據他們說叫做甚麼瓦爾嘉河的哀歌，彷彿是述一個王女殉情的事情。那個調子非常哀婉，我聽他自己一面唱著，那一雙沒有光的眼睛中間，也涔涔的流出淚珠兒來。他說他從小離開了他的娘和他的兄弟，一個人漂流了許多地方。他到過緬甸，到過暹邏，到過印度，又到過日本。所到的地方，無一處的政府不虐待他，不放逐他；可是又無一處的青年聽了他的哀歌，不爲他唏噓歎息的。

甲　那個詩人的生涯，眞是一首哀歌，令人可悲，但同是又令人可羨。你看漂泊的盲詩人，吉他（Guitar）的彈奏者，被放逐者。世間有這樣詩的生活嗎？不過這種詩的生活，也不知是去多少痛苦的代價買來的罷。〔註92〕

儘管語言不通，白秋英等人卻都爲這位諸國流轉，到處放浪的盲詩人所吸引，甚至覺得像「聽得鄉親說話似的」，盲詩人婉轉吟唱出的詩成了一種可以超越國境、民族、語言，令所有在人生的沙漠中孤苦放浪之人心領神會的「世界語」。全劇結尾，同爲失意之人的白秋英和林澤奇決定結伴在「社會的沙漠」中繼續走下去，這時再次傳來了隔壁盲詩人可侖思奇淒婉的吉他聲。

——內有人作彈吉他而歌之聲。其聲淒婉。——

——兩人傾聽一會各人拭淚。——

〔註92〕田漢《咖啡店之一夜》，《創造季刊》，1922 年 1 卷 1 期（1923 年重版），第 44～45 頁。

林　這時候誰在那裡彈吉他？

白　這是隔壁大東旅館裏住的那位俄國盲詩人彈的。

林　是那可侖斯奇氏嗎？

白　是，他每晚這時候便坐在窗邊彈著，我聽了很難過。

林　（又傾聽一會調愈轉悲）咳藝術家的悲哀！人生的行路難！

〔註93〕

李初梨和田漢引爲知己的這位愛羅先珂，其漂泊流浪、爲所有國家放逐的生活經歷比他的作品更能令這些崇奉浪漫主義的中國新青年們心動。寫作《咖啡店之一夜》前後的田漢剛剛經歷了舅父被殺之痛，如前文所述，這時正是他對「愛鄉愛國」的理想最感幻滅的時期，而當時的日本思想界又正好在流行以反對日本政府軍國殖民爲目標的世界主義、無政府主義思想。據小谷一郎考證，田漢在完成《咖啡店之一夜》初稿的同年，即 1920 年 11 月，參加了「可思母俱樂部」的第一回例會。「可思母」即「可思母波利坦」（cosmopolitan）的簡稱，這是一個以 1919 年「三·一」事件〔註94〕所象徵的「人類解放」、「民族自決」等潮流爲背景，由無政府主義、布爾什維克、民主主義、自由主義者構成的組織。〔註95〕也就是說，愛羅先珂正好出現在田漢對國家最感幻滅和不信任的時候，加之與李初梨的交流共鳴，使他很快塑造出這位咖啡店外的可侖思奇，他象徵著咖啡店這個現世人生之外的另一種人生：被放逐的吟遊詩人之路。

　　陶晶孫筆下經常出現的是流浪鋼琴家的角色。1922 年在福岡寫作的小說《洋娃娃》描寫了某女校鋼琴先生與女學生 C 之間短暫而朦朧的戀情，不過，與其說這是戀愛故事，不如說是傳達出一種有關放浪處境的宿命感。對 C 而言，鋼琴先生的世界充滿了她所不能瞭解的秘密，也正因此而令她神往。鋼琴先生則在 C 的身上看到了自己遠逝的青春，一個他再也回不去的世界：「我們可以常常像小兒一樣罷，我算被拉進大人世界了，好像那廢兵在老後爲糊

〔註93〕田漢《咖啡店之一夜》，《創造季刊》，1922 年 1 卷 1 期（1923 年重版），第 65 頁。

〔註94〕1911 年以朝鮮前國王李熙之死爲契機爆發的朝鮮大規模抗議日本殖民統治的運動，運動受到了日本殖民當局的鎮壓。

〔註95〕小谷一郎《田漢與日本》，劉平、小谷一郎編《田漢在日本》，北京：人民文學出版社，1997 年，第 513 頁。

口而彈他幼時所學的胡琴一樣。——啊，我的職業，也沒有人會顧我了，只有你會常常到我這兒來。」〔註96〕小說的高潮是女校的一場音樂會：「某國的夫人，在他的放浪世界的生活中，要來開音樂會了。」C為夫人的「放浪歌」感動流淚，忽然發現為夫人伴奏的竟是鋼琴先生本人。

翌日，C再次來到先生家裏，卻發現先生已隨那放浪世界的老夫人遠去，只留下一封信給C，信中寫道：

> 我要就我的運命而行，你大概要曉得我於鋼琴之外做什麼事，此刻卻是無用的。
>
> 昨天的伴奏是同你的話別了，你的那好苦惱的臉子，我在場隅覓得的時候，我的頭腦都混亂了。
>
> 我謝你，你給我許多元氣了，——我永不忘你，像我永不忘你，像我永不忘你的薔薇一樣。
>
> 我丟了一切，我要跟隨那老嫗，放浪在世界的老夫人，我做她的伴奏者，上世界上去了。〔註97〕

《洋娃娃》彷彿是接著《木犀》的故事往下說，鋼琴先生便是長大後的素威，無法在現世——「大人的世界」裏安住，C的出現雖然喚起了他童年時代的美麗記憶，但更多的卻是提醒他那是個留不住回不去的童年。《木犀》裏，素威一生中最美好的童年記憶最終被封存在 Toshiko 先生的死亡裏，《洋娃娃》里長大了的素威／鋼琴先生則選擇了放浪——另一種方式的死亡。

1925 年的《音樂會小曲》裏，久居日本的中國鋼琴家 H，視生長於斯的東京為自己的「新故鄉」，面對初戀的日本女孩卻又擔心自己的「支那人」身份。不久到來的關東大地震埋葬了 H 視為「新故鄉」的舊東京，也帶走了 H 初戀女孩的生命，以及他少年時代所有的美好記憶。長大後的 H 一面「在日本人的乘汽車的階級間交際」，成了終日遊走於日本名媛貴婦間心不在焉的歡場浪子，一面將逝去的初戀女孩當做自己永遠的「假設的愛人」，寫著寄不出的情書。小說最後，H 面對自己的日本女學生說道：「我是走去走來到處沒有家庭的放浪人，所以只會講架空的戀愛，——那是詩，是詩，所以你也不必替我不心安。」〔註98〕對 H 而言，新舊故鄉、初戀、童年都已被埋藏在過去，

〔註96〕陶晶孫《洋娃娃》，《音樂會小曲》，上海：創造社出版部，1927 年，第 75 頁。
〔註97〕陶晶孫《洋娃娃》，《音樂會小曲》，上海：創造社出版部，1927 年，第 78 頁。
〔註98〕陶晶孫《音樂會小曲》，《創造月刊》，1927 年 1 卷 7 期，第 13 頁。

現在的世界是一個所有美好已經過去的世界，因而是一個輕佻的、架空的世界，唯剩下「走來走去」地放浪。

繼《音樂會小曲》之後的《暑假》裏，主人公同樣是久居日本的中國鋼琴家，在日本大學裏擔任學校管絃樂團的指揮，兩年後將要回國。陶晶孫在這位鋼琴家身上顯然寫入了不少自己的經歷，甚至給他取了和自己一樣的名字「晶孫」。這位鋼琴家和作者本人一樣，少年時曾為同盟會的成立而激動，而今卻對自己的國家不抱希望。鋼琴家的大學樂團指揮的身份讓人聯想起陶本人在東北帝國大學留學時也曾擔任過學校管絃樂團指揮，S 市則顯然以東北帝大所在地仙臺為原型。小說開始於鋼琴家午睡時的一個夢：

> 他漸漸被妄想支配——我們今年秋天的音樂會，要叫 S 市中一切音樂家誠心驚歎，又要他們曉得指揮的是我一個支那學生。他是東洋的波蘭人。還是他戴小學帽時候聽留日中國同盟會的成立，跳過他的心筋，今天已經沒有希望於中華民國，他只想他久留日本，已經不能合中國人的國民性，他覺得他是世界上的放浪人，他情願被幾位同期留日的同學以為久留日本而日本化，他要唱音樂於他的心中了。——所以現在他的生活他覺得最適合他的——他又想：他的回國的船一到中國，他走上中國地界的時候，不幾天他就要開一個獨演會，他必須要彈貝多汶的兩個 Sonata, Chopin 的一曲 Polonaise；再加四五個短曲。他想到這裡，他就立起來，向鋼琴，他彷彿坐在月臺上，他的前面是許多中國人——不過他很看不慣——日本的聽眾從月臺上看，譬如是一朵溫室的花，中國的就是枯木上開著梅花一般，他好像在一種外國人前——文明和野蠻的混血人種——他的眼睛先向聽眾給一種極親愛的招呼，好像他要說「我在外國已經到三十歲了才回國，回到我親愛的中國，才能看親愛的同胞們了！」〔註99〕

鋼琴家歸國前的焦慮在這個夢中顯現：他無法確認自己的國家，一面想讓日本的音樂家們讚歎作為「支那學生」的自己，一面也自知早已「不能合中國人的國民性」，情願相信自己已經「日本化」，時而自比「東洋的波蘭人」，身負國家的重擔，時而又覺得自己是「世界上的放浪人」。他幻想如何向他陌生的中國同

〔註99〕陶晶孫《暑假》，《音樂會小曲》，上海：創造社出版部，1927 年，第 154～155 頁。

胞們演奏，他們對他而言是如此陌生，彷彿文明與野蠻混血的外國人，這個比喻暗示了雙方其實無法交流，而鋼琴家同時又希望從同胞那裡得到共鳴。鋼琴家不知道如何面對自己的祖國，他的「支那人」血統又使他在異國無法安住。無論祖國還是異國，對他而言都是「他們」。鋼琴家愛慕自己的日本女學生愛麗，卻因為自己的「支那人」身份而躊躇不決：「他是支那人，他戀愛了而破滅是不願，有許多中國人也走進過日本的上流人家受他們的優待，只是大都也不過他們一時弄弄中國人，試試優待，試試日支親善罷了。」不過愛麗一家的真心相待使他覺得自己「彷彿中世的遊歷者，在這兒得她們真心的優待，是很快活的事體。」〔註100〕小說將愛麗的家設在逗子的櫻山，這裡正是陶晶孫心儀的放浪詩人蘇曼殊之母河合夫人的故家，蘇曼殊赴日尋母時曾在此居住，陶晶孫後來還曾赴櫻山尋訪曼殊故家。〔註101〕櫻山這個曾經收留過放浪詩人蘇曼殊的地方，也成為了小說中鋼琴家的心靈歸宿：在櫻山，他得到愛麗一家的真心相待，他可以不必在乎國籍，自由地像一個「中世的遊歷者」一樣彈琴唱歌。

對陶晶孫的這些鋼琴家們而言，似乎「放浪」才是唯一能讓他們安心而處的歸宿，他們和陶晶孫筆下的蘇曼殊一樣，是精神的混血兒，因為兩國皆不肯見容，而「愈發往詩人一途上走」。陶晶孫把自己的經歷賦予他的人物，然後再安排他們走向他自己在現實中沒有機會選擇的道路：放浪。

創造社作家筆下這些放浪故國之外的吟遊詩人，和混血兒一樣代表著民族國家共同體之外的異類，代表著尋找一個超越國境的詩的烏托邦的努力，在洋溢日本文壇的「大正浪漫主義」的氛圍中，「永遠放浪的藝術家」的自我想像與他們在故國和異國都被視為異類的現實處境正相契合。「旅行」、「流浪」因之成為一種積極的自我流放，是對被摒除於文明之外的「純真人性」和理想國的追尋，也是對「民族國家」——這一現代文明桎梏的浪漫主義超越。

第四節　反思國家主義

從上述去國者、混血兒、吟遊詩人的形象中可以看到創造社作家對國家的反感，對超越國家的藝術世界的追尋。伊藤虎丸採內田義彥氏對明治以來

〔註100〕陶晶孫《暑假》，《音樂會小曲》，上海：創造社出版部，1927 年，第 162～163 頁。
〔註101〕陶晶孫《蘇曼殊と逗子》，《日本への遺書》，東京：勁草書房，1963 年，第 214 頁。

日本「知識青年」的分類，認爲在個人與國家關係問題上，大正至昭和初年留學日本的創造社成員屬於在「日俄戰爭前後的軍國主義氛圍中獲得了自我的覺醒」的「文學青年」，以及在「大正中期以後的社會動亂中接受了思想影響」的「社會青年」類型。〔註102〕特別是前期創造社成員受到當時日本文壇流行的「藝術家意識」影響，「在『文學』中，發現了超越國家、民族的具有世界性的、普遍性的價值」，〔註103〕開始追求作爲超越國境的獨立藝術家的自我。周海林繼承了伊藤虎丸的觀點，認爲旅日創造社作家表現出的「對『國家主義』和極端民族主義的反對，以及認爲文學家應是超越國境的特殊存在的觀念」，是受了當時日本文壇崇尚藝術家應作爲超越國家意識形態之存在的思潮影響。〔註104〕顧偉良在其以郭沫若爲例的研究中則指出，軍閥長年混戰的中國現狀無法提供一幅完整的國家圖景，「列強的外來壓力、軍閥政權與列強的勾結，以及 20 世紀初軍閥混戰的中國現狀，刻畫出『國家不在』的圖景。（中略）在 20 世紀初停滯的中國社會狀況下，郭的民族意識可以說正是從『國家不在』所導致的國家意識與個人意識的斷絕中產生的」。〔註105〕張全之考察了無政府主義對郭沫若和郁達夫國家意識的影響，認爲 20 年代初郭、郁二人對國家與個人關係的看法是無政府主義和儒家大同觀念的混合體，二人都重個人而抑國家。〔註106〕綜上所述，此前研究中解釋造成創造社成員對國家產生反感的原因有如下幾點：日本文壇「藝術家意識」的影響；「五四」新文學運動中盛行的世界主義、無政府主義思想的影響；由對本國混亂政局的失望而導致的對政府的失望，從而進一步指向了政府所代表的國家等。

　　如前章所論，創造社作家的留日時代正是日本國家主義盛行的時代，舉國一致追求「富國強兵」的背後正是有這種思想在支持著。甲午、日俄兩次戰爭的連續勝利使日本全國爲狂熱的國家主義思想所籠罩，1919 年重遊日本

〔註102〕伊藤虎丸《問題としての創造社》，伊藤虎丸編《創造社研究》，東京：アジア出版，1979 年，第 61 頁。

〔註103〕伊藤虎丸《值得紀念的中日學術交流史上的里程碑》，劉平、小谷一郎編《田漢在日本》，北京：人民文學出版社，1997 年，第 6 頁。

〔註104〕周海林《創造社と日本文學：初期メンバーを中心として》，早稻田大學博士（學術）論文，2002 年，第 24 頁。

〔註105〕顧偉良《創造社と日本》，東京：富士ゼロックス小林節太郎記念基金，1992年，第 61 頁。

〔註106〕張全之《「國家的與超國家的」──無政府觀念對郭沫若，郁達夫早期創作的影響》，《東嶽論叢》，2010 年第 7 期，第 89～94 頁。

的周作人敏銳地觀察到了這一點，並在遊記中寫下了自己的憂慮：「我以為明治的維新，在日本實是一利一害。利的是因此成了戰勝的強國，但這強國的教育，又養成一種謬誤思想，很使別人受許多迷惑，在自己也有害。」〔註107〕日本「維新以來諸事師法德國，便又養成了那一種『強權』的國，又在國內國外種下許多別的禍害。」〔註108〕郭沫若在《創造十年》中特別記敘過自己目睹博多灣海邊千代松原上作為日俄戰爭戰利品展示的大炮：「炮是日俄戰爭時的捕獲品，是塗著紅油漆的。這種廢物，日本國內無論神祠、佛寺、學校、官衙，大抵都有陳列，一方面以誇耀他們的武功，同時並喚起國民的軍國主義的觀感。」〔註109〕這種日本國內隨處可見的誇耀武功的戰利品展示對當時的留日中國學生而言刺激頗深。嚴安生《日本留學精神史》中對此有過詳細敘述。日本人明顯地表現出對華歧視是從甲午戰後，日中國際地位逆轉開始的，民族歧視的背後正是日本國內這種狂熱的國家主義氣氛，弱肉強食、「強權即公理」的國家競爭理論。

這種國家主義氣氛，一方面，如前章所論，促使留學中屢受民族歧視之苦的創造社作家們的國家意識變得前所未有地強烈，另一方面也促使他們反思導致民族歧視的根源，即日本的國家主義，乃至國家本身。留日創造社作家們幾乎都經歷過的教養主義校園文化也為他們反思國家提供了適宜的環境。日俄戰爭後，隨著教養主義盛行，影響「帝高系統」學生的主流思想發生了從國家主義到個人主義的變化。嚴安生曾指出，明治以來的一高一直「以國家主義和武士精神的結合作為『校魂』，然而這種「校魂」因一高學生藤村操投華嚴瀑布自殺事件和新渡戶稻造就任新校長而發生了變化。「藤村的同學安倍能成評論當時的情形道，『日俄戰爭前後，一直以來專念於國家問題以及以國家為中心的立身出世的青年們中間，發生了不是以國家，而是以自己為問題的傾向。』」〔註110〕伊藤虎丸所謂在「日俄戰爭前後的軍國主義氛圍中獲得了自我的覺醒」的「文學青年」正是在這一環境中產生的。這種環境顯

〔註107〕周作人《遊日本雜感》，《藝術與生活》，石家莊：河北教育出版社，2002年，第235頁。
〔註108〕周作人《訪日本新村記》，《藝術與生活》，石家莊：河北教育出版社，2002年，第243頁。
〔註109〕郭沫若《創造十年》，《郭沫若全集·文學編》（第十二卷），北京：人民文學出版社，1992年，第45頁。
〔註110〕嚴安生《陶晶孫　その數奇な生涯》，東京：岩波書店，2009年，第53～54頁。

然也影響到了創造社作家，如第一章所敘，他們幾乎都曾體驗過教養主義的標誌性症候：「煩悶」和「神經衰弱」，聽說過藤村操的自殺，也同樣面臨過如何處理「我」與國家關係的苦惱。留學時代的郁達夫在面對「我」與國家的問題時充滿了矛盾和猶豫，從家信中可以看到，他時而宣稱自己已「看破世界，盡爲惡魔變相」，「欲學魯濱遜之獨居荒島，不與人世往來」，〔註111〕時而又感歎「國事日非」，江山授人，〔註112〕「欲整理頹政」，改革社會。〔註113〕武繼平也指出，岡山六高時代的郭沫若思想中存在著「現代人覺醒了的強烈自我意識和當時非常流行的『我即國家』觀念爲代表的國家主義意識之間的衝突」，這成爲促使他接近王陽明的重要原因之一。〔註114〕創造社作家便是在這樣的氛圍內，開始反思強權國家理論本身，以及自己曾奉爲留學目的的那個來自日本的口號——「富國強兵」，產生這一口號的正是明治以來的國家主義思想。本文接下來將考察的就是，對國家主義的反思是如何影響了創造社作家的國家想像。

　　郭沫若1922年10月致成仿吾的《海外歸鴻》中，述說自己攜子散步博多灣時，爲當地人恬靜如初民般的生活所感動，雖然懷想起當年元軍在此處覆沒的古事，卻並未激發出民族主義情緒，而是聲稱「狹隘的國家主義我久不爲所束縛了」，「我今後對於自然，很想除卻一切歷史觀念的拘束，如實地去認識她」。〔註115〕同年11月完成的詩劇《孤竹君之二子》中，郭沫若借伯夷之口表達了他向往的那個古代——「唐虞以前的時代」：「本來沒有國家，本來沒有君長」。「神農時代的政長，只是對於人民忠信盡治的公僕，群眾樂與爲政的時候爲政，樂與爲治的時候爲治；政治是可有可無，政長也不過是隨遇而設的。」伯夷、叔齊被塑造成反抗強權霸道的「古代的非戰主義者」：「他們反對的是那種以暴易暴的戰爭，那種不義的戰爭，那種家天下的私產

〔註111〕郁達夫《致郁曼陀、陳碧岑》，《郁達夫全集》（第六卷），杭州：浙江大學出版社，2007年，第5頁。
〔註112〕郁達夫《致郁曼陀》，《郁達夫全集》（第六卷），杭州：浙江大學出版社，2007年，第11頁。
〔註113〕郁達夫《致郁曼陀》，《郁達夫全集》（第六卷），杭州：浙江大學出版社，2007年，第11頁。
〔註114〕武繼平《郭沫若留日十年（1914～1924）》，重慶：重慶出版社，2001年，第44～45頁。
〔註115〕郭沫若《海外歸鴻》，《創造季刊》，1922年1卷1期（1923年重版），第18頁。

製度下的戰爭。」〔註116〕作者視唐虞以前的中國人爲不受國家法度和種族界限束縛的「高貴的野蠻人」，而投以無條件的讚美：「我回想唐虞以前的人類，那是何等自由，純潔，高邁喲？他們是沒有物我的區分，沒有國族的界別，沒有刑政囚襲的束累，他們與其受人爵祿，寧肯負石投河，犧牲一己的生命而死。」〔註117〕

完成《孤竹君之二子》的次年，郭沫若開始在《創造周報》上連載自己翻譯的尼採（Friedrich Wilhelm Nietzsche）的《查拉圖斯屈拉》。在題爲《新偶像》的一篇中，尼採視國家爲一切罪惡之淵藪，「國家是一切冷酷的怪物中之最冷酷的」。國家是民族之敵，國家謊稱自己便是民族：「它還冷酷地撒謊；這個謊言從它口中漏出道：『我，國家，便是民族。』」然而國家興起之處其實正是民族死滅之時。創造者「創造民族而懸示以一種信仰和愛情」，而「破壞者們爲人眾設出多數陷阱而名之曰國家：他們懸示一柄利劍與百種利誘在人眾之上。」〔註118〕國家也是個人之敵，「無論善與惡，一切飲酖者所在的地方，我名之曰國家；無論善與惡，一切的人把自己遺失了的地方，我名之曰國家；一切的人悠長的自殺——名叫『生活』的地方，我名之曰國家。」國家終滅之處，才有人的起始，才有「達到超人的渡橋」。〔註119〕尼採這裡提出的國家是民族與個人之敵的觀點，後來正成爲郭沫若據以反思國家的思想基點。《新偶像》之後，郭沫若發表《國家的與超國家的》，該文是作者聽聞日本著名無政府主義者大杉榮夫婦慘死於日本軍部之手，爲祭奠大杉氏而撰。郭沫若在文中接連徵用浪漫主義、人道主義、無政府主義以及中國思想傳統中的大同思想，試圖從民族傳統中重新提煉出一種「超國家主義」的精神。文章開篇使用浪漫主義的語調，宣稱「國家本是一種人爲的制度」，如今卻成了禁錮人類的監獄，「人類的觀念竟瘐死在這種制度之下了」。現代戰爭不過是「我們人類站在『國家』的鬥籠中，各爲保全自己的安全而互失其安全」。郭沫若繼而嘗試以人道主義反對國家主義，他引用巴比賽（Henrie Barbusse）反思歐戰的長篇小說《光明》之語：「國境以外，也還有人道，也還有同胞存在！」憤怒於法國文壇上「享安富尊榮的仍然是鼓吹國家主義的牧理司巴力

〔註116〕郭沫若《孤竹君之二子》，《創造季刊》，1923 年 1 卷 4 期，第 3～4 頁。
〔註117〕郭沫若《孤竹君之二子》，《創造季刊》，1923 年 1 卷 4 期，第 11 頁。
〔註118〕尼採著，郭沫若譯《新偶像》，《創造周報》，1923 年第 16 號，第 9 頁。
〔註119〕尼採著，郭沫若譯《新偶像》，《創造周報》，1923 年第 16 號，第 10～11 頁。

士 Morris Barrés 之流，而高唱人類愛的羅曼羅郎卻永遠被逐在國門之外了。」
談及大杉榮夫婦慘死事件，郭沫若以大杉榮之死控訴國家之罪：

> 國家的與國家的之戰鬥已經是人類不幸的事情。國家的與超國
> 家的之戰鬥，尤唯是人類的最大的不幸。在東西洋各國，國家觀念
> 最強的地方，後兩者的戰鬥也最激烈，人類所犯的罪惡也最離奇。
> 最近日本無政府主義者大杉榮夫婦之慘死，不正是這種離奇的犯罪
> 的犧牲麼？〔註120〕

日本人大力向中國推薦的強國要訣──「國家觀念」，被郭沫若視爲導致國與
國戰爭和大杉夫婦慘死的根源。尾崎行雄等「支那通」視爲中國衰敗原因的
中國人無國家觀念說，更被郭沫若反過來用爲中國傳統中具有超國家的世界
主義精神的表現：

> 我們中國本來是國家觀念很淡漠的國家，在十幾年前，軍國主
> 義正在世界上猖獗的時候，有許多人士很以此爲可恥，而大提倡愛
> 國。好在我們素來的傳統精神，最遠的目的是在使人類治平，而不
> 在家國。我們古代的哲人教我們以四海同胞的超國家主義，然而同
> 時亦不離棄國家，以國家爲達到超國家的階段。

> 在東西各國，傳統精神與世界主義，是冰炭之不相容；而在我
> 們中國，我們的傳統精神便是世界主義。〔註121〕

1925 年發表的書信體小說《落葉》中，郭沫若又借女主人公菊子──這一形
象顯然以佐藤富子爲原型──這個日本女子之口批判當時日本舉國皆爲國家
強權思想所蠱惑，陶醉於侵略他國的勝利中。

> 本來日本的人民實在還不夠，他們不知道敗北者的悲哀，一點
> 也沒有深刻的態度。對於強者雖高舉讚賞的聲音，對於弱者沒有一
> 點同情的眼淚。我自己對於本國人的輕佻也有不勝驚異的時候呢。

> 去年青島陷落的時候，我還在女學校裏，那時的喧囂真是有點
> 樣子了。（中略）自己就算戰勝了，怎麼便能夠猖狂，高傲呢？（中
> 略）假使我們真能追慕我們費力打倒了的強敵，悼惜他，想起他生
> 前的美好的性格，爲他舉出賞讚的聲音，又對於強敵的敗北無限地
> 惋惜，在他的屍首上雪以悼歎的眼淚，我看人世間真個是會成爲更

〔註120〕郭沫若《國家的與超國家的》，《創造周報》，1923 年第 24 號，第 1 頁。
〔註121〕郭沫若《國家的與超國家的》，《創造周報》，1923 年第 24 號，第 2 頁。

可高貴的罷。(中略)善戰的軍士在我們國裏很不乏人，但是他們的
心中能懷著這樣悲壯的，深刻的，便對於自己的敵人也能無誤地知
其美點，加以讚賞尊敬，又能眞誠地悼痛其死的高尚的「愛」的，
怕連一個人也沒有罷？〔註122〕

郭沫若強吞戰敗國民的痛苦和恥辱，借日本女子之口指責日本即使戰勝也應
給予敗者尊敬而非侮辱，幻想出一幅交戰雙方彼此相敬相愛，彷彿豪俠小說
般的浪漫圖景，卻連自己也知道「這樣的事情不怕就實在是難，實在是不可
能呢！」

可見，1920年代的最初幾年是郭沫若對國家和國家主義反對最強烈的時
期，他用以反對國家的思想資源包括了儒家的大同思想、西方的人道主義、
浪漫主義、世界主義以及尼採學說等等，但是，他這時的反國家主義立場並
未深入到思想層面，也缺乏對日本社會何以如此的冷靜觀察，而更多的是出
於一種弱者受欺後的本能反應。他從中西思想資源裏徵引來的各類反國家的
學說並未最終沉澱出郭沫若自己對國家的思考，如後文將要討論的，郭沫若
在1920年代初對國家的一系列反思的最終結果使他從反國家主義走向了民族
主義。

郁達夫1923年6月發表的《藝術與國家》和郭沫若的《國家的與超國家
的》一樣，開篇便將國家視爲禁錮個人的監獄，將批判矛頭直指國家主義，
批判「富國強兵」這一自己當年的人生大願實則需要無數個人的犧牲才能達
成。

現在的國家，大抵仍復是以國家爲本位的國家。軍國主義，國
家主義，仍復同從前一樣的在流行著。表面上雖則有什麼國際聯盟，
軍備限制會議等虛文，但現在實際上在那裡從事於政治，思爲國家
竭忠誠的人，那一個不想把國家弄強大來？所以國富的堆積，和兵
力的增加，在開明的今日，還依然是國家的唯一理想。國家因爲要
達到這兵強國富的目的，就不惜犧牲個人，或犧牲一群人，來作它
的手段。〔註123〕

郁達夫聲討國家罪惡，高唱藝術讚歌，設定了國家與藝術的勢不兩立：藝術

〔註122〕郭沫若《落葉》，《郭沫若全集·文學編》(第九卷)，北京：人民文學出版社，
1985年，第131～132頁。
〔註123〕郁達夫《藝術與國家》，《創造周報》，1923年第7號，第1頁。

尚眞，呼喚人們「歸向自然」、「回到天眞」，而國家則尚僞，充滿著欺詐權謀；藝術愛和平，而「國家主義的野心」是戰爭的罪魁；藝術的「最大要素」是「美與情感」，而國家，特別是「與近代的國家主義相依爲命的資本主義，更是自然的破壞者」。現代社會中的自然之美與人間眞情都因爲與資本主義結盟的國家的貪婪而破壞殆盡，因此「資本主義和藝術是勢不兩立的」。〔註124〕郁達夫由此得出結論：

> 現代的國家是和藝術不能兩立的。目下各國的革新運動，都在從事於推翻國家，推翻少數有產階級的執政，我確信這不斷的奮進，必有實現的一天。地球上的國家倒毀得乾乾淨淨，大同世界成立的時候，便是藝術的理想實現的日子。〔註125〕

郭沫若把目光投向中國傳統和西方思想，郁達夫則乞靈於藝術，視之爲能夠將個體拯救出國家牢籠的福音，「藝術是弱者的同情者，是愛情的保護者。沒有國境的差別，不問人種的異同。」幻想消滅所有的國家，另建一個「以情愛爲根底的理想的藝術世界」。〔註126〕郁達夫用以反抗國家的「藝術」是浪漫主義藝術，文中所舉的眞善美的藝術特質，「歸向自然」、「回到天眞」的藝術追求，華茲華斯（William Wordsworth）的詩、米勒（Jean-François Millet）的畫、貝多芬（Beethoven）的音樂、雨果（Victor Hugo）的小說等無不帶著浪漫主義的標籤。文中對於國家玷污人性，束縛個人自由的看法也多取自盧梭（J. J. Rousseau）學說，郁達夫在1928年——他一生中最激進左傾的時期——還曾寫作專文《盧騷的思想和他的創作》（《北新》1928年2卷6號），介紹盧梭《民約論》中以社會契約解釋國家起源、國家與國民關係的言論，以國家和政府本質上不過是國民——個人的集合體——委託行事的組織。這種以個人對抗國家的思想，到郁達夫後來爲《中國新文學大系・散文二集》寫作導言，總結「五四」精神爲「『個人』的發見」時仍然清晰可辨，即導言中所謂「若沒有我，則社會，國家，宗族等那裡會有？」〔註127〕

　　郁達夫以藝術對抗國家，建構出國家與藝術的二元對立結構：國家主義的背後實是國家與資產階級組成的利益聯盟，與之對立的則是藝術、個人和無產

〔註124〕郁達夫《藝術與國家》，《創造周報》，1923年第7號，第2～4頁。
〔註125〕郁達夫《藝術與國家》，《創造周報》，1923年第7號，第4～5頁。
〔註126〕郁達夫《藝術與國家》，《創造周報》，1923年第7號，第4～5頁。
〔註127〕郁達夫《導言》，趙家璧主編《中國新文學大系（散文二集）》（影印本），上海：上海文藝出版社，1993年，第5頁。

民眾。在這種國家與藝術的二元對立中已經可以看到階級對立的影子：國家與資本主義結盟，藝術則是無產大眾的拯救者。郁達夫聲斥國家與資本主義的罪惡，高揚藝術與民眾的聯盟，創造社在不久之後「左轉」，經營無產階級藝術烏托邦的走向於此已顯端倪。在發表《藝術與國家》的一個月前寫作的《文學上的階級鬥爭》中，郁達夫已經將俄國無產階級文學視爲奮鬥目標，篇末引馬克思和恩格斯之語，號召「在文學上社會上被壓迫的」無產階級大聯盟。

　　不過，郁達夫對藝術的信仰顯然不像他在文章中表現出的那樣堅決。在發表《藝術與國家》翌年，在致郭沫若和成仿吾兩人的《北國的微音》中，身在北京的郁達夫述及自己接受某位日本新聞記者的採訪，該記者本欲採訪郁達夫關於日本對華文化事業的意見，郁達夫則以消極之態對之。

　　　　他問我「爲什麼要消沉到這個地步？」我問他「你何以不消沉，
　　　　要從東城跑許多路特來訪我？」他說「是爲了職務。」我又問他「你
　　　　的職務，是對誰的？」他說「我的職務，是對國家，對社會的」。我
　　　　說「那麼你就應該知道我的消沉也是對國家，對社會的。現在世上
　　　　的國家是什麼？社會是什麼？尤其是我們中國？」（中略）他走之
　　　　後，我一個人衝了紙煙想想，覺得人類社會，畢竟是庸人自擾。什
　　　　麼國富兵強，什麼和平共樂，都是一班野獸，於飽食之餘，在暖夢
　　　　裏織出來的迴文錦字。像我這樣的生性，在我這樣的境遇下的閒人，
　　　　更有什麼可想，什麼可做呢？〔註128〕

郁達夫以他習慣性的頹唐語調，宣稱無論國家主義的富國強兵還是世界主義的人類和平都是虛言幻夢，此前推重爲反國家的「藝術」也並無甚特別之處，惟有「孤獨」才是人生的悲哀眞相。他在致郭沫若信中寫道：

　　　　沫若！我覺得人生一切都是虛幻的，眞眞實在的，只有你說的
　　　　「淒切的孤單」，倒是我們人類從生到死味覺得到的唯一的一道實
　　　　味。（中略）人生的實際，既不外乎這「孤單」的感覺，那麼表現人
　　　　生的藝術，當然也不外乎此，因此我近來對於藝術的意見和評價，
　　　　都和從前不同了。我覺得藝術並沒有十分可以推崇的地方，她和人
　　　　生的一切，也沒有什麼特異有區別的地方。努力與藝術，獻身於藝
　　　　術，也不須有特別的表現。〔註129〕

〔註128〕郁達夫《北國的微音》，《創造周報》，1924年第46號，第1～2頁。
〔註129〕郁達夫《北國的微音》，《創造周報》，1924年第46號，第2～3頁。

郁達夫所反對的「國家」更多的時候意味著「政府」和「社會」。如前文所述，郁達夫抱著在日本帝高系統裏養成的精英心態回國，卻處處碰壁不得志，他不滿的對象是這個不肯善待他的社會和充滿著腐敗鑽營之人的政府，他和他筆下的那些浪漫主義文人一樣，「追尋那夢的青花」──藝術烏托邦的原因，不外乎「滿腔鬱憤，無處發洩，只好把對現實懷著的不滿的心思，和對社會感得的熱烈的反抗，都描寫在紙上」。〔註130〕郁達夫和郭沫若一樣並沒有多少耐心去思考國家本身的問題，他用以對抗國家的浪漫主義藝術激情抵不過他身上積沈已久的庸疲憊懶和對人生本身的絕望，即使是在他最積極地提倡藝術的反抗時，郁達夫也心知藝術共和國實是文人腦中一廂情願的無何有之鄉，是對現實社會絕望的產物。〔註131〕郁達夫一度試圖為他的「自我」尋覓一個超越國家的藝術共和國，但很快又宣佈這個藝術共和國本身也和國家一樣不可信任，重新沉入孤獨流浪的人生荒漠。

郭沫若幻想「超國家的」世界大同圖景，郁達夫號召反國家的藝術聯盟的同時，李初梨也於1923年完成了用自己的親身經歷加工而成的話劇《愛的掠奪》。在這部受到郁達夫稱讚的話劇中，〔註132〕學文學出身的中國留學生白玉成和郁達夫一樣立志以藝術改造中國。不過更令他苦惱的是「支那人」的身份。白玉成渴望愛情，卻因自己的「支那人」身份屢屢為日本女子歧視，於是心灰意冷，從此頻頻出入妓院，卻與青樓女子小夜子一見鍾情。白玉成像郁達夫筆下那些因自己的國籍而自卑的主人公面對日本女子一樣，小心而惶恐地提醒小夜子自己的「外國人」身份，小夜子卻表示妓女才是真正的世界主義者。

> 白（躊躇）　我是外國人。你莫忘記我是外國人。
>
> 小（冷笑）　外國人？在一般貴婦人小姐的眼裏，或者有本國人外國人之分。在我們娼妓眼裏看來，只要能救我們出火坑，只要能稍微能尊敬我們一點人格，外國人到比本國人好。一樣的作賤我們，一樣的蹂躪我們，本國人反比外國人壞。人家說愛情無國境呢。娼妓才真是 Cosmopolitan。〔註133〕

〔註130〕郁達夫《文學上的階級鬥爭》，《創造周報》，1923年第3號，第1頁。
〔註131〕郁達夫《文學上的階級鬥爭》，《創造周報》，1923年第3號，第1頁。
〔註132〕郁達夫《村居日記》，《郁達夫全集》（第五卷），杭州：浙江大學出版社，2007年，第72頁。
〔註133〕李初梨《愛的掠奪》，《創造月刊》，1926年1卷6期，第60頁。

然而，二人世界主義的愛情幻夢敵不過世界本身弱肉強食的殘酷現實，小夜子最終被汽車公司老闆佐藤買走。佐藤的日本人身份和資本家形象的象徵意義再明顯不過，他正是郁達夫痛斥的強權國家與資產階級聯盟的象徵，白玉成和小夜子的世界主義愛情幻夢在這個聯盟面前撞得粉碎。李初梨在他的這個落難書生青樓逢知己的俗套故事中縫進了一個耐人尋味的現代問題：個體是否真的能夠完全擺脫自己的國家。作者給出的答案是悲觀的，「這也不是誰的罪過，我也不能怨恨誰，不過是運命罷了。因為我知道國家感情的根底，在我們心裏意外的深，可說是等於運命的一種事實。」〔註134〕李初梨在《愛的掠奪》裏向他的讀者傳遞了一幅有關國家與個體關係的陰暗真相：國家是個體無法擺脫的宿命。「國家感情」深植於每個人心中，揮之不去、與生俱來，是令劇中人物痛苦，造成他們不幸的原因之一，也是他們無法擺脫的命運。

張資平大概是創造社成員中對國家態度最為犬儒的，郭沫若和李初梨渴望的人類互愛的世界主義大同圖景在他看來不過是弱者的不切實際的美夢。張資平的自傳小說《沖積期化石》中，主人公中國留學生鶴鳴的父親，鄉村教師天廠（這一形象顯然是張資平以自己父親為原型塑造的）絕望於國家，試圖在自己的課堂上尋找出能夠超越國家的新的教育方法：

> 天廠曉得政府靠不住，社會靠不住，國家的法度也靠不住。他
> 受了政府的虐待，社會的虐待，和國家法度的束縛，所以他不願再
> 看他的兒子和學童蹈了他的覆轍。他覺得他底最重大，最神聖的任
> 務，是要拿一種超乎政府，超乎國家，超乎這樊籠的社會之上的教
> 育方法，去訓練他的兒子和學生。〔註135〕

然而，天廠懷抱超國家理想的教育實驗終于歸於失敗，作者就此寫道：「世界上只有一部份人——沒有使兇器能力，只受兇器壓迫的一部份人——知道兵是兇器，他們受壓迫虐待不過，力竭聲嘶的，在那邊叫人道主義，世界大同主義，但有能力使用兇器的人，只坐在傍邊笑，當做沒聽見。」〔註136〕

如果說世界主義只是弱者的白日夢，那麼國家則是強者的謊言。小說中另一處敘寫鶴鳴等人赴 F 海岸消夏，途經日本名將乃木希典的家鄉長府，與鶴鳴等同車的兩位旅客談論起乃木之事。乃木希典繫日本名將，參加過

〔註134〕李初梨《愛的掠奪》，《創造月刊》，1926 年 1 卷 6 期，第 60 頁。
〔註135〕張資平《沖積期化石》，上海：創造社出版部，1928 年，第 60 頁。
〔註136〕張資平《沖積期化石》，上海：創造社出版部，1928 年，第 61 頁。

西南戰爭、甲午戰爭、日俄戰爭。日俄戰爭中因攻陷旅順立下戰功，事迹
被政府編入教科書廣爲宣傳。1912 年明治天皇去世後不久，乃木與夫人一
同自殺，在當時日本社會引起很大震動。乃木的自殺被視爲「殉主」行爲，
其形象被進一步神化，日本各地至今仍有供奉其靈的「乃木神社」。張資平
由此發表了一段對乃木之死的感慨，認爲日本國人「萬口同音都說『將軍
殉主』」，奉乃木爲「護國軍神」、「忠臣之表率」、「毀家爲國之熱烈愛國者」，
其實皆誤。

> 　　將軍是一介武夫，頭腦自然簡單。置身軍籍，自然受一種機械
> 的教育。他因爲受一種偏狹的非人道的愛國主義所支配，不單殺了
> 自己兩個兒子，還殺了許多無辜的日本國民。到年老時，晚景凄涼，
> 良心發現，不免有「余殺人子多矣，……」的悔恨，不過爲時既晚，
> 又不知懺悔的方法，所以將錯就錯，圖一個殉主美名。其實今後我
> 們人類共有的新地球上，那裡能容這種殘忍成性的人道之賊剽竊虛
> 名呢？〔註137〕

在張資平看來，乃木不過是「一種偏狹的非人道的愛國主義」的犧牲品，一
個愚昧又殘忍的「人道之賊」，他的自殺是被軍國教育洗腦的結果。

　　《沖積期化石》中還講了一個「童年志士」的故事，這段故事取材於張
資平自己 1918 年因抗議中日軍事協定而回國的經歷。〔註138〕主人公是一位
年僅十二歲的留日學生——作者眼中唯一的愛國「眞志士」，受了一班只爲
出風頭的僞志士的騙，決然回國抗議，「他很相信愛出風頭的志士們說的話，
他認定軍事協約成立後中國馬上要亡！——他不知中國早亡了——他誠心
誠意的愛護曾經抱育他的壯麗山河！他想憑他兩股弱腕挽回頹衰的國勢！
他受了日本的教育有迷信的愛國心！」然而，所謂的抗議活動只是少年志士
每日沿街叫賣報紙、宣傳演講，換來的錢只供了「一班愛出風頭的愛國志士
們」揮霍。少年志士返日後終因受不了日本教師和同學的譏誚挪揄而退學，
加之理想破滅，家中父兄呵責，受刺激太深而從此患上了精神病。張資平一
面爲這位少年的愛國熱忱所感動，一面又歎惜他實是「受了日本的教育有迷
信的愛國心」，由此質問：「他到底給誰害了？他的天眞爛漫的頭腦中，誰拿

〔註137〕張資平《沖積期化石》，上海：創造社出版部，1928 年，第 219 頁。
〔註138〕郭沫若《創造十年》中曾記載此事。《創造十年》，《郭沫若全集·文學編》（第
　　　　十二卷），北京：人民文學出版社，1992 年，第 41～42 頁。

了一個不徹底，不自然，不適時機的早熟的愛國思想放進去，害了他的一生！」〔註139〕在張資平看來，這位「童年志士」和乃木大將一樣，都是日本國家主義教育的犧牲品，他透過空洞的口號和虛張的熱情看清了身邊一幫「志士」與其說是愛國，不如說是「愛出風頭」，也看清了眞誠愛國者的悲慘下場，他在《沖積期化石》中提醒世人警惕「迷信的愛國心」，自己也從此對以身報國之事敬而遠之。

　　日後以戀愛小說寫手出名的張資平偶而也會在小說裏重溫《沖積期化石》裏的反國家主題，在這些小說裏，「國」與「家」聯手，是束縛個體愛欲的象徵。1923 年發表的小說《愛之焦點》中，男主人公「他」陷入與有夫之婦 N 姊的感情糾葛，他在向 N 姊表白心迹的信中滿懷激情地寫道：「我們可以去家，可以去國！我們只不願做駑弱的妥協者！我們爲固持我們的主義，爲圖盡我們的責任，我們什麼都情願犧牲！」〔註140〕1926 年所作《苔莉》裏，男主人公克歐同樣痛苦於和有夫之婦苔莉之間不爲世所容的戀情，憤恨地說出如下告白：「什麼是愛鄉！什麼是愛國！什麼是立身成名！什麼是戰死沙場！什麼是馬革裹屍！都是一片空話——聽了令人肉麻的空話！結局是想利用這些空話來陞官發財吧了！我還是拋棄這些夢想吧！我還是回到我們固有的滿植戀愛之花的園中去和她赤裸裸地臂攬著臂跳舞吧！再不要說那些愛鄉愛國，顯親揚名的肉麻的空話了！再不要對社會作僞了！還是恢復我的眞面目吧！恢復我的人類原有的純樸的狀態吧！」〔註141〕儘管偶而也會在小說中植入這樣一閃而過的浪漫主義的原人崇拜口號，然而張資平不像郁達夫那樣試圖動用整個浪漫主義來反對國家，他筆下的男男女女不是以一己愛欲反抗國家的世界主義鬥士，他們爲自己可憐的欲望所折磨，在這個充滿敵意的世界中受苦，無望地掙扎，並最終成爲它的犧牲品，像上面那樣偶而發出的反抗呼告也不過在人物最後的破滅結局裏留下幾聲空洞的回響。張資平以一種世俗的、犬儒的眼光讀出國家神話的虛妄，在他眼中，沒有比國家更不可靠的，沒有比愛國教育更大的謊言，人的欲望是眞實的，然而人也是軟弱的、可憐的，人沒有可能反抗國家，因爲這是一個弱肉強食的世界，一個謊言比眞實強大的世界。

〔註139〕張資平《沖積期化石》，上海：創造社出版部，1928 年，第 190～192 頁。
〔註140〕張資平《愛之焦點》，《創造季刊》，1923 年 1 卷 4 期，第 38 頁。
〔註141〕張資平《苔莉》，《創造月刊》，1926 年 1 卷 6 期，第 26 頁。

結　語

　　去國者主動或被動地放棄了自己的國家歸屬，混血兒因為先天的原因沒有明確的國家歸屬，被放逐的吟遊詩人則代表著一個超國家的世界主義藝術烏托邦，這些形象背後都可以看到那個游離出國家之外的「我」。離鄉去國的「我」的個體意識的覺醒伴隨著對國家的反思。郭沫若勾畫了一個包含中西各種路數的反國家主義的「大同世界」，郁達夫聲言應消滅國家，代之以藝術烏托邦，李初梨控訴「國家感情」是帶來個體不幸的惡咒，張資平則以犬儒的姿態告訴世人，國家本身就是最大的謊言。當年由「富國強兵」建構起來的「我」與國家的共同體已經土崩瓦解，國家不僅不再是個體的目的，還是束縛個體自由與愛欲的禍首罪魁。隨著對國家主義的批判，對國家的反思，創造社作家高調宣佈了他們與國家的決裂。

第五章 「國民文學」的譜系:「民族」與「國家」之分離及民族國家之再認同

　　咸立強選擇「流浪」為關鍵詞,使用薩義德提出的知識分子的「流亡」處境的理論,將創造社成員定位為「流浪型知識分子」。創造社作家的流浪處境是真實的,但是在咸立強的論述中,或許太過依賴於以薩義德描述的知識分子流亡處境來解釋創造社作家的「流浪性」,從而導致這種處境被理想化了,創造社被賦予了挑戰中心的異端者和批判者氣質。然而,創造社的流浪與薩義德的流浪處境本質上的區別正在於,前者並未從自己的流浪處境中提煉出獨立於民族國家共同體之外的個體,相反,為了擺脫流浪,他們重新投向民族,正是這一點使他們最終沒能成為薩義德所設想的「圈外人」。〔註 1〕創造社筆下的吟遊詩人另一個耐人尋味的特徵是:他們常常是牆外的、未出場的或是已經遠去的,彷彿別殿管絃,只聞其聲,鮮現其形,使人疑心他們是否真的存在。這或許意味著,作家們自己也清楚,被放逐的流浪詩人們所代表的那個超國家的藝術王國並不存在,他們無法真正實踐那種諸國流轉、世界放浪的吟遊藝術家生活。儘管宣稱國家與藝術勢不兩立,儘管憧憬諸國遊走的流浪詩人生活,儘管對國家和國家主義的批判不遺餘力,創造社作家仍然渴望著對「故鄉」共同體的歸屬。這時,「鄉愁中國」,這個創造社從對現實中不肯善待他們的故國的失望和歧視他們的異國的憤怒中幻想出來的

〔註 1〕 薩義德(Edward W. Said)著,單德興譯《知識分子論》,北京:生活・讀書・新知三聯書店,2011 年,第 48 頁。

「故鄉」，開始發揮其烏托邦功能，它不再停留於緲不可及的遙遠往昔，而是在「民族」的名義下重新登場。「國民文學」這個創造社在成立之初就提出的口號——儘管當初它的確僅僅只是一個口號——便包含了這種對「鄉愁中國」的憧憬。前文說過，在創造社的還鄉故事裏，有一個「好的」中國和一個「壞的」中國，他們的國家批判矛頭所指，正是那個「壞的」中國——他們還鄉後看到的那個令人失望、憤怒的「墮落中國」。相形之下，「國民文學」中的「故鄉」則是「好的」中國形象的延伸，它包含著超越「富國強兵」所代表的國家主義和現實中那個「墮落中國」的渴望，也意味著對「中國」的浪漫主義的再建構、再想像，意味著重建歸國後不曾找到的那個「鄉愁中國」，以及尋找「新國家」和「新國民」的期望。

第一節 「國民文學」的提出

「國民文學」是一個自新文學運動之始就被提出的概念。「國民文學」與「寫實文學」、「社會文學」一起構成了陳獨秀「文學革命」的三大目標。「平易的抒情的國民文學」被作為「雕琢的阿諛的」、「藻飾依他，失獨立自尊之氣象」的「貴族文學」的對立物而提出。〔註2〕陳獨秀提出的「國民文學」，從其反對「貴族文學」的功能上看體現了文體改革的要求，從陳獨秀所做的「平易的抒情的」描述上看則更近於周作人後來常常使用的「平民文學」。雖說文學革命的終極目的在於改造「國民性」，但此時的「國民文學」中，「國家」的含義並沒有被特別地強調，其中的「國民」作為「貴族」的反義詞，實與「平民」的含義並無二致。文學革命時代的「國民文學」不妨說是被作為平易樸實的文體象徵而提出的。

周作人的「平民文學」，從其作為「貴族文學」對立物的層面上看，是一個與陳獨秀的「國民文學」類似的概念。不過，周作人拓展了陳獨秀的定義，將「普遍」與「真摯」視為「平民文學」最重要的質素，而且這兩種質素不僅應是文體上的，也應當是情感上的，並且後者更重要，〔註3〕即好的文學應當是個體心中最真實的感情的抒發。周作人偶而也使用「國民文學」，他用這

〔註2〕陳獨秀《文學革命論》，《新青年》，1917年2卷6期，第1、3～4頁。

〔註3〕周作人《平民的文學》，《藝術與生活》，石家莊：河北教育出版社，2002年，第3～7頁。

個概念來指聖經或四書五經。《聖書與中國文學》（1920）中寫道：「新舊約的內容，正和中國的四書五經相似，在教義上是經典，一面也是國民的文學。」〔註4〕《歐洲古代文學上的婦女觀》（1921）中稱《舊約》「實在是國民文學的總集，裏邊有歷史法律哲學，有詩歌小說，並非單純的教典。本來宗教的著作都可以作抒情詩觀，各派的聖書也多是國民文學的總集，如中國的五經便是一例。」〔註5〕文學革命初期的周作人將「平民文學」和「國民文學」區別使用，從中可見其對於國家和民族的態度。「五四」時代正夢想著世界主義的周作人深受啓蒙運動思想影響，〔註6〕思考的問題是如何使個人獨立於國家，他理想的人應是人類中的人，而非國家的人。民族、國家宜與宗教同觀，皆是原始人偶像崇拜的產物，而新文學家正應當做「偶像破壞者」。1920年周作人在北平演講《新文學的要求》時宣稱，經歷了近代科學理性洗禮，「如種族國家這些區別，從前當作天經地義的，現在知道都不過是一種偶像。（中略）從前的人從部落時代的『圖騰』思想，引伸到近代的民族觀念」。周作人提出「人生的文學」是中國新文學唯一的需要，特別強調「這文學是人類的，也是個人的；卻不是種族的，國家的，鄉土及家族的。」〔註7〕對「五四」時代信奉人道主義和世界主義的周作人而言，「平民文學」是應當追求的理想，「國民文學」則是人類學的研究材料。

作爲新文學運動的另一支，創造社在文壇登場之初就打出了「國民文學」口號，並注入了浪漫主義的因素。郁達夫1921年在《時事新報》上登出的那段著名的《創造》季刊出版預告中，將「中國未來之國民文學」作爲創造社的目標：「創造社同人奮然興起打破社會因襲，主張藝術獨立，願與天下之無名作家共興起而造成中國未來之國民文學。」〔註8〕1927年出版的《文學概說》中論及浪漫主義文學時也稱其「大抵是新興國民的產物。」〔註9〕郁達夫將但

〔註4〕周作人《聖書與中國文學》，《藝術與生活》，石家莊：河北教育出版社，2002年，第33頁。

〔註5〕周作人《歐洲古代文學上的婦女觀》，《藝術與生活》，石家莊：河北教育出版社，2002年，第76～77頁。

〔註6〕周作人《元旦試筆》，《雨天的書》，北京：新潮社，1925年，第112頁。

〔註7〕周作人《新文學的要求》，《藝術與生活》，石家莊：河北教育出版社，2002年，第19頁。

〔註8〕郁達夫《純文學季刊〈創造〉出版預告》，《郁達夫全集》（第十卷），杭州：浙江大學出版社，2007年，第20頁。

〔註9〕郁達夫《文學概說》，上海：商務印書館，1927年，第35頁。

丁（Dante Alighieri）、塔索（Toquato Tasso）等文藝復興詩人對中世紀文學的批判統統納入浪漫主義範疇，視之爲引領民眾的先導：「一般的群眾，得了這些人的指示，才從睡夢裏醒了轉來，以新的眼光來視察周圍。於是對現在不滿的情調，就變成了普遍的傾向。新世界的追尋，新生活的熱望，就成爲一般民眾共有的祈求了。」作爲「新興國民的產物」的浪漫主義文學後被國家主義所壓制：「一直到了近代的國家組織就緒，歐洲的國民開始經營國家主義的生活，統轄於中央集權的政府之下的時候止，方才歛影。」〔註 10〕這段有關浪漫主義文學的闡說中不難看出郁達夫《藝術與國家》（1923）中提出的藝術與民眾結盟以對抗國家的觀點。

　　對 1920 年代的郁達夫而言，「國民文學」是浪漫主義反抗破壞精神的象徵，重點在「反抗」與「新」，而不在「國民」。他眞正注重文學中的「民族」和「國家」因素要等到 1930 年代中期面臨日本入侵的民族危機，倡導「民族文藝」、「國防文學」的時代。〔註 11〕郁達夫 1935 年演講「民族文藝」時，視「民族文藝」與「國民文學」爲同一概念，追溯至 17 世紀的法國，「民族文藝或國民文學等稱號，是十七世紀法國諸批評家爲尊重本國文學傳統之故而創始的名詞。所以在法國，提倡這一種主義的文學家特別的多；稍遠的如 Sainta Beuve、Taine 諸人，近代如 Brunetière、Maurice Berras 以及現在還活著的老作家 Paul Bourget，都德的兒子 Leon Daudet 之類，都是墨守著國民傳統主義的群星。」郁達夫引用法國（按：郁文中誤作英國）批評家泰納（Hippolyte Adolphe Taine）的有關文學批評的「人種、環境、時代」三要素說，認爲「實在是可以拿來作民族文藝的論據的一塊柱石。大家試想想，在同一個疆土之中營生活，體質面貌有同一的形象，所用的又是一種語言文字，社會制度，習慣風俗感情等等，又都是一樣的一群人，他們所造出來的文藝，哪裏會沒有互似的共通之點呢？」民族主義理論始祖德國哲學家赫德（Johann Gottfried Herder）的學說、歌德（Johann Wolfgang von Goethe）和雪萊（Percy Bysshe Shelley）的作品也被郁達夫徵引，以證明「國民文學」是民族國家共同體的產物：

　　　　人類的發達，應從國家的民族的團體生活上著眼；凡言語、宗

　　教、法律、文藝等等，都是民族的特質與境遇的必然結果，團體生

〔註 10〕郁達夫《文學概說》，上海：商務印書館，1927 年，第 46～47 頁。

〔註 11〕參見郁達夫《談談民族文藝》（1935 年）、《國防統一陣線下的文學》（1936 年）等篇。

活的自然的生產；一國的文學全體，就是這一國國民的文化的反映，這一國國民的活的生力體系（**Ein System Lebendiger Kraft**）的表現；詩人就是較周圍諸人感覺更靈敏更深刻的民族先覺者，所以文學可以說並不是個人與為個人的產物，也不是可以私有的東西。繼這一種見解之後，又來了世界的兩大詩人歌德與雪勒的作品的實證，於是民族文藝或國民文學的觀念，就根深蒂固地種入在日耳曼民族的腦裏了。〔註12〕

儘管清楚民族主義發展到極致的德國最終走向了歐戰和猶太人屠殺，郁達夫仍然宣稱，鑒於目前中國正值亡國危機，而中國人的民族意識向來淡薄，所以提倡以民族主義為基礎的「民族文藝」或「國民文學」是「最適當也沒有的」。

郭沫若不曾明確使用過「國民文學」一詞，但是他 1920 年代的最初幾年間對「國民」的關注和期待日漸增長，這緣於郭沫若對民族傳統精神的重新「發現」，與他對國家和國家主義的反對互為表裏。郭沫若欲從民族歷史上尋找民族精神的想法在他的日本留學時代便已顯端倪。留學時代的郭沫若在家信中屢次督促弟弟應「讀古書」，理由是古書體現了「自國精神」。1915 年 3 月 17 日，經歷了「二十一條」回國事件的郭沫若在致父母信中寫道：「元弟在家，不可虛耍，新學問自是無從下手，然吾國舊書，不可不多讀也。一國文學，為一國之精神，物質文明，固不可缺少，而自國精神，終不可使失墜也。近世學子，通者無幾人矣；而究之物質方面，智識仍僅膚淺，實是自欺欺人事。」〔註13〕1919 年 11 月 9 日家信中又問起：「元弟在家中近來是如何過活？還是在讀古書麼？家中有部南北朝史，中有北魏書，書中有倭寇志一篇，如不十分長時，請元弟抄錄一份來寄我，愈早愈好，又有遼金元史一書，請把元史考查一考查，其中有范文虎傳麼？又有關於元兵征日本的紀事麼？請一併詳細考查考查，愈詳愈好，細抄一份給我，如嫌抄太費事時，請把倭寇志同元史寄來最好。」〔註14〕蔡震就此曾評論道，郭沫若這時對於中國古

〔註12〕郁達夫《談談民族文藝》，《郁達夫全集》（第十一卷），杭州：浙江大學出版社，2007 年，第 222 頁。

〔註13〕唐明中、黃高斌編注《櫻花書簡》，成都：四川人民出版社，1981 年，第 58頁。

〔註14〕唐明中、黃高斌編注《櫻花書簡》，成都：四川人民出版社，1981 年，第 159頁。

書的興趣，「不再是從『玩賞』文辭的角度以爲鑒賞，而是從『發現』的意義
上去進行研讀」。〔註15〕

郭沫若很快從對傳統的重新「發現」走向對「國民」和「民族」的重新
「發現」。1920 年 1 月 18 日，郭沫若致宗白華信中提出要收集各地民謠，編
纂一部《新國風》。

> 我常希望我們中國再生出個纂集《國風》的人物——或者由多
> 數的人物組織成一個機關——把我國各省各道各縣各村底民風，俗
> 謠，采集攏來，采其精粹的編集成一部《新國風》；我想定可爲「民
> 眾藝術宣傳」「新文化建設底運動」之一助。我想我們要宣傳民眾底
> 藝術，要建設新文化，不先以國民情調爲基點，只圖介紹些外人言
> 論，或發表些小己底玄想，終竟是鑿枘不相容的。〔註16〕

這個編纂《新國風》的設想令人想起劉半農、周作人等 1918 年發起的歌謠征
集運動，如錢理群曾指出的，劉、周等人收集歌謠的目的在於以民俗學方法
進行國民性的研究與改造，〔註17〕而郭沫若希望的則是從民風俗謠中發掘出
「國民情調」，以爲文學創作的靈感。如前章所述，1922 年寫作的《國家的與
超國家的》中，郭沫若已將中國傳統精神解釋爲世界主義，由此號召國人重
新恢復淹沒已久的傳統精神。〔註18〕寫作這篇文章的同年，郭沫若還在日本
寫作了《黃河與揚子江對話》，借擬人化了的揚子江之口追懷古代繁榮，痛惜
現在「花是凋謝了，只成了一片膿血的世界！可憐，可憐，可憐那一大族的
人民才爲么魔的『毒菌』們所擾」。〔註19〕這裡再次出現了還鄉故事裏「好的」
中國／過去的中國與「壞的」中國／現在的中國的對立。作者以擬人化的揚
子江和黃河作爲民族之魂的象徵，召喚國人在「中華民族」的名義下拆毀現
在這個「壞的」世界，重建那個「好的」過去。1923 年 5 月 18 日，郭沫若將
自己應日本《大阪每日新聞》之邀，用英文寫作的介紹新文學運動的 *Our New
Movement in Literature* 譯成中文重新發表在《創造周報》上。文章以郭慣有的

〔註15〕蔡震《文化越境的行旅——郭沫若在日本二十年》，北京：文化藝術出版社，
2005 年，第 91～92 頁。

〔註16〕郭沫若《郭沫若致宗白華函》，《三葉集》，合肥：安徽教育出版社，2006 年，
第 15～16 頁。

〔註17〕錢理群《周作人研究二十一講》，北京：中華書局，2004 年，第 67～68 頁。

〔註18〕郭沫若《國家的與超國家的》，《創造周報》，1923 年第 24 號，第 2～3 頁。

〔註19〕郭沫若《黃河與揚子江對話》，《郭沫若全集‧文學編》（第一卷），北京：人
民文學出版社，1982 年，第 311 頁。

激情呼告方式，試圖將「自我」和民族融合爲一體，號召寫作「黃河揚子江一樣的文學」。〔註20〕同年 10 月，郭沫若又發表《中華全國藝術協會宣言》，謳歌傳統文明曾經的輝煌，痛惜「民族精神」今日的腐化，呼喚「國魂」的拯救：「我們要把固有的製造精神恢復，我們要研究古代的寶藏，收集古代的遺物，期以關往而開來。」將藝術疏離民眾視爲民族墮落和民族藝術墮落的根源，由此號召「把藝術救回，交還民眾！」〔註21〕戴維·托德·羅伊（David T. Roy）曾指出，郭沫若在這篇宣言中欲將藝術交還民眾之語「是從認爲藝術起源於原始人的浪漫主義觀念開始的一個值得注意的進展」。〔註22〕郭沫若也和郁達夫一樣都爲「國民」賦上了浪漫主義的色彩。寫作《中華全國藝術協會宣言》的同時，郭沫若在爲《創造日》所寫的卷頭語《背著兩個十字架》中，繼續了《國家的與超國家的》中的反國家主題，揚國民而抑國家，將「國民」塑造成受到「國家」壓迫的受難群體。

> 國家的存在已經是人民的一個十字架了，我們人民的心上還如受苦聖母一樣插著一柄十字形的利劍，這是我們中華民國的國民所持的雙料的十字架。

> 永遠受了詛咒，永遠受著苦難的國民喲！我們對於你不惜我們的血淚，我們只希望你從十字架上復活！〔註23〕

如前章所論，1920 年代初是郭沫若對國家反對最爲強烈的時期，與此同時，這也是他對民族和國民關注最多的時期，失望於國家的郭沫若投向了民族，在「民族精神」和「受難國民」的浪漫光環下從反國家主義走向了民族主義。

創造社正式將「國民文學」作爲一種口號提出，始自鄭伯奇 1923～1924 年間在《創造周報》上三期連載的長文《國民文學論》。1923 年，因日本關東大地震的影響，學校無法按期正常開學，恰於此時返鄉休假的鄭伯奇決計在國內多停留一段時間，由此得到了一個觀察國內政局，與國內文壇內外之人交流

〔註20〕郭沫若《我們的文學新運動》，《創造周報》，1923 年第 3 號，第 13～15 頁。
〔註21〕郭沫若《中華全國藝術協會宣言》，《創造周報》，1923 年第 22 號，第 14～15 頁。
〔註22〕戴維·托德·羅伊（David T. Roy）著，晨雨譯《從浪漫主義與馬列主義（1918～1924）》，《郭沫若研究》第 7 輯，北京：文化藝術出版社，1989 年，第 299～300 頁。
〔註23〕郭沫若《背著兩個十字架》，《創造日彙刊》，上海：泰東書局，1931 年，第 7 頁。

的機會，這一段經歷給了他醞釀發表《國民文學論》的機會。〔註24〕整篇《國民文學論》最重要的關鍵詞是「國民感情」。鄭伯奇試圖通過「國民文學」的提倡，建構一個由「國民感情」聯繫起來的「我」與民族的情感共同體。

文章開頭就將「國民文學 Nationale Literature」提為中國新文學「最緊切的要求」、最重要的使命。〔註25〕接下來的論述將新文學運動以來的「藝術派」、「人生派」、「世界文學」、「平民文學」、「階級文學」諸派與「國民文學」逐一對比辯駁。鄭伯奇首先為自我表現的「藝術派」理論——創造社一直以來尊奉的自我表現——中的「我」連上民族的血脈，歸為國家的一員：「藝術家的自我表現；這話我們根本承認。但是藝術家既然也是人，一樣地在社會上做現實生活，對於現實生活利害最切的國家，對於自己血液相同的民族，他能毫無感覺麼？」同時劃清與國家主義的界線：「國民文學絕對不是利用藝術來鼓吹什麼國家主義或新國家主義的。」〔註26〕既而通過論說目下追求「世界文學」還為時尚早，嘗試把「五四」以來一心奔向世界的「我」拉回民族國家的領域。

> 一說到實際，世界依然是空虛的，若是把種族、國家這些具體的東西去了。（中略）中國的三個字是我們千萬遍都滌洗不下來的，而其實也沒有洗下來的必要。我們是世界市民，我們是Cosmopolitans，這是我們的理想；我們是中國人，是漢人，這是現實。我們不是宗教家，不能空耽理想。文學家，藝術家要深切地體驗現實。是個中國人，他便要觀照中國人的生活，感觸中國人的性情，關心中國人的運命：這才是真正的藝術家，文學家。〔註27〕

類似的論說在表達對新文學運動以來「平民文學」創作的不滿時再次出現。

> 我只勸藝術家各仍忠實於自己的生活。但是我望他們于忠實自己生活之外，須把自己的生活範圍——至少把自己的生活意識——擴張，但是擴張到什麼地方呢？人生麼？太抽象了，世界麼？依然是不可捉摸的名辭。我只勸我們的作家和批評家把生活意識擴張到國民的境界上去。國民？是的，這是我們的感情和經濟的最明確的一個單位。我們只意識到國民上，我們對於貧民和被壓迫的階級，

〔註24〕 鄭伯奇《憶創造社》，饒鴻競等編《創造社資料》（下），北京：知識產權出版社，2010年，第730～731頁。

〔註25〕 鄭伯奇《國民文學論》，《創造周報》，1923年第33號，第1～2頁。

〔註26〕 鄭伯奇《國民文學論》，《創造周報》，1923年第33號，第3頁。

〔註27〕 鄭伯奇《國民文學論》，《創造周報》，1923年第33號，第5頁。

自然有一種同情。站在堂上講風涼話的平民文學家實在沒有意識到
國民的文學家同情的真切。〔註28〕

至於「階級文學」，鄭伯奇並不反對，只是覺得一樣為時尚早。他援引有島武
郎《一個宣言》中有關第三階級即知識分子階級無法為第四階級代言的結論，
認為目下身為第三階級的作家們寫作「階級文學」火候未到，宜先提倡「國
民文學」為先導，以民族感情聯繫國民，進而促成階級自覺：「凡同屬於一個
民族，對於自己的民族都有同一的感情——不管他是屬於那一階級。由這國
民的自覺，慢慢可以進而為階級的自覺。並且可以促進異階級間的共感和同
情。」〔註29〕

對「國民文學」至關重要的「國民感情」究竟是什麼？鄭伯奇舉出「愛
鄉的感情」和「類似的意識」兩點。前者實是異邦留學多年的創造社作家體
味最深的懷鄉病，後者則強調民族認同：「我們的類似意識之發達，實際上，
是以『國民』為最大限。同一民族的人們大都屬於同一組織的國家，習用同
一的語言，具有同一的氣質（所謂國民性）風俗習慣相同，利害關係相同，
並有共同的歷史和傳說：所以類似意識發達到極致了。」〔註30〕鄭伯奇由此
總結「國民文學」要素，列出「鄉土的感情」、「國民意識」、「國民生活」三
項。文學家欲創作「國民文學」也應該首先恢復自己的「國民意識」。〔註31〕
鄭伯奇同時批評中國人愛鄉而忘國，「愛自己的生地 Pays natal，是中國人愛鄉
心的極限，社會生活最重要的國家，反被他們視之度外。招致了現在各省割
據的時局便是這種變態的愛鄉心發達的結果」。這段中國人有愛鄉心而無愛國
心的論說中可以看到前述對中國人刺激頗深的「中國人無國家觀念說」的影
子，由此也可見，鄭伯奇希望以「國民文學」的提倡來喚醒國人的國家觀念、
國民意識的嘗試中，不無「中國人無國家觀念說」的影響。

鄭伯奇畢業於廚川白村執教的京都帝國大學，他的「國民文學論」中也
可以看到廚川氏《苦悶的象徵》影響的痕迹，鄭本人後來也承認大學時代受
弗洛伊德精神分析學說影響頗大。〔註32〕鄭伯奇將弗洛伊德學說應用到民族

〔註28〕 鄭伯奇《國民文學論》，《創造周報》，1923年第33號，第6頁。
〔註29〕 鄭伯奇《國民文學論》，《創造周報》，1923年第33號，第7頁。
〔註30〕 鄭伯奇《國民文學論》，《創造周報》，1923年第34號，第3頁。
〔註31〕 鄭伯奇《國民文學論》，《創造周報》，1923年第34號，第4～5頁。
〔註32〕 鄭伯奇《憶創造社》，饒鴻競等編《創造社資料》（下），北京：知識產權出版
　　　　社，2010年，第730頁。

共同體上，將民族視爲一個生命體，相信作家應以個人的苦悶忖度民族的苦
悶，在當下中國內憂外患交迫的民族苦悶中尋找創作的源泉：「『文學是苦悶
的象徵』這是現代文學的標語。一作家的作品，是作者自己苦悶的象徵；一
民族的國民文學，也不外這民族自己苦悶的象徵。」〔註33〕鄭捷曾指出，鄭
伯奇的「國民文學論」「規定了文學家的責任和義務：以國家一員的國民身份，
通過表現國民的感情和生活來培養中國人的『國民意識』，這是與他的藝術是
『自我』之表現的文學觀密切關聯著而展開的文學理論」。〔註34〕從鄭伯奇提
出的「鄉土的感情」、「國民意識」、「民族的苦悶」等概念中可以看到，他在
努力從心理、生理兩方面將作家的自我與民族揉合成一個生命體。國民文學
家應當視自己爲民族生命的載體，「國民文學」創作的一個重要內容便是發掘
民族歷史上已逝的偉大人物，再現國民靈魂：

> 一國民也如一個人一般是個生命的持續體。生命之流是前波注
> 入後波的。我們先民的傳說，神話，都是先人所遺精神上很豐富很
> 寶貴的遺產，是國民文學家許多感動的源泉；（中略）歷史上的偉大
> 人物是一國民精神的支配者。國民文學家在這已死了的人物中發現
> 國民靈魂，而把它們再現出來。〔註35〕

如何寫作「國民文學」？鄭伯奇引用《創造季刊》1卷4期發表的何畏譯俄國
作家奧金（Moissaye Joseph Olgin）所著《國民文學之生長》開頭一段，號召
中國的新文學家們應像果戈理、屠格涅夫等十九世紀俄國作家那樣，重新「發
現」民族風景、民族氣質和民族精神。

> 俄國文學是爲一種強烈的欲望——理解國民性的欲望所激動
> 了。直到 Pushkin，差不多沒有一個作家曾試寫過俄國人民與俄國情
> 狀如他實是。十九世紀的俄國文學所應做的事情，爲數甚巨。破題
> 兒第一次，我們的作家們要模寫俄國氣質的根本與俄國精神的大
> 要。一個時代與一個民族的文學常顯映一個民族的精神，眞是的確
> 的。然而在人生已經多少代數爲文學所映出來了的國家，再記述新
> 的型式，這是一件事情；在差不多沒有一點文學上的傳說於過去的

〔註33〕鄭伯奇《國民文學論》，《創造周報》，1924年第35號，第1頁。
〔註34〕鄭捷《中國近代詩における文學と國家》，東京：御茶の水書房，2010年，第
　　　　93頁。
〔註35〕鄭伯奇《國民文學論》，《創造周報》，1924年第35號，第7頁。

歷史中，第一次來畫出一大民族的形狀，又是一件事情。這後面的
一件事便是俄國的實情，尤其是十九世紀最初的四分之三的。有許
多作家差不多是一些新領土的發見者：Aksakov 發見了農奴制度下
之家長制度的俄國，Gogol 發見了一個衰滅的封建制度的混亂，
Ostrovsky 介紹了俄國的中流階級，Turgenief 發見了一個人在農民身
上，Lyeskov 最先模寫了俄國的僧侶生活與俄國人大多數的純樸的
信仰，Koltsov 他自己是國民精神的一個默示，Gontcharov 敘述了國
民的惰性的 Oblomov 裏；他們大家都發見了俄國風景的美處，和平
民的傳來的智力與俄國魂底下的神秘。〔註36〕

儘管郭沫若當時對鄭伯奇的「國民文學論」報以沉默，但從鄭伯奇對「國民文
學」的一系列描述中仍然可見與郭沫若編纂《新國風》，發掘「國民情調」、「民
族精神」的設想類似的企圖：通過理解國民和國民生活，重新發掘出民族精神。
《國民文學論》不妨視為鄭伯奇對自己幾年前在小說《最初之課》中所提問題
的解答，即國家與人類能否相容？「我」究竟應當歸屬國家還是歸屬世界？《最
初之課》中那幅人類飄流荒洋的圖景在《國民文學論》中再次出現。在批評當
下作家只注目於自己的小世界，而無視人類的大苦難時，鄭伯奇寫道：

人類社會在他們的眼前，現了溺人的汪洋大海的樣子，他們不
敢跳下去。溺在這大海的人們的呼救的悲鳴，他們是裝做聽不見的。
國民的痛苦和憤怒，沒有口子發洩，只待著爆發，他們卻不管。這
樣的新文學我不知異於舊文學處在那裡？這樣的新文學家我不知異
於舊文人處在那裡？所以我急切的勸告新文學家先從那孤立的「象
牙之塔」下來，在那巨浪洶湧的社會的濁流去游泳一番。若是你發
現了一個小小的 Oasis，然後再另建你的「象牙之塔」。〔註37〕

鄭伯奇不再像在《最初之課》裏那樣描繪雖然美好卻不甚可靠的世界主義互
助圖景，而是號召作家們投身荒洋，人生沙漠中的 Oasis 也不再是純文學的同
人刊物，而是創作代言國民苦痛的「國民文學」。創造社心儀的流浪詩人形象
也再次登場。和郁達夫一樣，鄭伯奇也將浪漫主義視為國民文學的一種，他
列舉從斯塔爾夫人（Madame de Staël）、夏多布里昂（Chāteaubriand）到拉馬

〔註36〕 Moissaye J. Olgin 著，何畏譯《俄羅斯文學便覽》，《創造季刊》，1923 年 1 卷
4 期，第 7 頁。

〔註37〕 鄭伯奇《國民文學論》，《創造周報》，1923 年第 34 號，第 5 頁。

丁（Lamartine）、雨果（Victor Hugo）、維尼（A. de Vigny）等法國浪漫主義諸家，「都是十九世紀前半混亂不安時代的法蘭西國民的代言者」。斯塔爾夫人和夏多布里昂因係王黨後裔，「追慕舊政治的遺風，攻擊政府」，終於遭到拿破崙政權流放，「他們一面自悲身世，疾首暴君，但是，一面懷念祖國之情也流露在他們的作品裏。這種厭世，憤俗，懷古，愛鄉的作品遂開了浪漫主義的先河」，後起的拉馬丁、雨果、維尼則都是「從『象牙之塔』跳到『現實之海』裏」。〔註38〕

　　鄭伯奇對法國浪漫主義文學的描述幾可視爲創造社自身的寫照，那些被流放的法國浪漫作家的經歷正符合了他們對自己「被放逐的詩人」的形象設定。鄭伯奇對《最初之課》裏人類的荒洋處境的再闡釋，以及對浪漫主義文學的詮釋中可以看到，他希望將那個被放逐的「我」重新召回民族國家的懷抱。嘗試勾畫一幅包括「我」、民族、國家、國民、世界和人類的新圖景：被日本人嘲笑中國人所不具有的「國家觀念」、「國民意識」將在「國民文學」中體現；「國民文學」因爲是表現做爲民族國家一員的「自我」的文學，所以同時是「我」的和國家的，困擾創造社的「我」與國家的衝突也將隨著「國民文學」的實現而達到和解。

第二節　與《語絲》派的「國民文學」論爭

　　對於鄭伯奇的《國民文學論》，創造社同人中的郭沫若和成仿吾雖都報以沉默，但是「在國外的朋友中間，卻引起了相當的共鳴。木天首先發表贊成的意見，並因此和北京的文人發生過爭辯。乃超、初梨也表示過局部的贊同。王獨清從法國來信，熱烈地表示擁護」。〔註39〕響應最爲熱烈的首先是穆木天，也由此拉開了與《語絲》派論爭的序幕。1925 年 3 月 6 日《京報副刊》刊載《論國民文學的三封信》，分別爲穆木天《給鄭伯奇的一封信》，以及鄭伯奇和周作人對此信的覆信，鄭伯奇以積極態度熱烈回應，「決心此生以國民文學爲中心，從事新藝術的運動了！」〔註40〕周作人則表示謹慎和局部的贊

〔註38〕鄭伯奇《國民文學論》，《創造周報》，1924 年第 35 號，第 3～4 頁。
〔註39〕鄭伯奇《二十年代的一面》，饒鴻競等編《創造社資料》（下），北京：知識產權出版社，2010 年，第 641 頁。
〔註40〕鄭伯奇《復穆天的信》，《論國民文學的三封信》，《京報副刊》，1925 年 3 月 6 日第 80 號，第 4 頁。

同。錢玄同讀了穆、鄭二人的文章後在《語絲》上發表《寫在半農給啓明的信底後面》，將「國民文學」斥爲「國家底迷信」，並得到林語堂的支持。對錢玄同的文章頗爲不滿的穆木天很快也在《語絲》第 34 期上發表《寄啓明》回擊辯駁，而同期發表的錢玄同《敬答穆木天先生》一樣言辭犀利，寸步不讓；周作人《答穆天》重錄《京報副刊》上的答信，繼續表達了他對「國民文學」的不那麼有信心的期待；張鳳舉《寄木天》則以溫和的態度指出穆木天無論怎樣辯解，也無法抹去「愛國論」的影子。《語絲》在第 54 期上刊載王獨清支持鄭、穆的《論國民文學書》後，《語絲》派未再作回應，論爭就此告一段落。

國家瑋《身份焦慮背後的省察——從錢玄同與穆木天的的一次論爭說起》一文認爲，穆木天提出的「國民文學」繼承了「五四」以來「人的文學」的觀念並試圖做出超越，「『國民文學』的起點正在『五四』，而它試圖超越『五四』之處則是以『文化尋父』的情結重新找尋中國傳統文化資源中調和穩健的一面」。〔註41〕陳方競、朱旭晨《關於「國民文學」的倡導》認爲這場論爭是「中國現代文學中『詩』與『散文』在觀念上的第一次碰撞。」錢、周等代表的是文學革命以來的「散文」觀念，在日本接受了法國浪漫主義、象徵主義影響的鄭、穆則試圖通過提倡「國民文學」表達「詩」的觀念。〔註42〕鄧捷則指出，穆木天、鄭伯奇等人的「純粹詩歌」提倡和「國民文學」的主張「包含著當時中國知識分子共同懷抱的文學與國家之關係這一複雜問題。」〔註43〕「有關『國民文學』的論爭雖未持續多久，卻清晰地呈現出二十年代中期中國對於『國民』、『國家』、『民族』的思考中雜夾著巨大分歧的複雜面貌」。〔註44〕本文贊同鄧捷的觀點，但是需要指出的是，在這場論爭中，儘管雙方同樣表達了對「國民」、「國家」、「民族」的看法，所關心的卻是並不相同的問題。

〔註41〕 國家瑋《身份焦慮背後的省察——從錢玄同與穆木天的的一次論爭說起》，《唐都學刊》，2008 年第 4 期，第 95～96 頁。

〔註42〕 陳方競、朱旭晨《關於「國民文學」的倡導》，《燕山大學學報》，2009 年第 4 期，第 7 頁。

〔註43〕 鄧捷《中國近代詩における文學と國家》，東京：御茶の水書房，2010 年，第 86 頁。

〔註44〕 鄧捷《中國近代詩における文學と國家》，東京：御茶の水書房，2010 年，第 97 頁。

穆木天以詩體寫成的《給鄭伯奇的一封信》開頭首先提出的問題是：「什麼是眞的詩人」？

　　什麼是眞的詩人呀！／他是民族的代答，／他是神聖的先知，／他是發揚「民族魂」的天使。／／

　　他要告訴民族的理想，／他要放射民族的光芒，／他的腹心是民族的腹心，／他的肝腸是民族的肝腸。／／

　　（中略）

　　我們作頑固的人罷！／共來發掘我們民族的眞髓／／

　　舉起我們象牙的角笛吧！／共唱我們民族的歌曲罷！／啊！伯奇呀！歌！歌！歌！／「民族魂」的眞的歌。／是永遠的青青長長的綠。〔註45〕

鄭伯奇《國民文學論》中構建「我」與民族的情感共同體的追求，在穆木天的這首詩裏得到了進一步的明確：「眞的詩人」應當是民族的代言人，「民族的眞髓」的發掘者，「民族魂」的體現。在反駁錢玄同的文章中，穆木天針對錢玄同「全盤歐化」的主張寫道：

　　Influence 是外來的，而 Originalisé 是內面的，自己的，國民的。我們的「國民文學」的主張，根據在「個性」上，國民主義是「自我進化」的一形式，在與 individualism, Cosmopolitanism 成正的比例：國民主義的實現越法的澈底，個人主義是越法的深刻，世界主義是越法的堅固。我們所說的「國民文學」，就是我所愛的 Romantisme français 的一分子（factor）的，「國民文學」的意義在此論點我與鄭伯奇兄一致的。（中略）提倡國民文學，發現出國民的自我，同時才能吸收眞的歐化來，才能有眞的調和，才能作出眞的越法澈底的自我來，才能作出眞的時代來。〔註46〕

穆木天坦言自己的「國民文學」來自法國浪漫主義，是「Romantisme français 的一分子」，這與郁達夫有關浪漫主義和「國民文學」關係的論述一致。值得注意的是，穆木天試圖將個人、國家、世界三者共同調和在「國民文學」中，

〔註45〕穆木天《給鄭伯奇的一封信》，《論國民文學的三封信》，《京報副刊》，1925年3月6日第80號，第3～4頁。

〔註46〕穆木天《寄啓明》，《語絲》，1925年7月6日第34號，第1～2頁

這不僅僅是爲了應對錢玄同的批評，也關係到穆木天自己和整個創造社需要面對的問題，即「我」與國家究竟應當成爲怎樣一種關係？

世界主義是創造社作家曾經憧憬的理想，穆木天日本留學時還曾和周作人一樣是新村運動的熱心支持者。周作人的「世界新村」圖景裏：「各國各地方各家族各個的人，只要自覺是人類的一分子，與全體互相理解，互相幫助而生活，其餘凡是他的國的、地方的、家族及個人的特殊性質，都可以——也是應該——盡量發展，別人也應歡迎的」，〔註47〕「倘能明白人類共同存在的道理，獨樂與孤立是人間最大的不幸，以同類的互助，與異類爭存，（我常想如能聯合人類知力，抵抗黴菌的侵略，實在比什麼幾國聯盟幾國協約，尤爲合理，尤爲重要），才是正當的辦法，並耕合作，苦樂相共，無論那一處的人，即此便是鄰人，便是兄弟」。〔註48〕周作人和創造社一樣反對在進化論名義下「爪牙用而殺伐行」的國家和國家主義者，這些「世界新村」的圖景在鄭伯奇的《最初之課》中也曾出現過，只是對於同時深受日本人民族歧視之苦，目睹現實中時時上演的弱肉強食的種族競爭的鄭伯奇的主人公來說，實在只是一個奢侈的幻影。

創造社作家當初一度投向世界主義的原因除了「五四」影響外，對日本軍國主義的厭惡、在日本身受民族歧視的痛苦，以及對本國政府腐敗的反感也是重要原因，而穆木天對「國民文學」的闡釋正是嘗試剔除上述負面因素，重塑國家的形象。通過劃清與國家主義的界限，日本式的軍國強權國家形象被剔除；通過把目光轉向民族古代的輝煌，現實中的腐敗國家形象也被淡化，「國民文學」裏的「國家」終於以理想、浪漫的「民族」的面目出現，「我」重回國家的障礙也就此掃清。如鄧捷所指出的，「錢玄同所擔心的謳歌美化民族、歷史的傾向，很遺憾，在穆木天的詩論中是怎麼也抹拭不去的。」〔註49〕然而，穆木天正是需要通過美化民族歷史，使「我」重投民族國家共同體，並成爲民族代言人的行爲合理化。穆木天對「國民文學」的闡釋恰好勾勒出一幅以「國民文學」爲平臺，個人、國家、世界三位一體的理想圖景：「國民

〔註47〕周作人《新村的理想與實際》，《藝術與生活》，石家莊：河北教育出版社，2002年，第216頁

〔註48〕周作人《訪日本新村記》，《藝術與生活》，石家莊：河北教育出版社，2002年，第230～231頁

〔註49〕鄧捷《中國近代詩における文學と國家》，東京：御茶の水書房，2010年，第99頁

主義的實現越法的澈底，個人主義是越法的深刻，世界主義是越法的堅固」，無怪鄭伯奇在覆信中稱讚：「國民文學的範圍和事業，差不多，在你那首詩中已發揮盡致了」。〔註50〕

創造社作家希望通過「國民文學」的追求構建一個新的「我」與國家的情感共同體，「國民」對他們而言是精神的皈依和創作的源泉，對《語絲》派而言卻是劣根性難除的待改造對象，雙方論爭因此而起。對深信社會文明進化論的錢玄同而言，過去的文化「都應該棄之若敝屣」，鄭伯奇、穆木天高唱民族歷史讚歌的「國民文學」主張自然十分刺眼，「國民」本身更是亟需以「歐化」爲目標徹底改造。

> 至於現在的中國國民，我從沒有說過「不要佢們」的話；但我
> 希望佢們「革面洗心」努力追求歐化，根本反對佢們再來承襲咱們
> 祖宗那種倒黴的遺產。所以我雖想要「國民」！卻不想要「國民文
> 學」。〔註51〕

錢玄同對「國民文學」的批判雖然不免過激，但他也確實讀出了其中要將「我」定義爲「國家」的「我」，而非「我自己」的「我」的傾向：「我說的自己，便是指個人獨有的『我自己』而言，不是指中國人共有的『我們中國』。」錢玄同也敏銳地觀察到了「國民文學」中抹拭不去的對國家的崇拜思想，他由此疾呼「打破國家底迷信」，警惕「二十年前底老新黨盲目讚美德國和日本那種血腥氣的愛國主義」的復活。〔註52〕林語堂在他同樣措辭激烈的呼應錢玄同的信中也寫道：「今日談國事所最令人作嘔者，即無人肯承認吾民族精神有根本改造之必要。（中略）不知今日之病在人非在主義，在民族非在機關。」民族之病已深，「老大帝國國民癖氣」正是病根所在。根本改造尚且不及，要追往懷古的「國民文學」只應與「敗類」同觀。〔註53〕張鳳舉則委婉指出穆木天雖然辯解自己並非「愛國論」者，但是他對於國家其實採取的正是「第一人稱的態度。凡是我的或我們的都是好的，而且愈古的愈好。」〔註54〕

〔註50〕鄭伯奇《復穆天的信》，《論國民文學的三封信》，《京報副刊》，1925年3月6日第80號，第4頁

〔註51〕錢玄同《敬答穆木天先生》，《語絲》，1925年7月6日第34期，第7頁。

〔註52〕錢玄同《寫在半農給啓明的信底後面》，《語絲》，1925年3月30日第20期，第3～4頁。

〔註53〕林語堂《給玄同的信》，《語絲》，1925年4月20日第23期，第3頁。

〔註54〕張定璜《寄木天》，《語絲》，1925年7月6日第34期，第4頁。

　　比起錢玄同等人的激烈反對,周作人對「國民文學」表示了有條件的
贊同。1925 年元旦寫作的《元旦試筆》中,目睹「清室廢號遷宮以後,遺
老遺小以及日英帝國的浪人興風作浪」的周作人雖然宣佈自己將重回民族
主義,但是他對於不應以宗教信仰式的態度無條件信仰國家的立場卻並未
改變,周作人的民族主義的根基仍然是獨立於國家的個人,他的民族主義
的最終目的是爲個人爭自由:「民國根基還未穩固,現在須得實事求是,從
民族主義做起才好。我不相信因爲是國家所以當愛,如那些宗教的愛國家
所提倡,但爲個人的生存起見主張民族主義卻是正當,而且與更『高尚』
的別的主義也不相衝突。」〔註 55〕周作人「不相信因爲是國家所以當愛」,
而鄭、穆的「國民文學」恰恰包含著「因爲是國家所以當愛」的邏輯。這
也就可以理解周作人對於「國民文學」的態度。周作人並不反對鄭、穆的
主張,在他看來,「國民文學」正是民族主義在文學上的表現。他在答覆穆
木天的信中寫道,「我想這本來也是很自然很平常的道理,不過是民族及民
主的思想意識地發現在文學上來罷了。這個主張的理由明若觀火,一國的
文學如不是國民的,那麼應當如何,難道可以是殖民的或遺老的麼?」對
「西崽氣與家奴氣」嚴重,太沒有「國民的自覺」的中國人來說,「國民文
學的呼聲可以說是這種墮落民族的一針興奮劑,雖然效果如何不能預知。
總之是極適當的辦法。」即使是在這段表示贊成的文章中,周作人與創造
社對於國家、民族、國民的看法也已經顯示出明顯不同。如前所述,對周
作人而言,種族、民族、國家和宗教一樣是原始人偶像崇拜的產物,而創
造社的「國民文學」恰恰呼喚個人重投國家的懷抱,只不過這裡的國家換
上了民族的面目。同樣提倡發掘民間文學,周作人的目的在發掘「人」,而
創造社則希望發掘出「民族」。周作人要求的是「我」的獨立,創造社尋求
的則是「我」的歸屬。鄭、穆等人欲向祖先尋民族精神的「國民文學」提
倡,一不小心就會重新樹起「國家」這尊偶像,導致「青年的『重來』」、「世
界的悲劇」。〔註 56〕鄭伯奇要在「國民文學」中「復活精美的古文古語」,
周作人《國語改造的意見》中則認爲即使是抱著國語改造的目的復活已死
國語,也容易導向崇古或民族主義:「使已死的國語復活,正如想改用別國

〔註 55〕周作人《元旦試筆》,《雨天的書》,北京:新潮社,1925 年,第 112 頁。
〔註 56〕周作人《重來》,《談虎集》,石家莊:河北教育出版社,2002 年,第 72 頁。

語一樣的困難而且不自然。倘以國語爲神聖，便容易傾向於崇古主義或民族主義。」〔註57〕鄭伯奇視爲「國民文學」成立根基之一的民族血緣認同，即鄭所謂「類似的意識」，在周作人那裡一早被視爲原始人部落時代的圖騰思想。因此，像《元旦試筆》中有條件地「重回」民族主義那樣，周作人在他對「國民文學」的贊成後面附上但書：

> 提倡國民文學同時必須提倡個人主義。我見有些鼓吹國家主義的人對於個人主義極力反對，不但國家主義失其根據，而且使得他們的主張有點宗教的氣味，容易變成狂信。這個結果是凡本國的必好，凡別國的必壞，自己的國土是世界的中心，自己的爭戰是天下之正義，而猶稱之曰「自尊心」。(中略) 我們現在這樣的被欺侮，一半固然是由於別人的強橫，一半——至少是一半——也在於自己的墮落。我們在反對別人之先或同時，應該竭力發掘剷除自己的惡根性，這才有民族再生的希望，否則只是拳匪思想之復活。(中略)所以我仿你的說法要加添幾句，便是在積極地鼓吹民族思想以外，還有這幾件工作：

> 我們要針砭民族卑怯的癱瘓；
> 我們要消除民族淫猥的淋毒；
> 我們要切開民族昏憒的癰疽；
> 我們要閹割民族自大的瘋狂。〔註58〕

不相信太陽底下會有新鮮事的周作人在隨後的《答木天》中除了繼續重申上述發表在《京報副刊》上的觀點外，同時也描繪了自己心目中理想的「國民文學」：國民劣根性的根本改造和錢玄同高呼的「歐化的中國」都是美麗而遙遠的理想，周作人寫道：

> 保存國粹正可不必，反正國民性不會消滅，提倡歐化也是虛空，因爲天下不會有像兩粒豆那樣相似的民族，叫他怎麼化得過來。現在要緊的是喚起個人的與國民的自覺，盡量地研究介紹今古的文化，讓它自由地滲進去，變成民族精神的滋養料，因此可望自動地

〔註57〕周作人《國語改選造的意見》，《藝術與生活》，石家莊：河北教育出版社，2002年，第54頁。
〔註58〕周作人《致穆木天的信》，《論國民文學的三封信》，《京報副刊》，1925 年 3月 6 日，第5～6頁。

發生出新漢族的文明來。這是我任意的夢想，也就是我所以贊成國
民文學的提唱之理由。〔註59〕

就在鄭伯奇發表《國民文學論》的同年，周作人為劉大白詩集《舊夢》作序
時，描述了和「國民文學」頗為類似的圖景：「我」應當既保持「世界民」的
態度，同時不失「地方民」的資格，以「人類一分子」的姿態創作屬於「世
界」的「鄉土藝術」：

> 我們這時代的人，因為對於褊隘的國家主義的反動，大抵養成
> 一種「世界民」（Kosmopolites）的態度，容易減少鄉土的氣味，這
> 雖是不得已卻也是覺得可惜的。我仍然不願取消世界民的態度，但
> 覺得因此更須感到地方民的資格，因為這二者本是相關的，正如我
> 們因是個人，所以是「人類一分子」（Homarano）一般。我輕蔑那
> 些傳統的愛國的假文學，然而對於鄉土藝術很是愛重：我相信強烈
> 的地方趣味也正是「世界的」文學的一個重大成分。具有多方面的
> 趣味，而不相衝突，合成和諧的全體，這是「世界的」文學的價值，
> 否則是「拔起了的樹木」，不但不能排到大林中去，不久還將枯槁了。
> 〔註60〕

周作人在對「國民文學」的有條件的贊成中縫進國民性改造的理想，他心目
中未必沒有一個「國民文學」的理想，不過那是要在國民性真正得到改造之
後，在清除了民族的「卑怯」、「淫猥」、「昏憒」、「自大」之後，而且，他自
己對這一目標究竟能否實現，對國民性能否真正改造也是疑慮重重，擔心「人
世的事都是鬼作主」。

「國民文學」論爭的雙方其實各自在講不同的問題：創造社關心的是文
學，《語絲》派考慮的是文明。正如穆木天的「國民文學」圖譜所顯示的那樣，
對創造社而言最重要的「自我」是始終被強調的一點，因為創造社要解決的
是作為「被放逐的詩人」的「我」在創作和精神上的出路，《語絲》派操心的
則是整個民族的改造和進化。

不過，值得注意的是，錢玄同雖對「國民文學」頗不以為然，但他也清楚
穆木天的「國民」的確並非自己極力反對的「歷史上的故物」，他們要歌頌的
「民族底真髓」也實非民族的真相，而不過是「錯認一己底理想為民族底真

〔註59〕 周作人《答木天》，《語絲》，1925 年 7 月 6 日第 34 期，第 3 頁。
〔註60〕 周作人《序》，《舊夢》，上海：商務印書館，1924 年，第 4～5 頁。

髓」，所謂的「民族魂」只是文學家們一廂情願的白日夢：「據我底猜想，穆先生大概與郭沫若先生底見解相像。郭先生最愛把自己底理想裝在古人底死屍上，如女媧，伯夷，叔齊，孔老二，聶政，王昭君，卓文君，王實甫，王陽明這些人底死屍，都是被他利用過的。這個方法，『古已有之』，即所謂『託古改制』是也。（中略）這種『民族魂』是幾個文學家關了房門，用幻想造出來的，並非『我們民族歷史』是真這樣，真有這回事。」〔註61〕王獨清在《論國民文學書》中區別「國民文學」與國家主義時稱後者「只去抱殘守缺，在 neophobia 中討生活」，而前者則包含了「代表人類真實情感的 Nostalgia！」〔註62〕創造社這些久居國外的作家確實是為王獨清所謂 nostalgia 所吸引，要復活的「祖國的過去」的確不是《語絲》派所反對的「復古」或「國粹」，如前所論，他們要復活的那個「祖國」根本不曾存在過，而不過是鄉愁的美麗幻象。

第三節　「純詩」追求與「國民文學」：穆木天和馮乃超的實踐

雷蒙・威廉斯（Raymond Williams）《關鍵詞》裏解釋 Romantic 一詞時曾寫道，浪漫主義中包含著「對於非理性（the irrational）、潛意識（the unconscious）、傳奇（the legendary）、神話（the mythical）的重新評估，是伴隨著對於民間文化（folk-culture）的重新評估（在這個民間文化裏，似乎可以找到部分的上述材料），並且在不同的面向裏，伴隨著對於主體（Subjectivity）的重新評價」。〔註63〕鄭伯奇的「國民文學論」中已經可以看見這種浪漫主義的追求，而穆木天和馮乃超試圖通過在「純詩」的象徵世界裏發掘出「國民文學」的創作實踐，重新確立了個體與民族國家的位置。

一、穆木天：《譚詩》裏的「故鄉」

穆木天 1923 年進入東京帝大法國文學科時，正遇上這個學科最黃金的時代，他在剛從法國回來的辰野隆的影響下接觸到法國文學，並很快投向象徵

〔註61〕錢玄同《敬答穆木天先生》，《語絲》，1925 年 7 月 6 日第 34 期，第 5～6 頁。
〔註62〕王獨清《論國民文學書》，《語絲》，1925 年 3 月 30 日第 54 期，第 41 頁。
〔註63〕雷蒙・威廉斯（Raymond Williams）著，劉建基譯《關鍵詞——文化與社會的詞彙》，北京：生活・讀書・新知三聯書店，2005 年，第 420 頁。

主義。〔註64〕不過，在 1926 年寫作的《譚詩》裏，穆木天說直至 1924 年 6
月自己都是「完全住在散文的世界裏」，〔註65〕他眞正開始大量創作詩歌是在
1924 年冬返鄉，並參與了「國民文學」論爭之後。引起「國民文學」論爭的
那篇《給鄭伯奇的一封信》寫於 1924 年 10 月 17 日，這一年穆木天返回吉林
老家：「一九二四年冬，因事，又去回到吉林住了幾天。故鄉的冬景，特別地，
引起我的憧憬。」〔註66〕這次短暫的返鄉經歷開啓了穆木天的大量創作象徵
主義詩歌的時期，這一時期的絕大部分詩作後來都收入了詩集《旅心》。陳方
競曾把 1924 年末到 1925 年視爲穆木天的詩歌創作爆發期，其中 1925 年「國
民文學」論爭後的 5、6、7 幾個月的創作尤其多。〔註67〕1925 年春，穆木天
至北京，與張鳳舉、周作人會面，經二人推薦在 2 月 9 日出版的《語絲》第
13 期上發表了《淚滴》和《小詩》（收入《旅心》集時改題爲《我願作一點小
小的微光》），並得到了張、周二人的鼓勵，這種鼓勵顯然對穆木天影響甚大，
他後來在《譚詩》中便將自己的「詩的改宗」定爲在《語絲》上發表詩歌的
1925 年 2 月。返回東京後的同年 4 月，穆木天還見到了剛剛從京都帝大畢業
的鄭伯奇，並向鄭伯奇介紹了自己喜愛的詩人讓・莫利斯（Jéan Moéras）和
阿爾貝・薩曼（Albert Sarmain）。

　　穆木天曾經深爲「五四」時代的「平民文學」倡導所吸引，「在櫻花的首
都，讀著《新潮》，《新青年》時，同朋友說過『永生只作小說不作別的東西』
的話。這足以想見對於『平民』的新的『文學樣式』（Genre Litteraire）我是起
了如何的憧憬了」。〔註68〕這一點「五四」影響成爲穆木天後來能夠認同鄭伯
奇「國民文學論」的基礎，然而，在孤獨的留學生活中，象徵主義的世界才
更具吸引力，使得當年宣言只作小說的穆木天迅速投入詩的世界。按穆木天
對象徵派的理解，「象徵是對於另一個『永遠的』世界的暗示」。〔註69〕那麼，
對於當時沉浸於象徵主義的穆木天而言，那個「永遠的」世界是什麼？「國

〔註64〕穆木天《學校生活的回憶》，《新學生》，1942 年第 1 卷第 6 期，第 111～112 頁。
〔註65〕穆木天《譚詩》，《創造月刊》，1926 年 1 卷 1 期，第 81 頁。
〔註66〕穆木天《我的詩歌創作之回顧》，《現代》，1934 年第 4 卷第 4 期，第 722 頁。
〔註67〕陳方競《文學史上的失蹤者：穆木天》，北京：北京大學出版社，2007 年，第
　　　167～168 頁。
〔註68〕穆木天《關於「五四」個人的回憶》，蔡清富、穆立立編《穆木天詩文集》，
　　　長春：時代文藝出版社，1985 年，第 237 頁。
〔註69〕穆木天《什麼是象徵主義》，傅東華編《文學百題》，上海：生活書店，1935
　　　年，第 114 頁。

民文學」論爭對穆木天的象徵主義詩歌創作又產生了怎樣的影響？

　　穆木天在 1925 年用法文寫作的畢業論文《阿爾貝・薩曼的詩歌》中寫道，每個人都是「傳統」的產物，一位詩人唯有將自己的個性融入傳統的歷史長河中才能創造出一個屬於自己的新的詩的世界：

> 　　我們都是歷史的產兒，所以沒有一個人能夠避開傳統。一位詩
> 人的特色在於其作品的複雜性，即他把各種不同的潮流結合起來，
> 並把它們與自己的個性融為一體。無論他是傳統主義者還是革新
> 者，他都只是人類運動的長河，即反映人類永恒形象的長河的延續。
> 在與過去相結合的同時，他提煉著自己的特性，使自己持續的夢幻
> 理想化，從而創造著一個新的世界：由此便形成了魔環。無論已經
> 去世還是活著，一位真正的詩人都是這樣造就的。〔註70〕

在穆木天看來，薩曼便是這樣一位將個性與傳統相結合的「古典的象徵主義者」。薩曼曾經因為自己身上「詩歌傳統和新的運動之間的對立」以及「異國情調和外省土氣、泛神論和個人主義之間的對立」而痛苦，但是他最終使兩種對立融合在了一起，他最後甚至也擺脫了象徵主義，「回過頭來按照傳統和他自己的意願」，「在最後幾年裏極力醉心於成為一個外省詩人，一個美化自己故鄉的詩人」。〔註71〕薩曼回歸了自己的故鄉佛蘭德，把自己投入到傳統中去，與「過去相結合」，最終創造出了自己的「魔環」。

> 　　他出生在霧濛濛的地區。他喜愛最模糊的輪廓、色彩和聲音。
> 他喜愛灰色的曲調。他喜愛夜的和諧，因為夜有一種模糊的顏色。
> 他喜愛神秘的對應。他喜愛城市的聲音、佛蘭德的鐘聲。當他聽到
> 從不知何處的遠方傳來的三鐘經的鐘聲時，他感到自己的心在顫
> 慄，似乎聽到了已經消失的過去和傳說般的往昔。在他眼前，一切
> 都似乎成了灰色，但是黃昏的神經、夜的神經，卻像極細的夜那樣
> 顫慄和抖動。他的非常宗教式的和相當病態的氣質，把他和他的同
> 代人聯繫在一起。使他自覺地成了一個象徵主義詩人。〔註72〕

〔註70〕穆木天著，吳岳添譯《阿爾貝・薩曼的詩歌》，《吉林師範學院學報》，1994
　　　　年第 3 期，第 55 頁。
〔註71〕穆木天著，吳岳添譯《阿爾貝・薩曼的詩歌》，《吉林師範學院學報》，1994
　　　　年第 3 期，第 56 頁。
〔註72〕穆木天著，吳岳添譯《阿爾貝・薩曼的詩歌》，《吉林師範學院學報》，1994
　　　　年第 3 期，第 57 頁。

對於薩曼而言，與「傳統」的結合是在對故鄉佛蘭德的「發現」的過程中完成的，這是最終使他能夠成為一位象徵詩人的關鍵。「佛蘭德的象徵主義詩人」薩曼對於自己的故鄉有著宗教般的虔誠和真摯，佛蘭德在詩人眼中罩上了模糊而夢幻的霧的面紗，為他提供色彩、音樂和神秘，成就了他的象徵主義世界──對於一個象徵主義詩人而言必不可少的「另一個『永遠的』世界」。薩曼因為投入「傳統」而找到了自己的「另一個『永遠的』世界」，穆木天似乎也希望像薩曼一樣投入「傳統」，但是，他必須首先找到這樣一個屬於自己的「傳統」。日本文壇的浪漫主義思潮，京都三高時代養成的「孤獨的散步者」性情，東京帝大法文科的象徵主義文學研究氛圍，辰野隆「精神孤獨愁」學說的影響等等，這些都為穆木天進入象徵世界準備了充分的外部條件，然而，他真正開始經營自己的象徵世界則要等到 1924 年的還鄉之後，這次還鄉體驗為他開啟了朝向「傳統」世界的大門，帶來了他的詩歌創作爆發期。從這一角度上看，1924 年的還鄉體驗對穆木天而言意義重大。穆木天曾將自己 1924～1925 年間象徵主義詩歌創作的嘗試稱為「傳統主義」，參與「國民文學」論爭也是因為抱著復活傳統的打算：

> 一邊追求印象的唯美的陶醉，而他方，則在心中起來對於祖國的過去有了深切的懷戀。同伯奇論過「國民文學」，想要復活起來祖國的過去，可是啟明一再地予我以打擊，於是，在無有同情者援助之條件下，默默地，把自己的主張放棄了。現在回想起來，當時的情緒，則是傳統主義的了。這種傳統主義的情緒，最初的表現是《江雪》。其後，如《野廟》、《北山坡上》、《蘇武》、《薄暮的鄉村》、《心響》、《薄光》等作，都是多少具有這種傳統主義的氣分的。而就是在《不要看十字街頭象牙的殿堂》那首詩中，也是深深地殘留著傳統主義的成分的。〔註73〕

《江雪》是穆木天「傳統主義」詩歌創作爆發期的第一篇，係 1924 年 12 月 10 日在吉林所作：「那年，雪是特別地大。大雪之後，山上，路上，人家的房上，封了冰的松花江上，特別的皚白，令人愛賞，令人憑弔。這種風景，特別地，在江岸上的天主堂裏鐘聲一響時，直是引起人的感慨無量了。在那種氛圍氣中，我作了《江雪》。」〔註74〕

〔註73〕穆木天《我的詩歌創作之回顧》，《現代》，1934 年第 4 卷第 4 期，第 723 頁。
〔註74〕穆木天《我的詩歌創作之回顧》，《現代》，1934 年第 4 卷第 4 期，第 722 頁。

綿花般的雪，重重，／松花的江上徐徐的渡了一片冷風，／吹
送來沈幽的晚禱似的鐘聲。／／

啊！肅愼的古城！／這是不是你的福音的孤獨的淒鳴？／／

鵝絨般的雪，霏霏，／雞林的原頭昂昂的披上了一身絰衰，／
射放出沉寂的鳴咽般的悲哀。／／

啊！肅愼的古城！／這是不是你的福音的荒冢壘壘。／／

蛟潔的雪花，冰冷，／罩住了炎騰騰的大平原的心裏熱情，／
隱映著紅紅的烈火似的閒靜。／／

啊！肅愼的古城！／這是不是你的福音的潛室的光明？〔註75〕

「肅愼」即穆木天故鄉在數百年前生活的游牧民族的族名。〔註76〕《江雪》
中，埋藏在重重白雪下的肅愼古城彷彿東方的龐貝，天主教堂晚禱似的鐘聲
將古城渲染成一個宗教性的存在。「我」試圖喚起沉睡於重重白雪之下的故鄉
古城「你」，與之對話，這種對話在北國的平原雪景和教堂鐘聲的背景襯托下，
顯得澄澈莊嚴，充滿了宗教情熱。穆木天在1917年皈依了基督教，南開中學
時代曾擔任過基督教青年會幹事，〔註77〕東京留學時代也常常出入位於神田
的中國基督教青年會。陳方競在對《江雪》的分析中已經指出了其中包含的
結合宗教與傳統的嘗試，並認為穆木天的宗教情緒影響了他對薩曼和維尼的
接受，以及他的以「復活祖國的過去」的方式來表現「傳統主義的情緒」的
嘗試。穆木天喜愛的薩曼和維尼在法國文學中都是傳統宗教信仰突出的詩
人，他的《阿爾貝・薩曼的詩歌》注重薩曼與佛蘭德宗教文化的精神聯繫，「是
從薩曼的『佛蘭德』宗教情結入手展開對他的詩歌藝術分析的」，陳方競認為
穆木天在文中將薩曼的「傳統主義」視為其宗教文化觀的體現，這也反映了
穆木天自己的宗教情緒。「他後來說自己『想要復活祖國的過去』表現出的『傳
統主義的情緒』，說《旅心》中的詩歌彌漫著『傳統主義的氣氛』，都可以追
溯到他自幼受到的宗教浸染，他在日本更為傳統的生活環境浸淫下形成的某
種宗教情懷。」〔註78〕那麼，對於穆木天而言，在自己的創作中將傳統與宗

〔註75〕穆木天《江雪》，《創造月刊》，1926年1卷2期，第120～121頁。
〔註76〕陳方競《文學史上的失蹤者：穆木天》，北京：北京大學出版社，2007年，第
172頁。
〔註77〕穆木天《學校生活的回憶》，《新學生》，1942年第1卷第6期，第109頁。
〔註78〕陳方競《文學史上的失蹤者：穆木天》，北京：北京大學出版社，2007年，第
171～172頁。

教結合的意義何在？《江雪》中呈現了一片「北國的雪的平原」，穆木天後來在《譚詩》中將之舉爲自己所憧憬的故國的廢墟——通向「先驗的世界」的啓示。詩中的故鄉古城被塑造成一個上帝般的存在，雖然深埋在重重積雪和久遠的時間之下，沉默不語，但是「我」對這個故鄉的存在卻深信不疑，「我」通過在這一片雪的平原中與故鄉古城的對話中，探詢古代民族的消息，揣測古城的生與死，孤獨與悲哀，熱情與冷靜。相信通過自己的頻頻發問可以感應到來自古城的「福音」。《江雪》或許喻示著穆木天想像薩曼那樣，以一個象徵詩人的眼睛重新發現自己的「故鄉」，他營造出宗教場景，以近乎禱告的方式召喚「祖國的過去」，試圖從中提煉出那個「永遠的」世界。不論穆木天在寫作《江雪》時是否已經讀到過鄭伯奇的《國民文學論》，《江雪》都可以視爲穆木天對自己的「國民文學」觀的實踐，詩中的「我」所扮演的角色，正是他在引起「國民文學」論爭的那封寫給鄭伯奇的信中所描繪的「眞的詩人」：「他是民族的代答，／他是神聖的先知，／他是發揚「民族魂」的天使。」〔註79〕《江雪》中結合傳統與宗教的處理意味著穆木天開始了將「國民文學」融入象徵主義，從「故鄉」中提煉「永遠的」世界的嘗試，如果這種嘗試成功的話，那麼穆木天就可以在他的詩中建構起鄭伯奇「國民文學論」中設想的那個「我」與民族的精神共同體。

　　然而，穆木天想要依託1924年的還鄉體驗，在現實中的故鄉里提煉出「永遠的」象徵世界的努力似乎進展地不那麼順利，在他1925年的許多詩作中，經常出現的不是《北山坡上》或《薄暮的鄉村》裏那種平和恬靜的鄉村風景畫，那種「悠悠的故鄉」（《薄暮的鄉村》），而是一個時時發問故鄉在何處的「我」的形象。第四章中已經討論過穆木天詩中經常出現的那個既想要奔向故鄉，又爲流浪生活所吸引，無法在故鄉安住的「旅人」形象，這一形象背後是穆木天這一時期對「故國」、「故鄉」的複雜感情，啓發穆木天詩情的與其說是對故鄉的回歸，不如說是對故鄉的尋找。

　　1925年7月3日所作的《心響》同樣被稱爲「傳統主義的情緒」表現，副標題爲「呈伯奇兄及有同感的別的朋友們」，可以推測這是爲了呼應鄭伯奇的「國民文學論」所作。穆木天在詩中描繪了想像中的故國圖景：「幾時能看見九曲黃河，／盤旋天際／滾滾的浪！／幾時能看見萬里浮沙／無邊荒涼／

〔註79〕穆木天《給鄭伯奇的一封信》，《論國民文學的三封信》，《京報副刊》，1925年3月6日第80號，第3頁。

滿目蒼茫？／／啊！廣大的故國！／人格的殿堂！」〔註 80〕這個人格化、母性化了的故國形象令「我」無限憧憬：「飄零的幽魂，／幾時能含住你的乳房？／幾時我能擁你懷中？／啊！禹域！我的母親！／啊！神州！我的故邦！」〔註 81〕但是，《心響》中「我」與故國的對話與《江雪》中宗教儀式般的對話不同，《江雪》中的「我」深信能夠通過與故鄉古城的對話，感應到來自故國的「福音」，《心響》中的「我」卻心存疑慮，在呼喚故國的同時，「我對你，為什麼現出了異國的情腸？」的疑問也反復出現了三次。作者懷疑的不是故國，而是自己的心靈為何無法如預想的那樣與故國產生共鳴，想像中的「神州」、「禹域」既是詩人「憧憬的故鄉」也是令他心懷疑慮的「朦朧的故鄉」。《江雪》中那個以沉睡的古城象徵的「故鄉」世界是自足的，它正是令象徵主義者憧憬的「過去的宗教的傳說的封建的貴族的世界」，〔註 82〕「我」與古城的精神對話可以一直進行下去。《心響》中的「我」是急切想要尋找皈依的「飄零的幽魂」，要求現實中出現那個自己想像中的故國，當現實無法滿足想像時，「我」面對現實中的故國終於「現出了異國的情腸」，作者隨後寫作的《告青年》中同樣出現了這種矛盾。

《告青年》與《給鄭伯奇的一封信》一樣是以詩體寫成的「國民文學」理念宣言。值得注意的是，穆木天詩中的「故鄉」既不指向東方傳統，也不指向西方文明：「不要看向東方不住跪拜叩首的人們。／更不要向西方不住鞠躬脫帽的人們。」而是指向了詩人自己的心靈，「你們的故鄉即在你們的心頭上」。

> 青年，回到故園，回到自己的荒涼的故園！／回到故園！捧著苦痛的花，走過了平原漫漫！／不要聽路邊喊的「苦悶」、「乾燥」，「文化的」「風，花，雪，月，天」。／要聽自己的心聲，升汞水洗出的斷續的辛酸。／／

> 得知道什麼是新，得知道什麼是舊。／得知道東西沒有新舊，新舊即在你們的心頭。／青年，你們須看異國的榮華，你們也得發現故園的荒丘。／青年，活化了你們的故鄉！你們的故鄉在你們心頭。〔註 83〕

〔註 80〕穆木天《心響》，《創造月刊》，1926 年 1 卷 1 期，第 64～65 頁。

〔註 81〕穆木天《心響》，《創造月刊》，1926 年 1 卷 1 期，第 65 頁。

〔註 82〕穆木天《什麼是象徵主義》，傅東華編《文學百題》，上海：生活書店，1935 年，第 113 頁。

〔註 83〕木天《告青年》，《洪水》（半月刊合訂本），1925 年第 1 卷 1 期，第 110～111 頁。

這首《告青年》與其說是建議別人，不如說是說服自己：穆木天一面要求詩從九霄天外的玄想世界回到「人間的國裏」，詩中寫實風的鄉土風景代表著故國，一面又要求在自己的心靈中發現、復活「故園的荒丘」。也許是與《語絲》派的論爭使穆木天努力要撇清從古代傳統中提煉「國民文學」，不希望被認爲是「國粹派」，他爲自己的「故鄉」選擇了鄉土的形象，這看起來更接近於鄭伯奇「國民文學論」裏描寫「國民生活」的要求，但是，穆木天又要求必須從心靈中提煉「故鄉」，而這個心靈上的「故鄉」又指向了古代傳統。穆木天以自己 1924 年的還鄉體驗爲基點，希望像薩曼那樣從「傳統」和「故鄉」中發掘出屬於自己的象徵世界——「另一個『永遠的』世界」，然而穆木天的故鄉無法提供給他佛蘭德提供給薩曼的東西。現實中的故國常常令穆木天感到不安，就像《與旅人》中那個無法在故國安住而必須永遠旅行的「旅人」一樣，心靈上的遙遠的古代的「故園的荒丘」才是真正吸引他的所在。

　　1925 年發生的對穆木天影響重大的另一件事是，這一年，馮乃超從京都帝大轉學至東京帝大，成爲穆木天的同學。與馮乃超的交流使穆木天在 1926 年 1 月 4 日寫出了《譚詩》，這篇以致郭沫若的信的形式寫成的「純詩」宣言，作爲中國象徵主義詩論的重要一篇，對中國現代詩歌的貢獻，可以說比穆木天本人的詩作更大。許多研究者認爲，穆木天成功地整合了「國民文學」與「純詩」，整合了前者所代表的寫實與後者所象徵的浪漫。孫玉石評論穆木天「將詩人的內生命，詩人的靈魂，與現實道德意識以及一切事物的『交響』，即詩人個人生命與現實的感應，契合，『自我的反映』，看做是國民詩歌與純粹詩歌『在表現意義範圍內』相通的精髓，並且企圖在這個意義上構想出象徵主義與現實主義詩歌之間溝通的理想。」〔註84〕咸立強也認爲，穆木天雖然「沉迷於頹廢派詩歌，卻又不忘家和國，披著世紀末囈語的外衣，內心卻飽含現實的進取意識，看似矛盾因素其實皆已被整合起來」。〔註85〕鄧捷更進一步認爲，穆木天通過自己的創作和《譚詩》中對「國民文學」的闡釋，整合了個人與國民國家，他的「純詩」創作體現出了他以象徵主義手法，「同時表現出一個人的感情和國民國家的理念」的探索。〔註86〕

〔註84〕孫玉石《穆木天：新詩先鋒性的探索者》，《文學評論》，2001 年第 6 期，第121 頁。

〔註85〕咸立強《尋找歸宿的流浪者：創造社研究》，上海：東方出版中心，2006 年，第 217 頁。

〔註86〕鄧捷《中國近代詩における文學と國家》，東京：御茶の水書房，2010 年，第103 頁。

　　本文不打算對《譚詩》中的象徵主義詩學理論進行分析，這裡想考察的問題是，為什麼穆木天要在《譚詩》的最後加入「國民文學的詩」的討論？看起來，即使去掉這一部分，也無損於他的「純詩」世界。《譚詩》中寫道：

> 或者你要問我說：「你主張國民文學——國民詩歌——你又主張純粹詩歌，豈不是矛盾麼？」啊！不然。國民的生命與個人的生命不作交響（Correspondance），兩者都不能存在，而作交響時，二者都存在。巴里斯（Maurie Barriés）把美的（Beau）與畫的（Pittoresque）分開（參照 Colette Baudoche）。我們要表現的是美的，不是畫的。故國的荒丘我們要表現他，因為他是美的，因為他與我們作了交響（Correspondance），故才是美的。因為故園的荒丘的振律，振振在在我們的神經上，啓示我們新的世界；但靈魂不與他交響的人們感不出他的美來。國民文學是交響的一種形式。人們不達到內生命的最深的領域沒有國民意識。對於淺薄的人國民文學的字樣不適用。國民歷史能為我們暗示最大的世界，先驗的世界，引我們到 Nostalgia 的故鄉里去。如此想，國民文學的詩，是最詩的詩也未可知。我要表現我們北國的雪的平原，乃超很憧憬他的南國的光的情調，因我們的靈魂的 Correspondance 不同罷？我們很想作表現敗墟的詩歌——那是異國的薰香，同時又是自我的反映——要給中國人啓示無限的世界。腐水，廢船，我們愛他，看不見的死了的先年（Antou Mort）我們要化成了活的過去（Passé Vivant）。我要抹殺唐代以後的東西，乃超要進還要古的時代——先汗〔漢〕？先秦？聽我們的心聲，聽我們故國的鐘聲，聽先驗的國裏的音樂。關上園門，回到自己的故鄉里。國民文學的詩歌——在表現意義範圍內——是與純粹詩歌絕不矛盾。〔註87〕

腐水、廢船、敗墟、「看不見的死了的先年」、「故園荒丘」，混合了「民族色彩」和「異國薰香」，建築在想像中的「腐水朽城 Décadent」之上，〔註88〕這才是穆木天心目中最眞實的「故鄉」。因為它「暗示」了無限的「先驗的世界」，「引我們到 Nostalgia 的故鄉里去」，因而是「美的」，「我」的「內生命」只有在面對「故園的荒丘」、遠古的「國民的歷史」時才能產生交響（Correspondance），由此方能臻於「純詩」至境。

〔註87〕穆木天《譚詩》，《創造月刊》，1926 年 1 卷 1 期，第 87～88 頁。
〔註88〕穆木天《譚詩》，《創造月刊》，1926 年 1 卷 1 期，第 81 頁。

　　穆木天在《譚詩》裏加入這段「國民文學的詩」的闡釋，本意在證明「國民文學」與「純粹詩歌」並不矛盾，做法就是把「國民文學」拉入象徵世界。他理想的狀態，是從鄭伯奇的《國民文學論》走到自己的《譚詩》，從發掘「民族歷史的眞實」走到「心欲的故鄉」。〔註89〕如果從通過「國民文學」建構「我」與民族的精神共同體這一目的上看，穆木天是成功的，因爲他的「國民文學的詩」成就於「國民的生命與個人的生命」產生「交響」時。但是，鄭伯奇實現「國民文學」的手段是現實主義的，要求的是對當下現實的深度介入。穆木天雖然在呼應鄭伯奇的宣言體詩《給鄭伯奇的一封信》、《告青年》中也描摹了鄉土中國的寫實風景，然而正如《譚詩》中這段「國民文學的詩歌」的描述所寫，對穆木天而言，最眞實的「故鄉」不在現實中，而在想像中。而且，正如他日後「反省」的那樣，自己當時是「看不起」現實主義文學的。〔註90〕

　　鄧捷分析穆木天詩中的國家形象時曾指出了其中的虛構性，穆木天在《旅心》集中喜歡用「故國」、「故鄉」、「故家」、「家鄉」等詞語，但是，其中描寫的「故鄉風景和域外風景都是作爲詩人的心象風景而朦朧地觸及，風景的本來的特徵不知不覺間變得曖昧，與此相伴而生的一瞬間的錯覺中產生了對故鄉和故國的抒情」。〔註91〕《心響》中的故鄉形象比《江雪》中的更具寫實風，然而在穆木天的象徵世界中，後者才更「眞實」，因爲它來自心靈。穆木天的自我只有在這種曖昧的、朦朧的心靈故鄉中才能安適地存在，他的象徵世界也只能建築在這種曖昧的、朦朧的故國的荒丘上。這才是穆木天心向往之的「純詩」至境：

> 在人們神經上振動的可見而不可見的可感而不可感的旋律的波，濃霧中若聽見若聽不見的遠遠的聲音，夕暮裏若飄動若不動的淡淡光線，若講出若講不出的情腸才是詩的世界。我要深汲到最纖纖的潛在意識，聽最深邃的最遠的不死的而永遠死的音樂。詩的內生命的反射，一般人找不著不可知的遠的世界，深的大的最高生命。〔註92〕

〔註89〕穆木天《給鄭伯奇的一封信》，《論國民文學的三封信》，《京報副刊》，1925年3月6日第80號，第3頁。

〔註90〕穆木天《我主張多學習》，鄭振鐸、傅東華編《我與文學》，上海：生活書店，1934年，第317頁。

〔註91〕鄧捷《中國近代詩における文學と國家》，東京：御茶の水書房，2010年，第101頁。

〔註92〕穆木天《譚詩》，《創造月刊》，1926年1卷1期，第85頁。

這個世界顯然不是靠描寫幾幅鄉村風景畫就能顯現，穆木天深知，象徵主義的世界是非現實的，是基於對「神秘的非現實的東西的信仰」，象徵主義者「否定以現實為使命的藝術」，相信「在自身是沒有意義的現實的世界背後，有一種更重要的，非現實的，理想的世界，而那種世界並不是由於理智的實證可以達到的，那是不能明示的，而是僅僅可以朦朧地暗示出來，感染出來的」。〔註93〕象徵主義者正是因為背離了現實，才得以創造出「永遠的」詩的世界，象徵主義者心靈之所安處，只能在彼岸的神秘世界：「零畸落侶的象徵主義的詩人們，是要自己給自己創造一個神秘的境界，一個生命的彼岸，去到那裡去求靈魂的安息的。他們的努力，就是作神秘的世界之創造。他們的詩歌因之成為了宗教的創造。」〔註94〕當穆木天將「國民文學」拉入這種神秘的、先驗的、彼岸的「純詩」世界裏時，他其實在《譚詩》中探索了一種不同於鄭伯奇的「國民文學」，這種「國民文學」不在如其所是地描寫廣大的國民和國家，而在表達「我」心中的那個國家，抒寫能與「我的生命」共鳴的「國民的生命」。「Nostalgia 的故鄉」不是現實世界的存在，而是超現實的詩性存在。《譚詩》中的「鄉愁」也不同於鄭伯奇的「愛鄉的感情」，而是超然於現實世界之外的詩化情緒，是「伽藍鐘聲之懷鄉病」。〔註95〕

然而，穆木天的這種將「國民文學」整合進「純詩」的象徵世界的嘗試沒有能夠持續多久。穆木天不能像馮乃超那樣義無反顧地投入象徵世界，專心致志地營造愛與死的「廢園」，又無法完全接受現實中的故國，他在寫實與象徵之間徘徊往來，猶豫不決，《譚詩》裏提出「國民文學的詩」正表明了這種猶豫。《旅心》集是孤獨的產物，穆木天在他孤獨的生活中，試圖向彼岸的「永遠的」世界尋求慰藉，但是很快發現自己其實無法忍受要達至那個彼岸世界所必須付出的代價：孤獨和流浪。他回顧當年心境時寫道：「小泉八雲說：詩人要孤獨。可是，孤獨是自殺啊。孤獨是作了我的無出路。孤獨也弄得我對一切都感空虛。」〔註96〕象徵主義的激情來得快，去得也快，1926 年 4 月24 日完成《雞鳴聲》之後，穆木天在象徵世界裏似乎走到了盡頭。

〔註93〕穆木天《什麼是象徵主義》，傅東華編《文學百題》，上海：生活書店，1935年，第 112～113 頁。

〔註94〕穆木天《什麼是象徵主義》，傅東華編《文學百題》，上海：生活書店，1935年，第 112 頁。

〔註95〕穆木天《我主張多學習》，鄭振鐸、傅東華編《我與文學》，上海：生活書店，1934 年，第 319 頁。

〔註96〕穆木天《學校生活的回憶》，《新學生》，1942 年第 1 卷第 6 期，第 112 頁。

　　東京的生活，實在，令我再忍受不下去了。我，那時，略略地，讀著拉佛爾格（Jules Laforgue），希圖得著安慰，得著歸宿。可是，怎麼樣呢？我成爲德妻爾莫（Jorephe Delorme）一流的人物了。我失眠，我看見什麼東西都是黃的。我非常地愛讀聖伯符（Sainte Beuve）的詩歌。他的《黃光》（le Rayon jaune）影響出來我的《薄光》。那年之末，印象主義被發展著極端，成爲了《蒼白的鐘聲》和《朝之埠頭》。而同時我的悲哀，我的失眠，以致於使帶三分狂氣，在《雞鳴聲》那首詩（形式，當然是獨清的《從咖啡店出來》那首詩暗示給我的。）中，是反映出來我是如何地狂亂了。在《猩紅的灰黯裏》，我不是既歌唱出來那「吮不盡了，猩紅境中，乾淚的酒杯，嘗不出了，灰黯裏，無言的悲哀」了麼？〔註97〕

穆木天無法忍受彼岸世界裏的孤獨，《薄光》裏孤獨的「我」徘徊在故鄉蒼涼冷肅的荒原上，「故鄉」如夕暮的淡黃的薄光般「虛虛擴亂」，「我」意欲向這黃光探詢「當年的情腸」。這是一個曾在《江雪》中出現過的場景，然而這裡的荒原黃光不像《江雪》中的肅愼古城，能夠與「我」展開持久的對話，《與旅人》中那個一心奔向「故鄉」卻「越奔越奔不上」的旅人形象再次出現。《薄光》裏象徵著「故鄉」的「黃光」是「我」一心追逐卻「永遠捉不住的，淡淡的黃光！」〔註98〕當穆木天在《雞鳴聲》裏痛苦地寫著「雞鳴聲／喚不起／眞的／哀悲／我不知／哪裏是家／哪裏是國／哪裏是愛人／應向哪裏歸／啊　殘燈　敗頹」時，〔註99〕他在現實中尋找只能在心靈中構建的故國的努力終於失敗。

　　1926年歸國不久的穆木天寫作了《寫實文學論》，雖然也繼續主張「從要認識自己的內意識裏發生出的東西就是寫實的要求」。但是文中對於描寫庶民階級「平凡的人生」，描寫「國民生活」，「認識中國人的人性」等等提倡幾可視爲鄭伯奇對「國民文學」要求的翻版。〔註100〕鄭伯奇的「國民文學」理想是誘人的，在這個理想中，「我」因爲重投民族國家的懷抱而不再孤獨，不需要再流浪，就像《心響》中「飄零的幽魂」一樣重投「故國」的懷抱，這或許是它吸引穆木天的最重要的原因。象徵主義世界同樣令穆木天神往，這是

〔註97〕穆木天《我的詩歌創作之回顧》，《現代》，1934年第4卷第4期，第722～724頁。
〔註98〕穆木天《薄光》，《創造月刊》，1926年1卷1期，第68～69頁。
〔註99〕穆木天《雞鳴聲》，《創造月刊》，1926年1卷5期，第93頁。
〔註100〕穆木天《寫實文學論》，《創造月刊》，1926年1卷4期，第6～7、12頁。

他孤獨的留學生活中幾乎全部的心靈寄託。然而，成為「國民文學」詩人的使命感又使他覺得全身心投入故國才是正途。穆木天曾形容當年象徵主義的文學潮流彷彿「一場黃昏後的濃霧，使人在裏邊感到朦朧神秘，可是，霧一消散，就有的人在禮拜星空，有的人在歡迎黎明了」。〔註101〕穆木天顯然相信自己屬於「歡迎黎明」的那一種，在彼岸的「故國的荒丘」和此世的國民國家之間，他最終選擇了後者。

二、馮乃超：《紅紗燈》裏的「故鄉」

馮乃超不是「國民文學」論爭的直接參與者，我們只從鄭伯奇的回憶中知道當時還在京都帝大的他曾對《國民文學論》表示過「局部的贊同」〔註102〕和「好意的批評」。〔註103〕馮乃超也不像穆木天那樣於《旅心》集外還寫過許多散文、詩論回憶自己的象徵主義時代，我們只從《譚詩》裏知道他曾是一個想要廢學歸國開咖啡店的人，一個「憧憬他的南國的光的情調」和「死了的先年」，比穆木天向往著更遠的先漢先秦的人。

作為東京留學時代與穆木天「譚詩」的成果，馮乃超只留下了一部 1928年出版的詩集《紅紗燈》。據作者自序所言，集中所收都是 1926 年間的詩作。這段時間是馮乃超思想和創作經歷劇烈變化的時期，西田幾多郎的哲學、梅特林克（Maurice Maeterlinck）和三木露風的象徵詩、天主教和馬克思主義常常同時混雜在他的思想和文學世界中。《紅紗燈》可以說是馮乃超創作生涯中藝術成就最高的作品集，也是中國現代詩歌史上不可忽視的重要作品。集中最引人注目之處是作者用象徵手法營造的那個華麗的、頹廢的，埋藏在時間深處的世界。這個世界濃墨重彩，雕金鏤銀，塗抹著「醇紅」、「蒼紅」、「腥紅」、「濃綠」、「濃紫」，有「桃紅色的黃昏」（《淚零零的幸福昇華盡了》）、「黃銅的夕照」（《古瓶詠》）和「蒼黃的古月」（《蒼黃的古月》），裝飾著「濃紫的輕綃」（《陰影之花》）、「金色的古瓶」、「朱色的古夢」和「銀屑的蒼苔」（《古瓶詠》），彌散著「金色的疲態」、「青色的悲哀」（《殘燭》），「濃綠的憂愁」（《榴

〔註101〕穆木天《什麼是象徵主義》，傅東華編《文學百題》，上海：生活書店，1935年，第 113～114 頁。

〔註102〕鄭伯奇《二十年代的一面》，王延晞等編《鄭伯奇研究資料》，北京：知識產權出版社，2009 年，第 61 頁。

〔註103〕鄭伯奇《創造社後期的革命文學活動》，王延晞等編《鄭伯奇研究資料》，2009年，第 100～101 頁。

火》)、「腥紅的哀怨」（《酒歌》）和「腥紅的情熱」（《凋殘的薔薇惱病了我》），恐怖陰鬱，詭譎穢豔，「怪的心驚」（《闌夜曲》），這是美人已死的城堡，沒有人迹，也罕見鬼影，作者帶著神經質的興奮注視著這個被時間拋棄的世界一點一點剝落著金漆，靜靜地腐朽著。

詩集問世後，趙景深曾贈以「輕綃詩人」之名，認為「馮乃超天生著象徵派的質素。」〔註104〕1935 年朱自清編選《中國新文學大系‧詩集》，導言中評品後期創造社三詩人——王獨清、穆木天、馮乃超，認為三人中唯馮詩能夠兼具幽晦、音律和色彩，「馮乃超氏利用鏗鏘的音節，得到催眠一般的力量，歌詠的是頹廢，陰影，夢幻，仙鄉。他詩中的色彩感是豐富的」〔註105〕晚近研究方面，高利克（Marian Galik）從手法和主題上討論了詩集《紅紗燈》與法國象徵主義詩派的淵源關係，在他看來，馮乃超「是一個不真實的宇宙的創造者。（中略）從前沒有，以後也沒有任何一位重要的中國現代詩人像馮乃超那樣如此程度地把自己縮入『象牙之塔』」。〔註106〕前蘇聯學者 Л.E.契爾卡斯基認為馮乃超是中國二十年代象徵詩人中最頹廢的。《紅紗燈》集裏「極度悲觀的情緒，幾乎達到瘋狂自我折磨程度的對苦難的崇拜，使人大為吃驚。這種苦難離開了產生它的原因和環境，因而籠罩著一層神秘主義的霧靄，帶著不詳之兆」。《紅紗燈》這首詩中，「可以看到象徵主義和神秘主義的全部點綴，這些點綴用陰影和沙沙聲織成一個只有少數人才能認識的神秘世界」。〔註107〕孫玉石評論《紅紗燈》集裏「寫的多是『腐水朽城』的題材，唱的多是傷感頹廢的音調。它給予人們的不是前進的激勵，而是對過去沉重的緬懷。（中略）馮乃超和穆木天一樣，在追求象徵派藝術美的時候，也就吸吮了他們世紀末的頹廢的情調，而他們對於詩歌音與色美的嘗試，都是與這種情調的共鳴分不開的。」〔註108〕岩佐昌暲從分析《紅紗燈》中的「蒼白」一詞入手，

〔註104〕卜蒙龍《馮乃超與穆木天——「輕綃詩人」和「我願詩人」》，李偉江編《馮乃超研究資料》，西安：陝西人民出版社，1992 年，第 243～244 頁。

〔註105〕朱自清《導言》，《中國新文學大系‧詩集》（影印本），上海：上海文藝出版社，2003 年，第 8 頁。

〔註106〕高利克著，張文定譯《馮乃超的〈紅紗燈〉和法國象徵主義》，《中國現代文學研究叢刊》，1988 年第 2 期，第 276 頁。

〔註107〕Л.E.契爾卡斯基著，理然譯《紅紗燈》，李偉江編《馮乃超研究資料》，西安：陝西人民出版社，1992 年，第 294，297 頁。

〔註108〕孫玉石《馮乃超和他的〈紅紗燈〉》，李偉江編《馮乃超研究資料》，西安：陝西人民出版社，1992 年，第 291 頁。

討論了馮詩與當時日本象徵詩派，特別是三木露風的關係，認為馮乃超通過將露風詩中的「蒼ざめる」、「あおじるい」、「青」等「被日本化了的」世紀末頹廢詞藻移入自己詩中，「將『近代』的感性、感覺移入了中國」。〔註109〕可見，大多數研究者的目光主要集中於詩集《紅紗燈》所體現的象徵主義質素，華美豔異的意象、神秘頹廢的情調等等，而本文接下來想要探討的是，隱伏在「紅紗燈世界」裏的馮乃超的「故鄉」。

在《紅紗燈》出版的同年 1928 年 10 月，「革命文學」聲勢正盛之時，馮乃超結集完成了歸國後的第一部小說集《傀儡美人》（1929 年 1 月長風書店出版），集中收入了一篇名為《故鄉》的小說。〔註110〕小說沒有標注具體寫作時間，從文中寫到父親去世一事推測，寫作時間當在 1926 年作者父親去世後至《傀儡美人》結集完成的 1928 年 10 月之間。這篇被收入小說集的作品有著強烈的自敘色彩，通篇是主人公「我」時隔十多年歸國還鄉後的所見所聞，所思所感，文中的「故鄉」顯然以作者故鄉廣東南海為原型，「我」身上處處可見作者的影子，許多作者親歷的事件都被不加變形地寫入。可是從 1926 年到《傀儡美人》結集完成的 1928 年 10 月這段時間裏，尚未見到有作者回鄉的記載。從 1926 年開始，時在東京帝大留學的馮乃超開始擔任創造社東京分部的聯絡人，來往於東京、京都兩地參加創造社活動、當地的馬克思主義研究會以及各種激進學生活動；1927 年 10 月歸國後到《傀儡美人》完成期間，則忙於《創造月刊》、《文化批判》、《思想》、《流沙》等刊物的撰稿、編輯，與魯迅、新月派、太陽社的論戰，在上海藝術大學兼課等等。後來曾與馮乃超共事過的華嘉回憶，馮乃超「很少提到家鄉的事情。據說他出生在日本，直至調來中山大學後，才偶然回鄉一次，也從不在人前談及家鄉的事情。」〔註111〕可以推斷，《故鄉》並非基於真實的還鄉體驗而作的小說，這篇在形式上非常不像小說的小說，其最大的虛構之處在於「還鄉」事件本身。「懷鄉」、「還鄉」的主題並不新鮮，在過去的十年中已被眾多新文學作家採用過，其中最著名的莫過於在「革命文學」運動中被馮乃超批判的，寫作過同名小說《故

〔註109〕岩佐昌暲《淺說「蒼白」——馮乃超詩中日本象徵詩的影響》，《文學前沿》，2002 年第 2 期，第 138～149 頁。

〔註110〕此篇未曾單獨發表，後又收入 1929 年 12 月滬濱書局出版的《傀儡美人》增補版小說集《撫恤》。由於本文作者尚未看到《傀儡美人》，故以下討論根據《撫恤》所收版本。

〔註111〕華嘉《尋訪馮乃超祖居》，政協南海縣委員會文史組編《南海文史資料·馮乃超專輯》，1986 年第 9 輯，第 155 頁。

鄉》的魯迅。馮乃超在惟新是尚的「革命文學」運動中偏偏選擇了這箇舊主題,以自己爲主人公原型,虛構「還鄉」故事,想像「還鄉」場景,更值得注意的是,這篇差不多和詩集《紅紗燈》同一時期完成的小說中,「故鄉」的形象染上了濃重的「紅紗燈」色彩。

《故鄉》開篇寫道:

> 故鄉,這詞藻的身上發散著牧歌的感傷的情緒。對於青春初發的人們,這是多感的,懷念的,而且美麗的詞藻。但是,對於把青春消磨於異國天空下的我,又是厭倦放浪生活的我,故鄉是對於古代的追懷,又是童年的漠然的夢。〔註112〕

這裡再次出現了創造社作家最喜愛的自我形象:流浪者。對於從祖父輩開始就僑居日本的馮乃超而言,「故鄉」有兩個,一個是祖籍所在地廣東南海,一個是僑居地日本橫濱。馮乃超與其他旅日創造社成員不同的是,日本對於而言他不僅是留學地,也是生於斯長於斯的「第二故鄉」。在 1927 年歸國之前,馮乃超人生的絕大部分時間是在日本度過的,而對於祖籍所在地的南海,僅在八歲到十歲之間(1909~1911)有過不到兩年的短暫生活經歷。《故鄉》開頭的這段正是異國僑寓多年的馮乃超對於祖籍上的故鄉所抱的複雜感情的告白。異國放浪多年的「我」並沒有在故鄉出生、成長的經歷,鄭伯奇《國民文學論》裏所謂由長年的故鄉生活培養出的「愛鄉的感情」實與「我」無緣,「我」的出生之日就是背井離鄉之時,從一開始就是一個流浪者。長年的異國僑寓和流浪生活,一面使「我」深感「我的故鄉應該是異邦的天空,不該是這個祖先祠堂所在的地方」,一面又無法抑制地對那個聯繫著祖先血脈的「故鄉」產生了長久的憧憬,「二十年的移民生活的夢寐中,我沒有忘掉了童年時代的兩年間的故鄉的印象。太平洋的波濤唱著呼荷呼荷聲的搖籃歌時,我已經種了懷鄉病的根苗了。我的靈魂是憧憬故鄉的巡禮者,這個無涯際的憧憬心,現在向著全宇宙的空間發散去」。〔註113〕以僑民身份在異鄉憧憬故鄉的「我」有關故鄉的印象並非來自長年的實感生活體驗,而更多地是想像的產物,融合了「古代的追懷」和「童年的漠然的夢」。這一遠古想像與童年記憶合成了「過去的故鄉」形象,過去的故鄉是貴族的、美麗而莊嚴的、黃金色的,「包圍在樸素的古牌坊的感情中」。

〔註112〕馮乃超《故鄉》,《撫恤》,上海:滬濱書局,1929 年,第 4 頁。
〔註113〕馮乃超《故鄉》,《撫恤》,上海:滬濱書局,1929 年,第 11~12 頁。

> 灰藍的屋宇，花崗岩的方柱，累累的龍眼樹的圓果實，茉莉的
> 強烈的幽香和直射的近熱帶的陽光，這些織著我童年的夢幻。故鄉
> 以前是美麗的。
>
> 故鄉以前是美麗的！鬱蒼的常綠樹高聳地掩護著莊重的祠堂。
> 森林保著絕對的威嚴，壓迫地維持著血緣關係的中樞的大殿堂，一
> 切的關係集中到這裡來。村中樸素的感情及和平的情緒也像從這裡
> 放射。〔註114〕

然而，打碎「我」長久以來的故鄉想像的是還鄉後目睹的故鄉的「現在」。《故鄉》的故事開始於「我」還鄉後深夜家中的母子對坐。

> 母親的雜著銀灰的白髮，好像象徵著無限的母性愛。在這高置
> 於神臺上的黯黃的油燈的光線下，她破了鄉村的早眠的習慣，陪著
> 我的深夜的生活。深夜岑寂不過地緘默著，燈盞的燈心草的結花的
> 聲響，作掉尾的豪華的臨終的細語時，我聽出一切靜寂的言語，──
> ──這是古風的，在封建時代是虔敬的格言的，莊重的祭文。〔註115〕

這裡使用了深夜黑暗中的古燈的意象，用以象徵那個過去的黃金世界，「我」在黯淡幽黃的燈光中讀出了「故鄉」的「豪華的臨終」。類似的意象馮乃超曾經在《紅紗燈》一詩中使用過：深夜一盞點在「森嚴的黑暗的殿堂」中央的「紅紗的古燈」，這一意象在全詩開頭、中段和結尾反復出現了三次。燈光的黃暈使周圍彷彿「撒滿了莊重的黃金」，也映現出死的氣息：「烏雲叢簇地叢簇地蓋著蛋白色的月亮／白練滿河流若伏在野邊的裸體的屍僵」，「愁寂地靜悄悄地黑衣的尼姑踱過了長廊／一步一聲怎的悠久又怎的消滅無蹤」，〔註116〕這些場景奇譎驚悚，陰慘逼人，共同結構出一幅時間深處的頹敗圖景。正如邵冠華所感歎的，《紅紗燈》詩裏描出的是「一幅淒涼的貴族式的『廟宇畫』」。〔註117〕

《紅紗燈》詩中還出現了一個「我」，黑暗中的「紅紗燈世界」正是通過「我」的感覺得以顯形：「苦惱的沉默呻吟在夜影的睡眠之中／我聽得鬼魅魍魎的鐙聲舞蹈在半空」，「我看見在森嚴的黑暗的殿堂的神龕／明滅地惝晃地

〔註114〕 馮乃超《故鄉》，《撫恤》，上海：滬濱書局，1929 年，第 12 頁。
〔註115〕 馮乃超《故鄉》，《撫恤》，上海：滬濱書局，1929 年，第 3～4 頁。
〔註116〕 馮乃超《紅紗燈》，《紅紗燈》，上海：創造社出版部，1928 年，第 49～50 頁。
〔註117〕 邵冠華《馮乃超的〈紅紗燈〉》，李偉江編《馮乃超研究資料》，西安：陝西人
　　　　民出版社，1992 年，第 248 頁。

一盞紅紗的燈光顫動」。〔註118〕《紅紗燈》中的「我」是闖入「紅紗燈」這個死世界的生者,也是見證者,固執地凝視著這幅時間深處的死亡與孤獨的頹敗圖景。《故鄉》中的「故鄉」也同樣通過一個闖入的生者——「我」的感覺顯形。母親離開後,

> 她的眼睛,除了過去看不出別樣的眼睛,依然在幽暗中凝視著我。屋隅還陳著香燭薰黑祖先的神主牌。屋宇的外面又若受著原始的沉寂的黑暗的重壓。這村中只有我一個人生著,他們都睡去了,或者可以說是死去了。〔註119〕

《紅紗燈》和《故鄉》中呈現了同質的隱喻結構:深夜、殿堂、古燈,這些意象共同指向了一個死去的貴族世界。回鄉後的「我」再一次置身「紅紗燈世界」中,屋內籠罩著黃暈的燈光,陳列著祖先的牌位,屋外則是無盡的黑暗,一雙「母親的眼睛」在黑暗中凝視著「我」。母親這個穆木天曾在《心響》中用爲故國之喻的意象,在馮乃超的故事裏,被用來布置成一幅恐怖陰冷的超現實幻景,象徵著故鄉的「豪華的臨終」。這對久別重逢的母子間,沒有溫情的感懷敘舊,只有彼此言語、思想、感情上的重重隔膜:「她以她的言語構造她的思想,我卻以我的言語去理解她的話。(中略)她卻逡巡了一刻,以沉默的眼光要把我的全體吞食的形勢上下地觀察我。當然,現在的我和她是不同人種一樣的,思想和感情完全是兩樣。我們久別的最初的一瞥,她的眼眶蓄著湛湛的淚泉,但是我卻沒有眼淚。她生下她的兒子,但是兒子是異邦人。」〔註120〕現在的故鄉是一個「十八世紀的」世界,「我」與其說是回鄉者,不如說是一個來自「二十世紀」的「異邦」的闖入者,發現自己與這個世界格格不入,「這十多日間我從二十世紀一步跳回十八世紀去」。在這趟」還鄉之旅」中「我」發現,自己多年來憧憬的「故鄉」已經成爲埋葬在「過去」中的腐朽世界,曾經擁有美麗的「黃金色的過去」,而今卻處於「豪華的臨終」,包圍在「原始的沉寂的黑暗」中,歲月在這裡停步,「祠堂前面的灰沙地浸染著悠久的時光,一刻一刻地堂內四隅發散著塵臭的陰暗」,〔註121〕「黃金族律」已然褪色,甚至連盜賊也不再光顧,有的只是「灰青的天空」和僅存留在村中遺老記憶中的「黃金色的過去」。

〔註118〕馮乃超《紅紗燈》,《紅紗燈》,上海:創造社出版部,1928年,第49～50頁。
〔註119〕馮乃超《故鄉》,《撫恤》,上海:滬濱書局,1929年,第7～8頁。
〔註120〕馮乃超《故鄉》,《撫恤》,上海:滬濱書局,1929年,第7頁。
〔註121〕馮乃超《故鄉》,《撫恤》,上海:滬濱書局,1929年,第9頁。

「我」感歎「故鄉」曾經深深地「魅惑著我過去的靈魂」。這個「過去」顯然是指馮乃超醉心於象徵主義，寫作《紅紗燈》的日本留學時代，也就是《故鄉》中所謂「坐在異鄉的知識階級的浪漫的氛圍氣裏」〔註122〕的時代。《紅紗燈》集中的許多詩篇完全可視為《譚詩》裏追求的「國民文學的詩」的範本，「紅紗燈世界」正是理想的故園荒丘世界——腐水廢船，死了的先年。馮乃超之所以能夠比穆木天更成功地建造起這個世界，或許正由於他對於故國的疏離。馮乃超有關祖國的記憶是短暫的，僑民的身份使他長久以來只能從異邦遠眺故鄉，那個「祖先祠堂所在的地方」既是令人憧憬的，也是陌生的、異國的，也正由於這種時間和地理上的隔閡，才給了想像以足夠的空間，《故鄉》中所謂「故鄉」於「我」，「是對於古代的追懷，又是童年的漠然的夢」，意正在此。《故鄉》中的「故鄉」不完全是寫實的，「紅紗燈世界」也不完全是異國文學中移入的想像。馮乃超的世界中一直存在著一個集合了鄉愁（nostalgia）和異國情調（exoticism）的「故鄉」，這個「故鄉」從「譚詩時代」開始，在異國的象徵主義土壤中催化成型，馮乃超將他所憧憬的「南國的光的情調」，所嚮往的「死了的先年」與童年的故鄉記憶揉合在一志，凝築成紅紗古燈的光暈，經營出一個遠古敗墟上的「紅紗燈世界」，這個漂浮在《紅紗燈》中的過去的黃金世界，又在《故鄉》中以「現實」中的「故鄉」形象出現。《故鄉》裏那個過去以「壓迫地維持著血緣關係的中樞的大殿堂」為象徵，現在則包裹在「油燈盞的黯淡的昏暗和沈長的靜寂的氛圍氣」的「故鄉」，和「紅紗燈的世界」是同質同構的，曾有過「黃金色的過去」，現在卻埋葬在時間的無盡黑暗中，是個被時間遺棄的貴族世界。

《紅紗燈》裏彼岸的金粉末世化作了《故鄉》裏現世歷史中漸漸腐爛消逝的「故鄉」，只是，前者因其古遠頹廢而深深吸引了「我」，後者卻因同樣的原因使「我」覺得疏離。彼岸的「紅紗燈世界」絕離了歷史，與時間無關，可以永遠腐爛著而不消失，現世裏的「故鄉」卻被作者推入歷史的裁判席，彷彿是要印證自己寫在《夜》裏的那個預言：「——當榮華的噩夢破了／你看吧　莊嚴的歷史的光彩／映照倒塌的寂寥的樓臺」。〔註123〕在馮乃超專門為自己虛構的這趟「還鄉之旅」中，映現在「我」眼中的「故鄉」既是對「紅紗燈世界」的再現，同時也是訣別，凝結了「鄉愁」和「異國情調」的「紅紗燈世界」直到

〔註122〕馮乃超《故鄉》，《撫恤》，上海：滬濱書局，1929年，第5～6頁。
〔註123〕馮乃超《夜》，《紅紗燈》，上海：創造社出版部，1928年，第34頁。

《故鄉》寫成才算結束。在馮乃超安排的敘述邏輯中，「還鄉」使「我」最終發現，自己寄託鄉愁，憧憬多年的「故鄉」實是異域，自己是與之格格不入的異鄉者，橫在「故鄉」與「我」之間的隔閡包含著死與生、過去與現在、腐朽與新生、傳統與現代、鄉村與都會、本土與異域的重重對立，不可調和，尖銳而沉重。「只有我一個人生著」的意識促使「我」最終決定向故鄉告別，從「過去」走向「未來」，從鄉村走向都會，宣告自己的「鄉愁」從此不再指向「祖先祠堂所在的地方」或是象徵世界裏的「故園的荒丘」：「我現在的鄉愁卻不是懷念這零落的古風的村鄉了。十八世紀只給我以徘徊的安眠，二十世紀卻遙呼著我的生活。我們的生活在那邊，力學的重心在那邊，一切的鬥爭雖然蔓延遍了平原，然而，我們的靈魂卻繚繞在都會的核心。」〔註124〕

接下來的問題是，馮乃超為何一定要擺脫自己曾經深深眷戀的「故鄉」？

馮氏家族的日本僑居史是從被祖國放逐開始的。林正子曾寫道，像馮鏡如這樣的太平天國運動幸存者「和苦力貿易的人們一樣，都是清朝的『棄民』」。〔註125〕貫穿馮氏一族日本僑居史的一個頗具象徵意味的事件是「剪辮子」。據馮自由所述，馮氏家族中，也是橫濱華僑中最早剪辮的是馮鏡如：「甲午中日拘畔，清廷喪師辱國。鏡如積憤填膺，毅然剪除髮辮以示決絕。時旅日華僑無去辮者，有之自鏡如始。故華僑咸以『無辮仔』稱之。」〔註126〕馮鏡如後來更捨棄了中國國籍，「向英國領事尋求經營上的保護，從此選擇了作為英國籍的中國人的生存道路」。〔註127〕馮乃超則記述過經歷了《商報》館事件的馮紫珊在返日的船上剪辮子的場面，並引魯迅的回憶述說從小沒有蓄辮的自己還鄉時的獨異感。〔註128〕雖然馮乃超說因為當時年幼，自己遭鄉人歧視的經驗沒有魯迅的嚴重，不過從他幾次提到辮子之事可以看出，當年由沒有辮子而產生的獨異感顯然令他印象深刻。這兩位革命文學論爭中針鋒相對的對手的共同體驗是因為沒有辮子而在祖國被視為異類，乃至「漢奸」。因參

〔註124〕馮乃超《故鄉》，《撫恤》，上海：滬濱書局，1929年，第16～17頁。
〔註125〕林正子《德先生・賽先生の「新しい國」をめざして》，《月刊しにか》，2001年11期，第100頁。
〔註126〕馮自由《華僑革命開國史》，北京：商務印書館，1947年，第42頁。
〔註127〕馮瑞玉《橫浜大同學校と馮鏡如》，《橫濱山手中華學校百年校誌（1898～2004）》，橫濱：橫濱山手中華學園，2005年，第36頁。
〔註128〕馮乃超《三十七年前的今天在香港》，《馮乃超文集》（上卷），廣州：中山大學出版社，1986年，第353、351頁。

與太平天國而死於清廷之手的馮展揚（馮乃超曾祖）曾拒絕做清室臣民而寧願選擇在香港生活；憤於國仇家恨的馮鏡如斷髮易服，放棄了中國籍；〔註 129〕曾受日人投石之辱的馮紫珊因在日俄戰爭中援助日軍，又被日人目爲「愛國者」，〔註 130〕受盡民族歧視的馮鏡如兄弟以重新效忠清室的方式尋求民族歸屬，而他們「倒滿興漢」的革命派的兒子們卻又與保皇派的父親們針鋒相對，《故鄉》中「保皇黨的家庭中沒有革命黨的份子麼」的反問正是自家情形的寫照。少年時代的馮乃超雖然自覺「我的故鄉應該是異邦的天空」，〔註 131〕卻從未被接納，反而要忍受日本人對「支那人」的歧視。如第二章所敘，馮乃超自幼接受的都是保皇派傳播的保國保種意識和旨在培養民族拯救者的精英教育。優裕的家庭環境，身爲革命先鋒的祖父、伯父們，來往家中的影響中國政局的風雲人物，一直以來的模範生地位，橫濱大同學校裏接受的以天下興亡爲己任的儒家士大夫思想和「保我種族、保我國家」〔註 132〕的民族主義意識，日本「帝高」系統裏接受的精英教育，上述種種因素賦予了馮乃超民族拯救者的精英意識，他對「中華」的民族國家認同也正是伴隨著這種拯救者意識而生的。然而，他僅有的還鄉記憶，卻因祖父馮紫珊是保皇黨要人，在辛亥前夕的動盪時局中被刻上過異族罪人的烙印。這一段往事被馮乃超寫入《故鄉》和回憶辛亥革命的《三十七年前的今天在香港》裏：幼年的馮乃超在祖父經營的香港保皇黨機關報《商報》館樓上，親眼目睹在革命黨的攻擊下，家人們被迫打出了「投降大漢」的白旗，由此困惑於爲何自己的祖父明明以救國爲己任，卻要在故國被目爲「愛新覺羅氏的血族」而遭到驅逐。

〔註 129〕據馮自由所述，馮氏家族中，也是橫濱華僑中最早剪辮的是馮鏡如：《甲午中日構釁，清廷喪師辱國。鏡如積憤填膺，毅然剪除髮辮以示決絕。時旅日華僑無去辮者，有之自鏡如始。故華僑咸以「無辮仔」稱之。》（馮自由《華僑革命開國史》，北京：商務印書館，1947 年，第 42 頁）馮鏡如後來更捨棄了中國國籍，《向英國領事尋求經營上的保護，從此選擇了作爲英國籍的中國人的生存道路。》（馮瑞玉《橫浜大同學校と馮鏡如》，《橫濱山手中華學校百年校誌（1898～2004）》，橫濱：橫濱山手中華學園，2005 年，第 36 頁）。

〔註 130〕事見大木捨藏編《日露戰役神奈川縣紀念誌》。書中記載馮紫珊曾《寄贈乾點心於恤兵部，又手帕數萬條於出征部隊，並致力於近鄰應徵軍人及其家屬之撫恤。》橫浜：神奈川縣記念誌發行所，1908 年，第 54 頁。

〔註 131〕馮乃超《故鄉》，《撫恤》，上海：滬濱書局，1929 年，第 11 頁。

〔註 132〕梁啟超《日本橫濱中國大同學校緣起》，《時務報》，光緒 23 年 11 月 11 日，中華書局（北京），1991 年影印本，第 3188 頁。

馮乃超的生命經歷中沉澱著祖孫三代華僑在異邦飽受民族歧視，回到祖國又被視爲異類的記憶，在他的無論家族歷史還是個體經歷中，民族國家的話題都是沉重而弔詭的。

馮乃超生前所作最後一篇文章是逝世前半年爲穆木天詩文集出版而作的《憶木天》。文中評價穆木天道：

> 這個曾經立志要當工程師希望工業救國而且又具備學習理科課程素質的青年，經歷過封建大家庭的解體，又經歷了中興的資產階級家庭的沒落。他備嘗這種由富變窮的痛苦，感到身世的飄零，不得不拋棄工業救國的理想。彷徨歧路中，選擇了搞文學的道路。在大學時選擇了法國文學專業，一下子便沉湎在印象派象徵派所追求的世界中。詩歌變成他寄託個人憂思、失戀的悲哀和身世淒涼的工具。《旅心》集裏留下詩人不盡的鄉愁，故國的思念。〔註133〕

這一段幾可視爲馮乃超自己身世的寫照，他和穆木天一樣出身於富裕的大家族，一樣經歷了家族的由盛而衰，曾以富國強兵，拯救民族危亡爲己任，在異國飽受民族歧視，回到故國又被視爲異人，由此而生的到處被放逐的「流浪者意識」從馮乃超對穆詩的解讀中不難看出。他舉《與旅人》爲自己最愛，因爲他在其中讀出了「苦難的中國不是敏感的詩人能夠安居樂業的地方。他總覺得自己是一個『旅人』，抱著一顆流浪的旅心，不斷地尋覓什麼似地探索著。」〔註134〕在生命盡頭回憶那個「無可奈何地離開」的遙遠的「譚詩時代」，也是自己藝術成就最輝煌的時代時，自覺「思想感情都是隔世的」馮乃超回想起的仍是一個滿懷「不盡的鄉愁，故國的思念」卻又無法安居在「苦難的中國」的「旅人」。高利克評論《紅紗燈》時曾寫道：「馮乃超也許比其他中國文人中間的任何一個更感到自己是一個流浪者，不僅疏離了社會，疏離了自然，疏離了任何不具有頹廢特徵的事物。後者本身對他來說就是美的，而且值得付出努力。」〔註135〕馮乃超的鍾情頹廢在於他的疏離社會乃至自然的「流浪者意識」，而這種不斷流浪、無處安身的「流浪者意識」，其深層心理因素正可追溯至他長久以來不斷經歷著的民族國家認同的曖昧與混亂。馮乃

〔註133〕馮乃超《憶木天》，《社會科學戰線》，1983年第2期，第224頁。
〔註134〕馮乃超《憶木天》，《社會科學戰線》，1983年第2期，第224頁。
〔註135〕高利克《馮乃超的〈紅紗燈〉和法國象徵主義》，張文定譯《中國現代文學研究叢刊》，1988年第2期，第284頁。

超日後在與梁實秋的論爭中將象徵主義文學解釋爲失望於現實而轉向神秘世界的文學:「象徵主義的文學,一見和社會生活是沒有關係,然而,這流派的發生的社會的根據卻基礎於失望於現實的生活,而在空虛的神秘的王國中找尋理想。神秘的理想主義當然不是實生活的理想,然而,也不能因此抹殺它的求生活的調和的『內心』的要求文學。」〔註 136〕這一解釋正可謂馮乃超自己當年走進象徵世界的緣由。「譚詩時代」的「純詩」追求指向了「故國的荒丘」,而要「回到自己的故鄉」需要首先「關上園門」,徹底隔離於現實世界之外。象徵世界裏的「故園的荒丘」是不眞實的,唯其如此方能令他安住,因爲那個眞實的故鄉已將他視爲異族而驅逐,正如魯迅評論許欽文筆下的「父親的花園」:「回憶故鄉的已不存在的事物,是比明明存在,而只有自己不能接近的事物較爲舒適,也更能自慰的。」〔註 137〕

馮乃超在異邦接受了民族國家的意識,又在祖國目睹了民族國家敘事本身的弔詭。他在僑居地日本被蔑稱爲「支那人」,在祖籍地中國被視爲沒有辮子的「異邦人」,在香港則被目爲「滿清人」和「有罪的人」。從祖輩開始的異邦流亡處境、現實中缺失的民族國家歸屬與「帝高」時代吸收的象徵主義文學影響相互作用,與日本文壇洋溢著的世紀末的頹廢氣氛混合在一起,最終生成了馮乃超的「紅紗燈世界」。數年後再次歸國的馮乃超終於在《故鄉》中借「我」之口面對母親聲言自己是異邦人:「我們久別的最初的一瞥,她的眼眶蓄著湛湛的淚泉,但是我卻沒有眼淚。她生下她的兒子,但是兒子是異邦人。」〔註 138〕於民族國家身份的弔詭處生出的拒絕歸屬的「流浪者意識」,在這場以小說形式進行的還鄉儀式中昭示無餘。

程文超分析馮乃超「轉向」前後詩風時曾指出,馮乃超由一個象牙塔裏的「個體抒情者」轉變爲一個階級、革命的代言人,是外在的馬克思主義思想與內在的民族感情的雙重作用的結果:「異國他鄉、寄人籬下的感受無疑加深了他對故土的思念。而對故土的思念又是他對所居住的環境感到黑暗的重要原因。馮乃超的感傷不是一般的對社會不滿的感傷,而是一個異國人的感

〔註 136〕馮乃超《冷靜的頭腦——評駁梁實秋的〈文學與革命〉》,《創造月刊》,1928年 2 卷 1 期,第 17 頁。

〔註 137〕魯迅《導言》,《中國新文學大系‧小說二集》(影印本),上海:上海文藝出版社,2003 年,第 9 頁。

〔註 138〕馮乃超《故鄉》,《撫恤》,上海:滬濱書局,1929 年,第 7 頁。

傷。」〔註139〕馮乃超對祖國的感情，除了程文超指出的「對祖國、民族深深的情與愛」外，也有對於民族國家共同體意識的疑問乃至認同危機。

從祖輩開始的流亡家史，異國僑居的「國恥」體驗，幼年的辛亥革命經歷，徘徊在「異邦的天空」和「祖先祠堂所在的地方」之間無處安放的僑民處境，留給馮乃超的是一連串被異邦和故國同時放逐的記憶。從他積極投身革命的姿態中可以看到大同學校時代開始培養出的民族拯救者的精英意識，然而無從歸屬的民族國家身份焦慮也困擾著他，「紅紗燈時代」的鍾情頹廢、《故鄉》中的「異邦人宣言」以及轉向馬克思主義無不是這種焦慮的體現。梁實秋——馮乃超的論敵——論及浪漫主義詩人時寫道，無論朝向未來烏托邦奮鬥者，還是退回過去的隱逸者，其共同之處在於對「現世」的厭惡，

> 「過去」和「將來」全是和「現世」多少有些分別的，並且一樣的都是不可捉摸的世界。「將來」的烏托邦固是由詩人的意志去創造，「過去」的往昔卻也可以令詩人自由的去剪裁，所以「過去」和「將來」都可以合於詩人的理想，至少可以令詩人能忍受得住。惟有「現世」，乃是實現的世界，詩人看見裏面的醜惡虛偽，而不禁的要從心裏作嘔。於是有人把「現世」視如敝屣不顧而去，反向「過去」或「將來」去寄放他們的情思；又有人不甘退隱，進而澈底翻騰。〔註140〕

梁實秋描述的向過去和向未來的兩種浪漫詩人正可用來做馮乃超的「紅紗燈時代」和「革命文學」時代的兩幅剪影。「紅紗燈時代」向往遠古，轉向馬克思主義後則向往未來，馮乃超從現實中逃入象徵世界，又從象徵世界遁入馬克思主義的世界，始終想要擺脫的是現在這個無從歸屬的「異邦人處境」。如《傀儡美人》自序中所寫，馬克思主義使馮乃超相信唯有從「象牙之塔」走上「十字街頭」方能擺脫抹著「宿命的憂鬱」的過去。超越民族國家界限的世界無產階級革命號召也顯然對馮有著相當的吸引力。唯物史觀裏線性發展的「歷史」是馮乃超這一時期創作中頻頻出場的關鍵詞，這也就是他要將曾經深深魅惑過自己的「故鄉」推入歷史軌道的原因。故鄉衰敗了，「剩下的也是老太公，瞪著眼睛看著歷史的變遷」；〔註141〕祖父的黃金時代消逝了，「大

〔註139〕程文超《「殘花」開過之後——現代性語境與馮乃超的前後詩風》，《南方文壇》，2000年第3期，第11頁。
〔註140〕梁實秋《拜倫與浪漫主義》，《創造月刊》，1926年1卷3期，第115～116頁。
〔註141〕馮乃超《故鄉》，《撫恤》，上海：滬濱書局，1929年，第17頁。

家族的豪華的金箔已經脫落殆盡了」；〔註 142〕辛亥革命黨人的「舊的情熱」褪色了，「歷史的書頁翻過了」。馮乃超從「過去」轉向「未來」以超越「現在」，希冀唯物史觀許諾的歷史救贖，試圖用皈依歷史來擺脫到處被放逐、被視為異族和罪人的處境，投入馬克思主義歷史進程譜系中最進步的無產階級，用新的階級身份填補缺失已久的民族身份。

對於「紅紗燈時代」之後，「革命文學時代」之前的馮乃超而言，《故鄉》可以視為他解決自己民族國家身份問題的一種嘗試。這是一則用馬克思主義語言重構的有關被故鄉放逐的「我」如何最終在無產階級大眾中找到新歸屬的寓言，在這則寓言結尾，個體救贖依靠階級革命實現，階級身份填補了缺失的民族國家身份，「我」從歸屬民族國家轉向歸屬無產大眾。作為穆木天式「國民文學」的最成功的實踐者，在面對故國時，無論是「譚詩時代」的皈依還是「革命文學」時代的背離，馮乃超總是比穆木天做得更徹底，並最終通過《故鄉》將「國民文學」引向了「革命文學」。

結　語

陶晶孫四十年代寫作回憶創造社的文章，事後回眸，指出創造社浪漫主義的根底處乃是因遠離故國而生的懷鄉病，他們昂揚的自我意識背後是同樣昂揚的國家意識。〔註 143〕從「國民文學」這個創造社從文壇登場之始就提出的概念中可以看到，無論怎樣強調獨立的或者超國境的藝術家姿態，創造社的「我」的背後始終未能抹去「國家」的影子，即便是馮乃超那個看起來與世無爭的「紅紗燈世界」中依然隱伏著作者的故國情結。但是，創造社提倡的「國民文學」裏的「國家」已經不再是「富國強兵」時代的「國家」。對當年信仰「富國強兵」的創造社作家而言，「國家」和「民族」並不是需要特意區分的兩個詞，而在他們對「國民文學」的提倡中則可以看到「民族」被特別地區分出來，「民族魂」、「民族精神」、「民族意識」等被頻頻提出，用以做為「國民文學」最重要的質素。通過「國民文學」，創造社把民族從國家政權中分離開來，用作新國家的象徵，她剔除了血腥的國家主義，也沒有令人沮喪的腐敗政府——現實中那個「壞的」中國的始作俑者，正是行吟流浪的詩

〔註 142〕馮乃超《無彩的新月》，《撫恤》，上海：滬濱書局，1929 年，第 30 頁。
〔註 143〕陶晶孫《記創造社》，《牛骨集》，上海：太平書局，1944 年，第 154 頁。

人最適合的皈依之所。「國民文學」的追求包含著尋找「鄉愁中國」的渴望，這個浪漫的理想的中國像映像出創造社對國家的重新想像。「國民文學」超越政府，直接對「國民」說話，因此也掃清了創造社作家們重歸共同體的障礙，「國民文學」的創作要求中可以看到作家的自我與作為民族自我代表的「國民」的對話交流，他們得以通過重塑「國民」形象，重建個體與民族國家歷史的聯繫。創造社把「國民」奉上聖壇，「國民」不再是劣根性難除的待改造對象，而是流浪個體重回民族國家的媒介，一個新的「我」與「國家」的精神共同體在對「國民文學」的追求中被建立起來，在這個共同體中，「我」不再是忍辱負重的「支那人」，也不是不為社會所容的零餘者、高等游民，而是民族國家意志與精神的神聖代言者。馮乃超實踐了穆木天融象徵主義入「國民文學」的想法，同時也終結了它，《故鄉》裏的「國民」形象中，「無產大眾」呼之欲出。從這一意義上說，「國民文學」的追求正是創造社左轉之前的一次預演。

結　論

　　本文對創造社作家國家想像的討論始於「富國強兵」的留學願望，終於「國民文學」的提倡。作為留學目的地的日本向他們灌輸了現代的國家意識：包括富國強兵的口號、崇尚國家競爭的社會進化論思想、國家主義、以及「國民國家」的樣板，也為他們提供了反思國家的思想工具：浪漫主義和教養主義，長年的留學生活造成的時間與空間上的雙重距離則是導致作家還鄉體驗中生出兩個中國形象的關鍵因素。在創造社作家國家想像的形成和嬗變過程中，貫穿著三個問題：「我」與國家的關係，國家與民族的關係，以及「我」與國民的關係。

一、「我」與國家

　　以社會進化論為思想基礎，「富國強兵」的追求和「亡國滅種之危機」是首先影響創造社作家國家想像的兩大因素，分別從正反兩方面為他們提供了「國富兵強」和「國亡種滅」兩幅圖景，也構建了「我」與國家最初的同盟。清末民初留學潮中最流行的口號——產自日本的「富國強兵」，伴隨著對國家「富強」的追求，將社會鼎革之際釋放出來的現代個體立身入世的欲望整合進了現代國家的建設需要，號召人們通過留學實現自我完善，以達到建設富強的民族國家共同體的目標。日本留學生活中體驗到的身為「支那人」的屈辱感則加深了「亡國滅種」的危機感帶來的恐懼，構建了另一個「我」與國家的消極命運共同體。由此形成的國家想像裏，「國家」和「我」是休戚相關、榮辱與共的命運共同體。個體必須背負國家的重量，「我」的人格價值、社會地位的判定都不得不打上國家的印記，「我」的立身入世與國家的富強，抑或是「我」的落魄與國家的頹敗都是互相注解的文本。

　　不過，創造社的「我」與國家結盟，一開始就不那麼美滿牢靠。創造社作家很長一段時間都在認同還是疏離國家之間搖擺不定，這種搖擺很大程度上緣於當時中國不堪的現狀。民初混亂的國內狀況造成了留學生經費恐慌，由此導致的窘困的留學生活哨噬了作家們東渡之初的雄心，乃至自尊和自信，造成了精神和現實世界中的巨大落差，日本「帝高系統」的精英教育和教養主義培養出的優越感更加劇了這種落差帶來的衝擊。他們從自己的窘態中看出了國家的窘態，發現正是自己當初立誓效忠的國家讓自己如此難堪，靠不住的官費逐漸成了靠不住的國家的象徵，在由「富國強兵」整合起來的「我」與國家的同盟上撕開了第一道口子。

　　還鄉體驗中的失望情緒對創造社的「我」與國家同盟的打擊是致命的。對創造社的這些浪漫主義的旅行家而言，還鄉本是朝向鄉愁裏那個鄉土、自然、靜止的前現代中國的朝聖之旅，然而「魔都」上海的驚懼體驗在還鄉之初便破壞了他們的故國想像，浪漫的還鄉儀式成了痛苦的越境之旅：鄉愁中田園詩般的古典中國變成了眼前未來派畫作般的現代中國。還鄉後的失望促使創造社作家的「我」從國家憤然出走，他們筆下那些去國者、混血兒、吟遊詩人，以及他們自身表現出的常常為人所論的零餘者、孤獨者氣質背後，總是隱顯著一個不肯相容的故國。

　　郁達夫說「五四」精神最重要的主題是個人的發現，此言不虛，不過也正是在有關「個人」的問題上，創造社既是「五四」的產物，也是「五四」的叛逆。「五四」追求個人獨立，號召人們離家出走，創造社卻用自己的故事告訴世人，那個離鄉去國的「我」並未從此過上幸福快樂的日子。朱自清論及「五四」時代的世界主義與個人主義時寫道：「辛亥革命傳播了近代的國家意念，五四運動加強了這意念。可是我們跑得太快了，超越了國家，跨上了世界主義的路。詩人是領著大家走的，當然更是如此。這是發現個人發現自我的時代。自我力求擴大，一面向著大自然，一面向著全人類；國家是太狹隘了，對於一個是他自己的人。於是乎新詩訴諸人道主義，訴諸泛神論，訴諸愛與死，訴諸頹廢的和敏銳的感覺──只除了國家。」〔註1〕創造社作家一度也是世界主義的信徒，聞一多評論《女神》時便看出「詩人不肯限於國界，卻要做世界底一員了。」〔註2〕然而，當鄭伯奇開始闡說「國民文學」時，最

〔註 1〕朱自清《愛國詩》，《當代文藝》，1944 年 1 卷 2 期，第 4 頁。
〔註 2〕聞一多《女神之時代精神》，《創造周報》，1923 年第 4 號，第 6 頁

大的假想敵卻正是「五四」的這種世界主義。「五四」告訴人們要愛人類，鄭
伯奇卻說，人類太多了，從何愛起；「五四」的「我」一心要跨出國境，奔向
世界，鄭伯奇卻說，世界太大了，去國者只能面對荒涼宇宙的一片汪洋。鄭
伯奇並不反對世界主義，只是在他眼裏，世界主義是理想，美麗卻不著邊際，
民族主義才是現實，有血脈根基爲證。明乎此，鄭伯奇等人與承續「五四」
正統衣缽的《語絲》派的論爭也就在情理之中。鄭伯奇要將「五四」時代執
意要做「世界人」的「我」拉回民族國家領域，苦口婆心論說倘若剝去民族
和國家，「我」的存在本身便會立刻失其依託，像大多數的民族主義理論家一
樣，他宣稱「民族」是一種與生俱來的東西。鄭伯奇的這些論述是浪漫十足
的民族主義論調，就像民族主義理論始祖赫德當年力陳人必須尋找自己可以
歸屬的群體，否則將無以抵擋孤獨。以塞亞·伯林（Isaiah Berlin）曾指出：「人
在家園或人從家園連根拔起的觀念，關於根的概念，以及整個關於人須歸屬
於某個群體、某個派別、某場運動的一整套概念，很大程度上可以說是赫爾
德的發明。」〔註3〕鄭伯奇「國民文學」論出，也就宣告了創造社的浪子回頭。
隨著國家變成了「民族國家」，國民登上聖壇，在代言民族精魂的名義下，創
造社的「我」重新投回民族國家共同體的懷抱。一個新的「我」與「國家」
的精神共同體在對「國民文學」的追求中建立起來，在這個共同體中，「我」
不再是忍辱負重的「支那人」，也不是不爲社會所容的零餘者、高等游民，而
是民族國家意志與精神的神聖代言者。

　　在創造社的這個有關「我」與國家的故事中登場的有兩個「我」：一個歸
屬國家的「我」和一個反叛國家的「我」。「我」先是在「富國強兵」的召喚
下投向國家，繼而以放浪詩人的姿態試圖擺脫國家，後又希冀通過「國民文
學」的創作重新投回國家。張屛瑾認爲，日本留學經歷與早期創造社作家文
化活動密切關聯：「首先是從這些作者的自我主體意識生成開始的，身處異國
他鄉以及現代新文化運動的前夜，這或許是他們的『創造』的一層內在涵義。」
〔註4〕然而，創造社的這個主體從一開始就缺乏眞正意義上的獨立，而總是要
依靠與國家的關係來確立其位置，不論這個「我」是皈依還是背離國家，在
創造社個體意識形成的過程中，國家這個參照系從未隱去。

〔註3〕 以塞亞·伯林（Isaiah Berlin）著，呂梁等譯《浪漫主義的根源》，南京：譯林
　　　　出版社，2008年，第65～66頁。
〔註4〕 張屛瑾《在沉醉與狂歡中戰慄——劉吶鷗和他的魔力上海》，《上海文化》，2009
　　　　年第4期，第33頁。

二、國家與民族

很長一段時間，創造社的「我」在認同還是疏離國家之間搖擺不定，直到他們開始學會區分「國家」和「民族」。創造社作家從留日第一代的學生和政治亡命客那裡接受了有關「國家」的最初概念，「民族」和「種族」也隨之一併登場，「富國強兵」及其背後的日本式國家主義向他們灌輸了建立強大民族國家的重要性和緊迫性，「亡國」即是「滅種」，危機迫在眉睫，還來不及細分民族與國家的不同。種族革命之說彼時雖然深得人心，但其並不懷疑民族應在國家的名分下行事，關心所在，不過是哪個民族應與國家成爲一體。

伊藤虎丸論說創造社的留學青年與日本大正時代的「文學青年」都對國家不滿，卻出於並不相同的理由：前者是因爲國家太過糟糕，後者則是因爲國家太過強大。留學中的屈辱體驗使創造社重新將「國家的價值」（更確切的說是民族的，乃至政治的價值）擺在第一位，未能如日本的「文學青年」們那樣在自己內心中創造出「比國家民族更高的價值」。〔註5〕伊藤虎丸敏銳點出了創造社的「我」未能從國家獨立，不過他所說的留學中的屈辱體驗令創造社重拾「國家的價值」／「民族的價值」一說值得商榷。「我是支那人」的屈辱確令他們深感弱國子民的痛苦，但與些同時，從浪漫主義那裡學來的自我意識和個人主義，在「帝高系統」的精英教育和教養主義薰陶下產生的對抗「我即國家」觀念的意識（這也正是伊藤虎丸所說的日本「文學青年」們追求的超越國家民族價值的意識），以及在日本所感受的身爲「支那人」的民族屈辱，促使創造社作家開始反思國家的存在本身，國家主義因素開始被視爲民族歧視的始作俑者，成爲他們批判和痛恨的對象。

還鄉體驗帶來的震驚和失望，以及歸國後在現實社會中尷尬不堪的潦倒遭遇，使創造社作家終於站到了國家的對面上。此前創造社的國家觀念裏雜糅了政府、民族、社會、故鄉等等，現在他們開始意識到必須區分。創造社作家相信現在這個墮落的中國（以魔都上海爲代表）是被國家破壞污染的結果，這個國家還與資產階級、外國殖民者同流合污，他們因此將目光轉向古代，以期發掘出未經污染的「民族精神」。民族主義的憤怒加上東方主義的眼光，使創造社的作家們從自己的還鄉經歷中分離出了「壞的」中國／「現代中國」和「好的」中國／「鄉愁中國」。前者承載了他們對現代中國的厭惡、

〔註5〕 伊藤虎丸《問題としての創造社》，伊藤虎丸編《創造社研究》，東京：アジア出版，1979年，第81～82頁。

對政府的批判、對國家主義的反對、對外國殖民者的憤怒，後者則寄寓了他們對民族傳統和「國民」的重新「發現」。在對「鄉愁中國」的集體想像和對「現代中國」的共同批判中，創造社作家國家想像中的「國家」和「民族」開始分離。

　　從「國民文學」的提倡中可以看到「民族」被特別強調，「民族魂」、「民族精神」、「民族意識」等被頻頻提出，成為「國民文學」最重要的質素。通過「國民文學」，創造社把民族從國家政權中分離開來，用作新的共同體象徵，她剔除了「爪牙用而殺伐行」的血腥國家主義，也沒有令人沮喪的腐敗政府——現實中那個「壞的」中國的始作俑者。「國民文學」中對民族共同體的呼喚中投射了還鄉故事中未能兌現的「鄉愁中國」的影子。一個以民族名義行事的新的中國像呼之欲出。這個新的中國像與「富國強兵」時代最大的不同在於，它是創造社將一己的心象風景放大成民族形象的產物。它的存在緩解了他們面對國家時的緊張，它提供了烏托邦的家園，阻止了「我」因對國家的憤怒而離家出走，走上永恆放浪之路。

　　羅志田研究胡適思想中世界主義與民族主義的關係時曾指出，無論是像張謇、梁啟超這樣還帶有較濃重傳統色彩的清末「士人」，還是像陳獨秀、胡適這樣的民初新興「知識分子」，他們身上都還保留著傳統士大夫「道高於國」的思想，即骨子裏向往著一種超越於國家之上的「大同」境界，其中可以看到顧炎武「亡國」與「亡天下」之辯的影子。他們都發表過即使作為政治單位的「國家」真的滅亡，知識分子仍可擔負起保衛文化意義上的「民族」之責任這樣的言論，即章士釗所謂「故知吾國即亡，而收拾民族之責仍然不了」。〔註6〕在創造社的案例裏，也可以看到類似的情況。創造社的作家同樣屬於清末民初傳統向現代轉化的過渡期知識分子，他們對「國家」從信仰變為批判，並沒有經歷太大的困難。郭沫若迅速地將世界主義接上了儒家的大同思想，郁達夫崇奉的高於國家的「個人」與「藝術」也未始不可視為一種新的「道」，至於「國民文學」的提倡裏高舉「民族」的大旗，以上古民族傳統精神對抗當下令人失望的國家等等，除了外來的民族主義、浪漫主義思想影響外，大概同樣也有「亡國」與「亡天下」意識的影子，知道「國家」即使滅亡，也還有「民族」在。

〔註6〕羅志田《亂世潛流：民族主義與民國政治》，上海：上海古籍出版社，2001年，第37～38頁。

三、「我」與國民

「國民」在創造社作家的國家想像中出現，一開始並不那麼討好。創造社作家在日本接受了「國家之觀念」的同時，也接受了「支那通」們的「中國人無國家觀念」之說，再與日本國民兩相對比，「支那人」的恥辱令他們很長一段時間因身爲中國「國民」而頗感不堪。也正因爲此，他們學成歸國之初，放眼所見，多是愚頑墮落的故國國民。

不過，創造社作家很快在對「鄉土中國」的想像中「發現」了農民，在對魔都上海的批判中「發現」了工人，這兩種形象承載了創造社有關新國民的最初想像。儘管也在日本接受了國民性的理論，也表示了對中國國民的怠惰、麻木的不滿，但創造社作家不像周氏兄弟那樣致力於當下國民性的批判與改造，像典型的盧梭主義者那樣，他們相信現在的國民之所以如此不堪，乃是被國家社會敗壞所致，因此遠溯上古已逝之初民精神，希望由此發現被湮沒的「民族之魂」。「國民文學」的創作要求裏，「國民」不再是劣根性難除的待改造對象，而是民族自我的代表，作家通過寫作「國民文學」，得以越過國家，直接對「國民」說話，「我」通過表現「國民」而表現自我，「國民」也通過「我」的代表而重獲新生，即鄭伯奇所謂通過國民文學的寫作「發現」「新國民的萌芽」。「國民文學」的提出旨在掃清作家自我重歸共同體的障礙，在對「國民」形象的重塑中，創造社作家得以重建「我」與民族國家歷史的聯繫，通過把「國民」奉上聖壇，流浪的「我」也由此得以重回民族國家懷抱。

隨著「國民文學」裏新國民的登場，創造社對馬克思主義的接受便只是時間問題。在創造社作家眼中，現在這個腐敗的國家，以其無能的政府爲代表，正是墮落中國的始作俑者。馬克思主義的論說使他們很快將政府與資產階級歸爲一類，對無產階級的期待也給了他們投向國民的再好沒有的理由。更何況階級意識與民族意識相隔本就不那麼遙遠，如希頓－沃森（Hugh Seton-Watson）所言：「所有的這些民族運動一個最基本的特徵是，民族主義精英們只能在農民、商人、工匠和工人中間進行動員，贏得支持。因爲這些階層中許多人對政治和社會狀況不滿。」﹝註7﹞民族主義和馬克思主義都越過政府，直接對國民／無產大眾說話。從這一意義上說，創造社對馬克思主義的接受可以解釋爲這種學說應和了他們的國家想像。馮乃超繼往開來，「國民

﹝註7﹞ 休‧希頓－沃森（Hugh Seton-Watson）著，吳洪英、黃群譯《民族與國家》，北京：中央民族大學出版社，2009 年，第 13 頁。

文學」在他手中鍛鍊到極致，也走向了終結，他從「紅紗燈世界」走上「十字街頭」，憑藉一次虛擬的還鄉之旅，開始了從「國民」中呼喚出「無產大眾」的努力。

　　創造社作家的國家想像裏有寫實也有虛構，而正是這一既虛又實、不斷變化著的國家想像影響著創造社的文學走向和思想變遷。左右創造社作家國家想像最重要的因素是他們對於個體與國家關係的定位，「民族」與「國家」的分離則是其中具有轉折意義的事件，「民族」成爲「新國家」的象徵，「國民」從蒙昧未開的待改造對象，變成民族情感和精神的象徵。通過重新定義「我」與國家、民族、國民的關係，「國民文學」爲創造社投向馬克思主義掃清了最後的障礙，「革命文學」登場只是時間問題。杜贊奇（Prasenjit Duara）討論中國現代知識分子與國民的問題，說 1920 年代末，中國知識分子面對「國民」，最大的課題不是喚醒，而是重塑，也就是要「把國民建造成爲國家的基礎」，而他們在創造國民形象的同時，也創造出了自己的形象。〔註 8〕創造社對「國民文學」的提倡中可以看到這種重塑國民的努力，只是這種努力還只剛剛開了個頭，「國民文學」裏的國民與民族傳統、民族精神捆綁在一起，大多時候面目不清。「國民」究竟應當被塑造成什麼樣子？與之相應地，知識分子的「我」的形象又應當是什麼樣子？這些正是「革命文學」以及日後的左翼文學需要解決的問題。

〔註 8〕杜贊奇（Prasenjit Duara）著，王憲明等譯《從民族國家拯救歷史：民族主義話語與中國現代史研究》，北京：社會科學文獻出版社，2003 年，第 82～83 頁。

主要參考文獻

期 刊

1.《創造季刊》。

2.《創造日彙刊》。

3.《創造月刊》。

4.《創造周報》。

5.《大眾文藝》。

6.《洪水》（半月刊合訂本）。

7.《洪水》（周刊）。

8.《教育雜誌》。

9.《時務報》（影印本），中華書局（北京），1991 年。

10.《現代》。

11.《新民叢報》（影印版），北京：中華書局，2008 年。

12.《語絲》。

13.《浙江潮》。

文集著作

1.《橫濱山手中華學校百年校誌（1898～2004）》，橫濱：橫濱山手中華學園，2005 年。

2.《三葉集》，合肥：安徽教育出版社，2006 年。

3.《中國新文學大系》（影印本），上海：上海文藝出版社，2003 年。

4.《第一高等學校六十年史》，東京：第一高等學校，1939 年。

5. 《尾崎行雄全集》（第三卷），東京：平凡社，1926年。

6. 《在本邦外國留學生關係雜件（第二卷）別冊　支那留學生ノ部》，日本外務省外交史料館藏（請求番號3－10－5－17－2）。

7. 《在本邦一般留學生補給實施關係雜件（第一卷）》，日本外務省外交史料館藏（請求番號H－5－1－0－1）。

8. 《在本邦支那留學生　學生費之部》，日本外務省外交史料館藏（請求番號3－10－5－3－5）。

9. 阿部洋《「對支文化事業」の研究》，東京：汲古書院，2004年。

10. 阿部洋編《日中教育文化交流と摩擦：戰前日本の在華教育事業》，東京：第一書房，1983年）。

11. 阿部洋編《日中關係と文化摩擦》東京：巖南堂書店，1982年。

12. 阿里夫・德里克（Arif Dirlik）著，孫宜學譯《中國革命中的無政府主義》，桂林：廣西師範大學出版社，2006年。

13. 艾曉明《中國左翼文學思潮探源》，北京：北京大學出版社，2007年。

14. 安東尼・史密斯（Anthony D. Smith）著，葉江譯《民族主義：理論，意識形態，歷史》，上海：上海人民出版社，2006年。

15. 本傑明・史華茲（Benjamin Schwartz）著，葉鳳美譯《尋求富強：嚴復與西方》，南京：江蘇人民出版社，2010年。

16. 本尼迪克特・安德森（Benedict Anderson）著，吳叡人譯《想像的共同體》，上海：上海世紀出版社，2005年。

17. 蔡清富、穆立立編《穆木天詩文集》，長春：時代文藝出版社，1985年。

18. 蔡震《文化越境的行旅——郭沫若在日本二十年》，北京：文化藝術出版社，2005年。

19. 陳方競《文學史上的失蹤者：穆木天》，北京：北京大學出版社，2007年。

20. 陳紅旗《中國左翼文學的發生 1923～1933》，廣州：暨南大學出版社，2010年。

21. 陳建華《「革命」的現代性：中國革命話語考論》，上海：上海古籍出版社，2000年。

22. 陳敬之《文學研究會與創造社》，臺北：成文出版社有限公司，1980年。

23. 陳青生、陳永志《創造社記程》，上海：上海社會科學院出版社，1989年。

24. 陳學恂、田正平編《中國近代教育史資料彙編・留學教育》，上海：上海教育出版社，2007年。

25. 陳子善、王自立編《回憶郁達夫》，長沙：湖南文藝出版社，1986年。

26. 陳子善、王自立編《郁達夫研究資料》，廣州：花城出版社，1985 年。

27. 成仿吾《成仿吾文集》，濟南：山東大學出版社，1985 年。

28. 廚川白村《苦悶的象徵》，魯迅譯，南京：江蘇人民出版社，2008 年。

29. 大里浩秋、孫安石編《中國人日本留學史研究の現段階》，東京：御茶の水書房，2002 年。

30. 大木捨藏編《日露戰役神奈川縣紀念誌》，橫濱：神奈川縣記念誌發行所，1908 年。

31. 稻葉昭二《郁達夫：その青春と詩》，東京：東方書店，1982 年。

32. 鄧捷《中國近代詩における文學と國家》，東京：御茶の水書房，2010 年。

33. 丁景唐編選《陶晶孫選集》，北京：人民文學出版社，1995 年。

34. 丁文江、趙豐田編《梁啓超年譜長編》，上海：上海人民出版社，2009 年。

35. 董炳月《「國民作家」的立場──中日現代文學關係研究》，北京：生活・讀書・新知三聯書店，2006 年。

36. 杜贊奇（Prasenjit Duara）著，王憲明等譯《從民族國家拯救歷史：民族主義話語與中國現代史研究》，北京：社會科學文獻出版社，2003 年。

37. 厄內斯特・蓋爾納（Ernest Gellner）著，韓紅譯《民族與民族主義》，北京：中央編譯出版社，2002 年。

38. 馮乃超《馮乃超文集》，廣州：中山大學出版社，1986 年。

39. 馮乃超《撫恤》，上海：滬濱書局，1929 年。

40. 馮乃超《紅紗燈》，上海：創造社出版部，1928 年。

41. 馮乃超文集編輯委員會《馮乃超文集》（上，下），廣州：中山大學出版社，1986 年。

42. 馮自由《革命逸史》，臺北：商務印書館，1965 年。

43. 馮自由《華僑革命開國史》，上海：商務印書館，1947 年。

44. 馮自由《中華民國開國前革命史》（影印本），《民國叢書》（第二編・76）上海：上海書店，1990 年。

45. 傅東華編《文學百題》，上海：生活書店，1935 年。

46. 龔繼民、方仁念《郭沫若年譜》，天津：天津人民出版社，1992 年。

47. 顧偉良《創造社と日本》，東京：富士ゼロックス小林節太郎記念基金，1992 年。

48. 郭沫若《郭沫若全集・文學編》，北京：人民文學出版社，1982～1992 年。

49. 郭沫若著、大高順雄、藤田梨那、武繼平訳《櫻花書簡——中國人留學生が見た大正時代》，東京：東京圖書出版會，2005 年。

50. 橫濱開港資料館編《橫濱と上海——二つの開港都市の近代》，橫濱：橫濱開港資料館，1993 年。

51. 橫濱開港資料館編《橫濱中華街——開港から震災まで》，橫濱：橫濱開港資料館，1994 年。

52. 橫濱山手中華學校百年校誌編輯委員會編《橫濱山手中華學校百年校誌（1898～2004）》，橫濱：橫濱山手中華學園，2005 年。

53. 黃淳浩《創造社：別求新聲於異邦》，北京：社會科學文獻出版社，1995 年。

54. 黃淳浩編《郭沫若書信集》，北京：中國社會科學出版社，1992 年。

55. 黃福慶《近代日本在華文化及社會事業之研究》，臺北：中央研究院近代史研究所，1997 年。

56. 黃人影編《創造社論》，上海：光華書局，1932 年。

57. 吉爾・德拉諾瓦（Gil Delannoi）著，鄭文彬、洪暉譯《民族與民族主義》，北京：生活・讀書・新知三聯書店，2005 年。

58. 芥川龍之介《支那遊記》，《芥川龍之介全集 8》，東京：築摩書房，1989 年。

59. 靳明全《中國現代文學興起發展中的日本影響因素》，北京：中國社會科學出版社，2004 年。

60. 舊制高等學校資料保存會編著《舊制高等學校全書》（第八卷），東京：舊制高等學校資料保存會刊行部，1985 年。

61. 曠新年《1928：革命文學》，濟南：山東教育出版社，1998 年。

62. 雷蒙・威廉斯（Raymond Williams）著，劉建基譯《關鍵詞——文化與社會的詞彙》，北京：生活・讀書・新知三聯書店，2005 年。

63. 李歐梵《現代性的追求》，北京：生活・讀書・新知三聯書店，2000 年。

64. 李歐梵《中國現代作家的浪漫一代》，王宏志等譯，北京：新星出版社，2005 年。

65. 李尚德主編《默默的播火者：馮乃超百年誕辰紀念文集》，廣州：中山大學出版社，2001 年。

66. 李偉江編《馮乃超研究資料》，西安：陝西人民出版社，1992 年。

67. 李怡《日本體驗與中國現代文學的發生》，北京：北京大學出版社，2009 年。

68. 梁啓超《飲冰室文集》，北京：中華書局，1989 年。

69. 林子勳《中國留學教育史（一八四七至一九七五）》，臺北：華岡出版有限公司，1976 年。

70. 鈴木正夫《郁達夫　悲劇の時代作家》，東京：研文出版，1994 年。

71. 劉禾著、宋偉傑等譯《跨語際實踐：文學，民族文化與被譯介的現代性》，北京：生活・讀書・新知三聯書店，2008 年。

72. 劉建輝《魔都上海──日本知識人的《近代》體驗》，甘慧傑譯，上海：上海古籍出版社，2003 年。

73. 劉納《創造社與泰東圖書局》，南寧：廣西教育出版社，1999 年。

74. 羅志田《亂世潛流：民族主義與民國政治》，上海：上海古籍出版社，2001 年。

75. 呂順長《清末浙江與日本》，上海：上海古籍出版社，2001 年。

76. 穆木天《旅心》，上海：創造社出版部，1927 年。

77. 饒鴻競等編《創造社資料》，北京：知識產權出版社，2010 年。

78. 饒芃子、王琢編《中日比較文學研究資料彙編》，杭州：中國美術學院出版社，2002 年。

79. 任達（Douglas Robertson Reynolds）著，李仲賢譯《新政革命與日本：中國，1898〜1912》，南京：江蘇人民出版社，1998 年。

80. 日本近代文學館編《日本近代文學大事典》，東京：講談社，1977 年。

81. 日本文部省編《學制五十年史》，東京：帝國教育會，1922 年。

82. 薩義德（Edward W. Said）著，單德興譯《知識分子論》，北京：生活・讀書・新知三聯書店，2011 年。

83. 薩義德（Edward W. Said）著，王宇根譯《東方學》，北京：生活・讀書・新知三聯書店，2007 年。

84. 桑兵《晚清學堂學生與社會變遷》，桂林：廣西師範大學出版社，2007 年。

85. 沈殿成《中國人留學日本百年史 1896〜1996》，瀋陽：遼寧教育出版社，1997 年。

86. 實藤惠秀《中國人日本留學史》，東京：くろしお出版，1960 年。

87. 實藤惠秀《中國人日本留學史稿》，東京：日華學會，1939 年。

88. 舒新城《近代中國留學史》，上海：中華書局，1927 年。

89. 舒新城《近代中國人留學史》（影印本），上海：上海文化出版社，1989 年。

90. 舒新城編《中國近代教育史資料》，北京：人民教育出版社，1981 年。

91. 斯維特蘭娜・博伊姆（Svetlana Boym）著，楊德友譯《懷舊的未來》，南京：譯林出版社，2010 年。

92. 宋彬玉、張傲卉《創造社 16 家評傳》，重慶：重慶出版社，1998 年。

93. 譚汝謙主編《中國譯日本書綜合目錄》，香港：中文大學出版社，1980 年。

94. 譚元亨、劉克定《此日是歸年：張資平詮稿》，汕頭：汕頭大學出版社，2009 年。

95. 唐明中、黃高斌編注《櫻花書簡》，成都：四川人民出版社，1981 年。

96. 陶晶孫《晶孫全集》，上海：曉星書店，1941 年。

97. 陶晶孫《牛骨集》，上海：太平書局，1944 年。

98. 陶晶孫《音樂會小曲》，上海：創造社出版部，1927 年。

99. 陶晶孫《日本への遺書》，東京：創元社，1952 年。

100. 陶晶孫《日本への遺書》，東京：勁草書房，1963 年。

101. 田漢《田漢全集》，石家莊：花山文藝出版社，2000 年。

102. 童曉薇《日本影響下的創造社文學之路》，北京：社會科學文獻出版社，2011 年。

103. 丸山昇《魯迅・文學・歷史》，東京：汲古書院，2004 年。

104. 汪向榮《日本教習》，北京：中國青年出版社，2000 年。

105. 王錦厚等編《郭沫若佚文集》，成都：四川大學出版社，1988 年。

106. 王慕民《朱鏡我評傳》，寧波：寧波出版社，1998 年。

107. 王奇生《民國時期的日書漢譯》，《近代史研究》，2008 年第 6 期。

108. 王奇生《中國留學生的歷史軌迹：1872～1949》，武漢：湖北教育出版社，1992 年。

109. 王向遠《中日現代文學比較論》，銀川：寧夏人民出版社，2007 年。

110. 王訓昭等編《郭沫若研究資料》，北京：知識產權出版社，2010 年。

111. 王延晞、王利編《鄭伯奇研究資料》，北京：知識產權出版社，2009 年。

112. 王延晞等編《鄭伯奇研究資料》，北京：知識產權出版社，2009 年。

113. 魏建《創造與選擇——論前期創造社的文化藝術精神》，天津：百花文藝出版社，1995 年。

114. 吳俊編譯《東洋文論：日本現代中國文學論》，杭州：浙江人民出版社，1998 年。

115. 吳汝綸《東遊叢錄》，東京：三省堂書店，1902 年。

116. 武繼平《郭沫若留日十年：1914～1924》，重慶：重慶出版社，2001 年。

117. 武繼平《異文化のなかの郭沫若——日本留學の時代》，福岡：九州大學出版會，2002 年。

118. 西原大輔《谷崎潤一郎とオリエンタリズム：大正日本の中國幻想》，東京：中央公論新社，2003 年。

119. 狭間直樹編《梁啓超：西洋近代思想受容と明治日本：共同研究》，東京：みすず書房，1999 年。

120. 夏衍《夏衍全集》，杭州：浙江文藝出版社，2005 年。

121. 咸立強《尋找歸宿的流浪者：創造社研究》，北京：東方出版中心，2006 年。

122. 向愷然《留東外史》，長沙：嶽麓書社，1988 年。

123. 蕭霞《浪漫主義：日本之橋與「五四」文學》，濟南：山東大學出版社，2003 年。

124. 蕭霞《中日浪漫主義比較研究》，山東大學博士論文，2003 年。

125. 小谷一郎、劉平編《田漢在日本》，北京：人民文學出版社，1997 年。

126. 小谷一郎、佐治俊彦、丸山昇編《轉形期における中國の知識人》，東京：汲古書院，1999 年。

127. 小田岳夫《郁達夫伝：その詩と愛と日本》，東京：中央公論社，1975 年。

128. 休‧希頓－沃森（Hugh Seton-Watson）著，吳洪英、黃群譯《民族與國家》，北京：中央民族大學出版社，2009 年。

129. 許壽裳《亡友魯迅印象記‧許壽裳回憶魯迅全編》，上海：上海文化出版社，2006 年。

130. 岩佐昌暲編著《中國現代文學と九州》，福岡：九州大學出版會，2005 年。

131. 顏敏《在金錢與政治的漩渦中：張資平評傳》，南昌：百花洲文藝出版社，1999 年。

132. 嚴安生《日本留學精神史——近代中國知識人の軌跡》，東京：岩波書店，1991 年。

133. 嚴安生《陶晶孫　その數奇な生涯——もう一つの中國人留學精神史》，東京：岩波書店，2009 年。

134. 伊藤虎丸《魯迅、創造社與日本文學——中日近代比較文學初探》，孫猛等譯，北京：北京大學出版社，2005 年。

135. 伊藤虎丸《近代の精神と中國現代文學》，東京：汲古書院，2007 年。

136. 伊藤虎丸編《創造社研究》，東京：アジア出版，1979 年。

137. 伊藤虎丸編《創造社資料》，東京：アジア出版，1979 年。

138. 以塞亞‧伯林（Isaiah Berlin）著，呂梁等譯《浪漫主義的根源》，南京：譯林出版社，2008 年。

139. 郁達夫《郁達夫全集》，杭州：浙江大學出版社，2007 年。

140. 約翰·麥克里蘭（John S. McClelland）著，彭淮棟譯《西方政治思想史》，海口：海南出版社，2003 年。

141. 澤地久枝《續　昭和史のおんな》，東京：文芸春秋，1983 年。

142. 張傲卉、宋彬玉等編《成仿吾年譜》，吉林：東北師範大學出版社，1994 年。

143. 張小紅編《陶晶孫百歲誕辰紀念集》，上海：百家出版社，1998 年。

144. 張澤宇《留學與革命──20 世紀 20 年代留學蘇聯熱潮研究》，北京：人民出版社，2009 年。

145. 張資平《沖積期化石》，上海：創造社出版部，1928 年。

146. 趙家璧主編《中國新文學大系》（影印本），上海：上海文藝出版社，2003 年。

147. 鄭伯奇《兩棲集》（影印本），上海：上海書店，1987 年。

148. 鄭匡民《西學的中介：清末民初的中日文化交流》，成都：四川人民出版社，2008 年。

149. 鄭振鐸、傅東華編《我與文學》，上海：生活書店，1934 年。

150. 政協南海縣委員會文史組編《南海文史資料·馮乃超專輯》，1986 年第 9 輯。

151. 周策縱《五四運動：現代中國的思想革命》，周子平等譯，南京：江蘇人民出版社，1999 年。

152. 周一川《近代中國女性日本留學史（1872～1945）》，北京：社會科學文獻出版社，2007 年。

153. 周作人《談虎集》，石家莊：河北教育出版社，2002 年。

154. 周作人《藝術與生活》，石家莊：河北教育出版社，2002 年。

155. 周作人《雨天的書》，北京：新潮社，1925 年。

156. 朱壽桐《情緒：創造社的詩學宇宙》，上海：上海文藝出版社，1991 年。

157. 朱壽桐《殉情的羅曼司：創造社的文學傾向》，天津：百花文藝出版社，1993 年。

158. 朱壽桐編《張資平自傳》，南京：江蘇文藝出版社，1998 年。

159. 竹村民郎《大正文化》，東京：講談社，1980 年。

160. 竹內洋《教養主義の沒落》，東京：中央公論新社，2003 年。

161. 竹內洋《學歷貴族の榮光と挫折》，東京：中央公論新社，1999 年。

162. 佐谷眞木人《日清戰爭──「國民」の誕生》，東京：講談社，2009 年。

論文

1. 泊功《近代日本文學家的「東方學」──以芥川龍之介爲中心》,《日本學論壇》,2002 年第 3 期。

2. 陳方競、朱旭晨《關於「國民文學」的倡導》,《燕山大學學報》(哲學社會科學版),2009 年第 4 期。

3. 陳福康《創造社元老與泰東圖書局──關於趙南公 1921 年日記的研究報告》,《中華文學史料》(一),上海:百家出版社,1990 年。

4. 陳紅旗《「日本體驗」與中國左翼文學的發生》,《貴州師範大學學報》,2005 年第 5 期。

5. 陳紅旗《論 20 世紀 20 年代革命文學的醞釀》,《中國現代文學研究叢刊》,2008 年第 3 期。

6. 陳紅旗《中國左翼文學的發生》,吉林大學博士論文,2005 年。

7. 陳俐《從郭沫若「少年時代」看二十世紀初留日風潮》,《郭沫若學刊》,2005 年第 2 期。

8. 程凱《國民革命與「左翼文學思潮」發生的歷史考察》,北京大學博士論文,2004 年。

9. 程文超《「殘花」開過之後──現代性語境與馮乃超的前後詩風》,《南方文壇》,2000 年第 3 期。

10. 戴維‧托德‧羅伊(David T. Roy)著,晨雨譯《從浪漫主義與馬列主義(1918～1924)》,《郭沫若研究》第 7 輯,北京:文化藝術出版社,1989 年。

11. 方長安《晚清至 30 年代初中國文學流變與日本文學》,武漢大學博士論文,2000 年。

12. 馮乃超《憶木天》,《社會科學戰線》,1983 年第 2 期。

13. 馮乃超口述,蔣錫金筆錄《革命文學論爭‧魯迅‧左翼作家聯盟》,《新文學史料》,1986 年第 3 期。

14. 馮乃超口述,陳漱瑜整理《馮乃超同志談後期創造社,左聯和魯迅》,《魯迅研究月刊》,1983 年第 8 期。

15. 馮真《憶父親馮乃超》,《百年潮》,2001 年第 8 期。

16. 馮瑞玉《辛亥革命を支えた英國籍の中國人》,《月刊しにか》,2001 年,9 月號。

17. 高利克著,張文定譯,《馮乃超的〈紅紗燈〉和法國象徵主義》,《中國現代文學研究叢刊》,1988 年第 2 期。

18. 國家瑋《身份焦慮背後的省察──從錢玄同與穆木天的的一次論爭說起》,《唐都學刊》,2008 年第 4 期。

19. 鴻山俊雄《在日華僑馮鏡如の足跡をたずねて》,《日華月報》,1972 年,第 64 號。

20. 今沢紀子《訳者あとがき》, E. W. サイード著,今沢紀子訳《オリエンタリズム》,東京:平凡社,1993 年。

21. 靳明全《1928 年中國革命文學興起的日本觀照》,《文學評論》,2003 年第 3 期。

22. 井上洋子《芥川龍之介の中國旅行と〈支那趣味〉の變容》,《福岡國際大學紀要》,2000 年第 3 號。

23. 李吉奎《孫中山與橫濱華僑馮氏昆仲》,中山大學孫中山研究所編《孫中山與華僑》,廣州:中山大學出版社,1996 年,第 287～301 頁。

24. 李江《馮乃超傳略》,《魯迅研究月刊》,1983 年第 8 期。

25. 立松昇一《張資平への言説にめぐって――創造社同人の文學》,《拓殖大學語學研究》,2006 年 9 月,第 112 號。

26. 梁宇彬《穿越國境的繆斯――從馮乃超詩歌看法國象徵主義在東方的變形》,《法國研究》,2008 年第 3 期。

27. 劉建雲《關於郭開文日本留學的初步考證》,《郭沫若學刊》,2010 年第 4 期。

28. 劉雪飛《從《東方學》視角解讀芥川龍之介〈中國遊記〉》,《小説評論》,2009 年 S2 期。

29. 呂順長《近代日本人對中國人留學日本的認識》,《世界歷史》,2001 年第 6 期。

30. 呂順長《清末留日學生從量到質的轉變――關於清末《五校特約》留學的考察》,《浙江大學學報(人文社會科學版)》,2001 年第 1 期。

31. 呂順長《清末留日學生史研究的珍貴史料:〈官報〉》,《文獻季刊》,2002 年第 4 期。

32. 呂順長《清末浙江籍早期留日學生之譯書活動》,《杭州大學學報》,1996 年第 2 期。

33. 名和悦子《岡山における郭沫若》,《中國研究月報》,1995 年,8 月號。

34. 穆木天著,吳岳添譯《阿爾貝·薩曼的詩歌》,《吉林師範學院學報》,1994 年第 3 期。

35. 松本武彦《興中會在孫中山革命活動中的意義――著重與華僑相關的問題》,《國外中國近代史研究 第八輯》,北京:中國社會科學出版社,1985 年。

36. 松本武彦《辛亥革命と九州の華僑》,《大分縣立芸術文化短期大學研究紀要》,1989 年,27 號。

37. 松岡純子《張資平の五高時代について》,《熊本大學教養部紀要　外國語・外國文學編》,1993 年第 28 號。

38. 蘇明《「支那」之痛：現代留日作家的創傷性記憶》,《中國現代文學研究叢刊》,2010 年第 1 期。

39. 孫玉石《穆木天：新詩先鋒性的探索者》,《文學評論》,2001 年第 6 期。

40. 王奇生《取徑東洋,轉道入內——留日學生與馬克思主義在中國的傳播》,《中共黨史研究》,1989 年第 6 期。

41. 咸立強《創造社：現代流浪型知識分子的崛起》,《瀋陽師範大學學報（社會科學版）》,2009 年第 5 期。

42. 咸立強《創造社研究》,復旦大學博士論文,2005 年。

43. 咸立強《異端,流浪,新流氓主義——從新的角度探索創造社群體特性》,《天府新論》,2005 年第 3 期。

44. 小谷一郎《郭沫若と一九二〇年代中國の「國家主義」,〈孤軍〉派をめぐって》,《東洋文化》,1994 年第 74 期。

45. 小谷一郎《四・一二クーデタ前後における第三期創造者同人の動向——留日學生運動とのかかわりから》,《中國文化：研究と教育：漢文學會會報》,1982 年第 40 號。

46. 小谷一郎《一枚の寫眞から——帰國前の陶晶孫,陶晶孫と人形劇のことなど》,《中國文化》,2001 年第 59 期。

47. 小崎太一《陶晶孫による日本モダニズムの持込み》,《現代中國》,2005 年 79 號。

48. 岩佐昌暲《淺說〈蒼白〉——馮乃超詩中日本象徵詩的影響》,《文學前沿》,2002 年第 2 期。

49. 楊肖《創造社主將筆下的漂泊者形象》,《揚州大學學報（人文社會科學版）》,2010 年第 1 期。

50. 伊藤泉美《橫濱大同學校》,《橫濱ひろば》1993 年第 42 號（覆刻版Ⅱ）,橫濱：橫濱開港資料館,2000 年。

51. 伊藤泉美《居留地の中國人印刷製本文具店》,《橫濱ひろば》（覆刻版Ⅱ）,橫濱：橫濱開港資料館,2000 年。

52. 伊藤泉美《日露戰爭と橫濱華僑》,1998 年第 65 號《橫濱ひろば》（覆刻版Ⅱ）,橫濱：橫濱開港資料館,2000 年。

53. 張劍平《郭沫若向馬克思主義者轉變史料略論》,《郭沫若學刊》,2010 年第 3 期。

54. 張屏瑾《在沉醉與狂歡中戰慄——劉吶鷗和他的魔力上海》,《上海文化》,2009 年第 4 期。

55. 張全之《「國家的與超國家的」——無政府觀念對郭沫若，郁達夫早期創作的影響》，《東嶽論叢》，2010 年第 7 期。

56. 中村みどり《陶晶孫のプロレタリア文學作品の翻譯——〈樂群〉を中心として》，《中國文學研究》，2007 年，第 33 期。

57. 中西康代《陶晶孫初期作品集〈音樂會小曲〉と新感覺派に關する一考察》，《東京女子大學　日本文學》，1995 年第 82 號。

58. 周海林《創造社と日本文學：初期メンバーを中心として》，早稻田大學博士（學術）論文，2002 年。

59. 周一川《近年來日本的中國人留日史研究動向》，《日本研究》，2009 年第 3 期。

60. 朱美祿《域外之境中的留學生形象——以現代留日作家的創作爲中心》，四川大學博士論文，2007 年。

61. 朱時雨《朱鏡我生平瑣記》，《新文學史料》，1983 年第 1 期。